Wilfried Hammacher
Marie Steiner

WILFRIED HAMMACHER

Marie Steiner

*Lebensspuren
einer Individualität*

VERLAG FREIES GEISTESLEBEN

Die Wiedergabe der Texte von Rudolf Steiner und Marie Steiner-von Sivers erfolgt im Einvernehmen mit der Rudolf-Steiner-Nachlassverwaltung Dornach/Schweiz.

ISBN 978-3-7725-1906-2

Neuausgabe 2014

2., erweiterte Auflage

Verlag Freies Geistesleben
Landhausstraße 82, 70190 Stuttgart
Internet: www.geistesleben.com

© 1998, 2014 Verlag Freies Geistesleben
& Urachhaus GmbH, Stuttgart
Umschlagfoto: *Marie von Sivers 1906.*
Frontispiz: *Marie Steiner-von Sivers*, Portrait-Skizze von Mieta Waller.
Aus dem Archiv der Rudolf-Steiner-Nachlassverwaltung, Dornach.
Druck: Freiburger Graphische Betriebe
Printed in Germany

Inhalt

Venus am Himmel

3.-4. Mai. — Dornach

Am Himmel der Isis
hingleitende Barke
als Schale sich öffnend
dem sternenden Strahl.

Des funkelnden Sternes
erglühend Erblitzen
spricht lodernde Worte,
flammt perlenden Glanz.

Gespräche der Götter
am nächtlichen Sternraum,
sechszackiges Sprühen,
gestaltende Kraft.

Hinflutend im Aether
in schimmerndem Silber
sinnt Isis entgegen
dem sonnenden Stern.

Marie Steiner

(1927)

Vorwort

Der Kunstimpuls der Anthroposophie erlebte in den redenden und eurythmischen Künsten seine Entfaltung am Anfang dieses 20. Jahrhunderts und erreichte am Goetheanum seine Kulmination durch die dreißiger Jahre hindurch bis zur Jahrhundertmitte, genauer bis zum Goethe-Gedenkjahr 1949. Rudolf Steiner legte die geistigen Grundlagen dafür in seinen Vorträgen über Eurythmie, Sprachgestaltung und Dramatische Kunst, in seinen lyrischen und dramatischen Dichtungen und durch seine richtungweisenden Inszenierungen. Durch Marie Steiner-von Sivers wurden diese Grundlagen künstlerische Wirklichkeit. Was aus ihrer Hand als eine in sich einheitliche Stilbildung überliefert worden war, ging in der zweiten Hälfte dieses Jahrhunderts nach und nach seinen Weg der Individualisierung und löste sich damit als ein Einheitliches auf. Heute werden es weniger und weniger Menschen, welche die Hochkultur der Goetheanum-Bühnenkunst noch miterlebt haben. Viele wissen von ihr nur noch durch Erzählungen. Eine wachsende Zahl aber weiß nichts mehr davon.

Mit der so entstehenden Notwendigkeit, das vergangene Kulturleben historisch festzuhalten, was durch viele Veröffentlichungen auf verschiedenen Gebieten längst geschehen ist, entsteht zugleich das Bedürfnis, der Individualität, die diesem Leben Wirklichkeit gegeben hat, aus geschichtlicher Perspektive neu zu begegnen. Denn es ergibt sich die Möglichkeit, die Neuimpulsierung der redenden und eurythmischen Künste, wie sie in diesem Jahrhundert aufgetaucht ist, ihrem Wesen und ihrem Stellenwert nach in der Menschheitsgeschichte neu zu erfassen.

Der Weg des Verfassers, der zum Versuch dieser erweiterten Sicht hingeführt hat, war die praktische Arbeit auf den Feldern der Rezitation, des Schauspiels, der Regie sowie der sprachlichen und schauspielerischen Schulung. Das ermöglicht ein Erleben aus der Sache heraus, hat aber seine Grenzen dort, wo Fachkenntnisse in den Wissenschaften, vor allem der Geschichte und der Philosophie, erforderlich sind; das wird mit Nachsicht berücksichtigt werden müssen. Dass diese Ausführungen trotzdem niedergeschrieben wurden, resultiert aus der Einsicht, dass ohne jahrzehntelange praktische Arbeit und Erfahrung innerhalb der redenden Kunst (zusammen mit wenigstens einem vollen Studium der Eurythmie) Wesen und Gesetzmäßigkeit des schöpferischen Tuns von Marie Steiner-von Sivers gar nicht wahrnehmbar werden können.

Ich bin Marie Steiner-von Sivers während ihres Erdenlebens nicht mehr begegnet. Sie ragte in meine früheste Kindheit durch Erzählungen herein wie ein Mythos, der sich mit wachsenden Jahren immer mehr verdichtete. 1946, mit 18 Jahren, erlebte ich endlich die erste Aufführung ihres Schülerkreises, als sie die täglichen Proben noch immer mit fester Hand leitete. Aus dem Erlebten ergab sich die Zielsetzung meines Berufs bis heute.

Nachdem ich das Thema des Buchs in mehreren Vorträgen behandelt hatte – was meines Wissens im größeren Kreis bis dahin nicht geschehen war –, bat mich Andreas Neider vom Verlag Freies Geistesleben um eine schriftliche Darstellung zum 50. Todestag Marie Steiner-von Sivers am 27. Dezember 1998. Dafür möchte ich ihm und dem Verlag auf das herzlichste danken. Herzlicher Dank sei auch Ruth Dubach ausgesprochen, welche eine Szene aus Leconte de Lisles dramatischer Dichtung *Hypatie et Cyrille*, die Bestandteil des *Dramatischen Kurses* ist, ins Deutsche übertragen hat. Meinen ganz besonderen, herzlichsten Dank möchte ich Hella Wiesberger von der Rudolf Steiner-Nachlassverwaltung aussprechen für ihre gründliche Durchsicht des Manuskripts.

Die auf Seite 95 wiedergegebene farbige Portrait-Skizze von Marie Steiner-von Sivers entdeckten Christian Hitsch und ich zusammen im vergangenen Jahr während des Saalausbaues im Goetheanum unter einem großen Stapel von Entwürfen für die Ausmalung der Kuppel des ersten Goetheanum durch die damaligen Künstler. Das Bild zeugt von großem malerischem Können, sowohl in der Auffassung wie in der Behandlung. Wir vermuten deshalb, dass es von Hermann Linde stammt, dem führenden Künstler bei der Herstellung der Mysterien-Dekorationen 1910 bis 1913 in München wie auch bei der Ausmalung der Goetheanum-Kuppel, etwa zwischen 1915 und 1920.

Gewidmet ist dieses Buch in herzlichster Dankbarkeit meiner lieben Frau, Silvia Hammacher-Voith, Mitstreiterin für das Wort, Mitarbeiterin und Stifterin der Novalis-Schule für Sprachgestaltung und Dramatische Kunst und der Novalis-Bühne Stuttgart in den Jahren 1970 bis 1995.

Stuttgart, im September 1998   *W. H.*

Zur 2., erweiterten Auflage

Gut fünfzehn Jahre sind vergangen, seit dieses Buch zum 50. Todestag Marie Steiners erschienen ist. Meinen herzlichen Dank möchte ich Jean-Claude Lin, dem Leiter des Verlags Freies Geistesleben, aussprechen für seinen Entschluss, eine Neuauflage der Biographie herauszubringen, erweitert um Bild- und Handschriftenmaterial und ein zusätzliches Kapitel, dem Nachwort zur Neuauflage. Es geschieht dies zu einem Zeitpunkt, da das von Marie Steiner gebildete Goetheanum-Schauspiel-Ensemble – bereits in seiner dritten bis vierten Generation – nach etwa neunzig Jahren aufgelöst wurde. Die

Darsteller der Mysteriendramen beispielweise werden heute auf eine begrenzte Zeit für diese bestimmte Aufgabe engagiert und gehen dann wieder auseinander. Eine ganze Epoche ist an ihr Ende gekommen.

«Kunstepochen sind einmalig, sie können nicht wiederholt werden. Wohl aber kann man auf sie hinweisen und auf die Lebenskeime aufmerksam machen, welche die Zeiten überdauern und in metamorphosierter Gestalt weiterleben und -wirken.» So Edwin Froböse, Schauspieler am Goetheanum und Sekretär Marie Steiners. Vielseitig und kompetent sind seine Darstellungen der Goetheanum-Bühnenkunst in ihrer Blütezeit: *Marie Steiner, Ihr Weg zur Erneuerung der Bühnenkunst durch Anthroposophie. Eine Dokumentation*, Rudolf Steiner Verlag, Dornach 1973. Die umfassendste Biographie Marie Steiners verdanken wir Hella Wiesberger: *Marie Steiner – ein Leben für die Anthroposophie,* Rudolf Steiner Verlag, Dornach 1988. Wesentliche Ergänzungen finden sich in den Biographien von Marie Savitch, Fred Poeppig, Peter Selg, wie in den Erinnerungen von Tatjana Kisseleff, Assja Turgenieff, Ilona Schubert, Anna Samweber und den Zeugnissen von Johanna Mücke, Walter Abendrot, Ernst von Schenk, um einen nicht vollständigen Hinweis hier anzuführen. Wesentlichstes über die eigentliche Kunst der Sprachgestaltung, weil auf eigenem Können beruhend, findet sich in dem im 7. Kapitel jetzt ganz abgedruckten Aufsatz von Kurt Hendewerk – ihm vertraute Marie Steiner ihre gesamte Arbeit für die Zeit nach ihrem Tode an – mit der Überschrift: «Unser Weg zur Sprache».

Die nicht wiederholbare Blütezeit der Goetheanum-Bühnenkunst und ihre Gestaltung der Sprache wirft heute die Frage auf: «Was war Sprachgestaltung?» Der nicht hoch genug zu schätzende Hinweis auf die Lebenskeime, welche die vergangene Blüte im Nährboden der Menschheitsgeschichte zurückgelassen hat, fordert die zweite Frage: «Eine Frage auf der Suche nach ihrer Zukunft». Der Zukunft der Sprachgestaltung, «etwas von der zukünftigen Zivilisation Gefordertes», wie Rudolf Steiner am Schluss seines mit Marie Steiner gemeinsam abgehaltenen Kurses über «Sprachgestaltung und Dramatische Kunst» (GA 282) bemerkt hat.

Auf diese beiden Fragen möchte das neu hinzugefügte Nachwort zur Neuauflage eingehen.

Das Jahr, in dem diese 2. Auflage erscheint, ist das 66. Jahr nach Marie Steiners Erdenabschied. Das Ende des ersten der geschichtlichen Rhythmen von 33 Jahren fiel auf den 27. Dezember 1981, wenige Tage bevor die von mir und meiner Frau Silvia Hammacher-Voith geleitete Novalis-Bühne die vier Mysteriendramen Rudolf Steiners im voll besetzten Festsaal der Waldorfschule Stuttgart-Uhlandshöhe zur Aufführung brachte. Aus beiden Anlässen hatten wir im benachbarten Rudolf Steiner-Haus eine umfängliche Ausstellung von Leben und Wirken Marie Steiners aufgebaut, in der Erwartung, dass die gut 900 Zuschauer während der vier Aufführungstage wie auch weitere Mitglieder der Anthroposophischen Gesellschaft Stuttgarts Interesse daran zeigen würden. Es war nicht der Fall. Kaum fünfzig Menschen besuchten die Ausstellung. Die Anteilnahme an der Persönlichkeit, welche die Gemeinschaft der Anthroposophischen Gesellschaft Mensch nach Mensch, Zweig um Zweig aufgebaut hatte, der Rudolf Steiner die Veranwortung über seinen gesamten Nachlass anvertraut hatte und die als geniale Künstlerpersönlichkeit die Kunst der Sprachgestaltung und mit ihr die Kunst der Eurythmie aus der Taufe gehoben hatte, diese Anteilnahme war beschämend gering.

Der zweite Rhythmus von 33 Jahren nach Ihrem Tod geht mit dem Jahr 2014 zu Ende. Seit Jahren sind die Ausbildungsstätten für Sprachgestaltung auf ein Minimum zusammengeschrumpft. Was Marie Steiner an Sprachprägungen geschaffen hat, ist verklungen. Möge die 2. Auflage dieses Buches ein Beitrag dazu sein, Marie Steiners gewaltigen Anteil daran zu erkennen, wie Anthroposophie Erdentatsache, Erdenwirksamkeit werden konnte.

Herzlich danken möchte ich der Rudolf Steiner-Nachlassverwaltung für die freundliche Überlassung der Fotografien und Handschriften von Marie und Rudolf Steiner; insbesondere herzlichen Dank Stephan Widmer vom Rudolf Steiner-Archiv, Dornach, für seine Hilfeleistung beim Heraussuchen derselben und ihrer Fertigstellung für den Druck.

Stuttgart, im Frühjahr 2014   *W. H.*

Einleitung

Einführend möchte ich von Eindrücken berichten, die ich selbst noch von einigen der Bühnenschöpfungen Marie Steiners haben durfte, solange diese noch warm vom Hauch ihres Sprachgenies waren. Das Wort hat es an sich, alles, was es vermag, in diesem Augenblick, jetzt und hier, zu leisten. Ist es verklungen, bleibt jede erinnernde Beschreibung hinter dem unmittelbaren Leben des verflogenen Moments zurück. Theatergeschichte hat immer etwas von einem angestaubten Boten, der hinkt und lahmt und stammelt. Trotzdem – für den, der die Grenzen seines gegenwärtigen Theaters um ein Stück hinausschieben will, dem Geist entgegen, für den wird jeder Blick zurück auf die Bühnenkultur am Goetheanum von 1928 bis 1949 brauchbar sein. Es ist damit wie mit dem Speerwurf: Je weiter man nach hinten ausgreift, desto weiter fliegt der Speer nach vorne.

Es war im Sommer 1946 in Stuttgart. Den größten Teil der Innenstadt hatten die Bomben in Trümmer gelegt. Aber das Opernhaus stand noch. In ihm gab die Goetheanum-Bühne ihr erstes Gastspiel nach dem Krieg, *Die Braut von Messina*, ein Trauerspiel mit Chören von Friedrich Schiller in der Inszenierung von Marie Steiner, wie es durch die ganze Stadt auf Plakaten zu lesen war. Alle vier Aufführungen waren restlos ausverkauft; ich hatte das Glück, wenigstens drei davon mitzuerleben. Nach der Ouvertüre durch ein intensiv einstimmendes Blechbläserquartett, komponiert und dirigiert von Jan Stuten, dem Komponisten und Bühnenbildner dieser ganzen Epoche, ging der Vorhang auf. Die Fürstin und die beiden feindlichen

Söhne erschienen vor dem Katafalk des verstorbenen Fürsten, in strenger Symmetrie. Die Gestik verhalten, streng, archaisch. Die Rede der Fürstin baute sich auf wie ein musikalischer Satz, in wachsender Dynamik. Der Ausdruck war sachlich, klar, deutlich in den Bildern; mit großem Atem und vollem Sprachklang bis in den einzelnen Laut, ergreifend schön, der Schillerschen Redegewalt völlig adäquat. Für mein Gefühl war nichts daran pathetisch; im Gegenteil, die seelische Stärke, die in dem frei fortschreitenden Willensstrom des Sprechens lag, hatte eine gewisse erhabene Nüchternheit. – Erstaunlich war bei wechselnder Besetzung (zwischen Elya-Maria Nevar und Dora Gutbrod) die exakte Gleichheit in der Gestaltung. Ich hatte zuerst Mühe, die eine von der anderen Darstellerin zu unterscheiden. Dabei blieb der individuelle Einsatz und Ausdruck beider Persönlichkeiten voll erlebbar.

Dann trat, wieder von Bläsermusik begleitet, der Chor auf: die ritterlichen Begleiter der feindlichen Brüder, jeweils zwölf Männer. Die Gruppe des älteren Bruders, Don Manuel, blau gekleidet, besaß die tieferen Stimmen; die des jüngeren, Don Cesar, rot gekleidet, die helleren. Sie sprachen perfekt zusammen, bis in jede Silbe, wobei das Timbre der unterschiedlichen Stimmen durchaus hindurchklang. Die freie Atemkraft und der leidenschaftliche Ausdruck der dahinrollenden Sprachgewalt traf auf Schichten des eigenen Erlebens, die bis dahin unbekannt waren. Das war nicht nur der einzelne Mensch in Gemeinschaft mit dem anderen Menschen, daraus sprach ein Ganzes, ein übergreifend wirksames Schicksal im dramatischen Geschehen, getragen von der äußersten Disziplin der Darsteller und ihrer Hingabe an die chorische Zusammenbindung. Wie dann nach der Peripetie im III. Akt, dem Brudermord, die großen Wehe- und Rachechöre in der hinreißend musikalischen Dynamik Schillerscher Rhetorik sich aufrollten – das kann man nicht wiedergeben. Ich habe bedeutende chorische Leistungen durch griechische Schauspieler in der Schweiz, in Athen und in Epidauros miterlebt, die auf ihre Weise Hervorragendes zustande brachten. Auch der Zürcher Sprechchor, musikalisch begleitet und mit dem Taktstock dirigiert, bewies äußerste Disziplin und Prägnanz im Ausdruck. Aber nichts davon reichte heran an die Kraft, das Können und die Selbstverständlichkeit, Natürlichkeit der gehobenen Verssprache und den Klangreichtum im lautlichen Ausdruck, wie sie dem Dornacher Sprechchor zur Verfügung standen.

Im IV. Akt trat dann noch eine weitere Steigerung der chorischen Leistung ein. Kurt Hendewerk, der eigentliche Chorführer des Dornacher Sprechchors, spielte während der ersten drei Akte den Don Manuel. Und dann, nach dessen Ermordung, führte er wieder den Chor. Wie im alten Griechenland, wo übrigens die Chorführer immer von den ersten Politikern gestellt wurden, benützte Marie Steiner auch das Prinzip der Chorführung, ohne die eine wechselnde Dynamik und Disziplin im Nuancieren überhaupt nicht erreicht werden kann. Man kennt dieses Gesetz auch aus der Kammer- und der Orchestermusik. Kurt Hendewerk besaß eine der schönsten, größten und zugleich weichsten Stimmen, die ich gehört habe – jeder Nuancierung nachgebend. Und vor allem beherrschte er das meisterhaft, was Marie Steiner einmal als das eigentlich Neue der Sprachgestaltung charakterisiert hat: die Luftresonanz. Die Innenräume des Sprachorganismus resonieren mit, wie bei jedem Musikinstrument auch; werden aber die Resonanzräume der äußeren Luft, wie der jeweilige architektonische Umraum mit seiner ganzen Akustik sie hergibt, mitbenutzt, so werden dadurch natürlich die Stärke, Deutlichkeit und Ausdrucksunmittelbarkeit des Sprechens vielfach gesteigert. Kurt Hendewerks Stimme hatte die Eigentümlichkeit, alle anderen Stimmen mit ihren unterschiedlichen Timbres zu einer einzigen gemeinsamen Stimme zusammenzubinden. Und jetzt erst wurde der Chor wirklich Chor: Er sprach wie

Friedrich Schiller: Die Jungfrau von Orléans. Erna Grund, Gertrud Redlich

eine einzige Seele, aber unendlich viel mächtiger, als ein einzelner Mensch das vermöchte. Die Chorstimme wurde wie zum hierarchischen Organ einer Gruppenseele, die über dem Menschen steht. Und das geschah rein durch das Handwerk der Kunst, durch ein bewusst gehandhabtes Können – was mit dem nebulosen Sumpf eines vermeintlichen Gruppengefühls passiver Art nichts, aber auch gar nichts gemeinsam hatte. Im Gegenteil, bei aller Erschütterung – mir schossen an dieser Stelle immer die Tränen in die Augen – breitete die hoch anspruchsvolle Formung und Stilisierung etwas wie eine nüchterne Keuschheit über das Emotionale aus. Keuschheit, so gemeint, wie ein Fels, eine Glockenblume, ein Hirsch oder ein Bergbach keusch sind, weil sie nichts als sich selbst in

Friedrich Schiller: Die Jungfrau von Orléans. Erna Grund, Kurt Hendewerk

ihrer urbildlichen Natur zum Ausdruck bringen, unverstellt, elementar.

Durch diese Steigerung der Chorkunst durch die Chorführung entstand etwas, was alles an Eindringlichkeit hinter sich ließ, was ich vorher oder nachher auf einer Bühne oder im Konzertsaal je erlebt habe. Aus dieser frei im Raume schwingenden chorischen Sprache stiegen Bilder auf, die das Geschehen umgebend und durchflutend begleiteten – wie Planeten und Sternenkonstellationen das Erdgeschehen auf- und niedersteigend überleuchten. So stiegen jedesmal, wenn der IV. Akt herankam, tausend Sterne, farbig erglänzend, das Herz ergreifend, im Innenraum der lauschenden Phantasie auf und ab. Diese Gestaltung der Sprache hatte kosmische Dimensionen in sich.

17

Jeder Materialismus war nach diesem Erlebnis abgelegt. Das erfahren zu haben, gehört in meinem Leben zu den Momenten höchsten Glücks: dieses große, irrationale, unaussprechbare Geheimnis *Kunst,* elementar durch sich selbst überzeugend wie ein mathematischer Beweis, nur stärker, aber *unter* dem Verstand erlebt. Albert Einstein hatte ein solches Erlebnis, als er den elfjährigen Yehudi Menuhin geigen hörte: «Jetzt glaube ich, dass es einen Gott gibt.»

Ein Vorwurf, welcher vor allem nach Marie Steiners Tod oft gegenüber der Dornacher Sprachgestaltung gemacht worden ist, das Klangliche übertöne das Inhaltliche, soll hier kurz aufgegriffen werden. Dieser Missstand hat selbstverständlich mit den Intentionen der Sprachgestaltung nichts zu tun. Kurt Hendewerk gab in der *Braut von Messina* ein wunderbares Beispiel von dem, was damals sprachlich entwickelt worden ist: Durch ein unheilvolles Orakel veranlasst, wurde Beatrice, die Schwester der verfeindeten Brüder, von den Eltern in einem abgelegenen Kloster versteckt gehalten. Don Manuel entdeckte sie dort, als er auf der Jagd eine Hirschkuh verfolgte, die sich zuletzt durch eine offene Klosterpforte flüchtete. Ihr nachstürmend, sieht er sie, den erhobenen Jagdspeer wurfbereit in der Hand, den Kopf in den Schoß einer jungen Nonne geschmiegt, die mit dunklen, weit geöffneten Augen angstvoll zu ihm aufblickt. Von Liebe ergriffen, bleibt er wie angewurzelt vor dem Wunder seiner nicht erkannten Schwester stehen. Dieses Geschehen machte Hendewerk durch seine überragende Sprachkraft so zur Gegenwart, dass ich noch heute alle Einzelheiten sinnenfällig deutlich vor mir sehe, bis zu den dunkelbraunen Augen des Mädchens. Man vergaß nicht nur, wie viele Male vorher und nachher, dass man im Theater saß; man vergaß auch alles, was auf der Bühne an Dekorationen und Schauspielern vorhanden war; sichtbar blieb nur die Bilderfülle, die durch den dynamischen, lautlichen Strom und seine Plastizität die Phantasie bannte. –

Friedrich Schiller: Die Braut von Messina. Dora Gutbrod

Ich habe viele große Schauspielerpersönlichkeiten des deutschen, englischen und französischen Theaters erlebt, die das Geheimnis der dargestellten Persönlichkeit auf oft magische Weise vermitteln konnten. Dass aber die Sprache selber eine reale Welt aufbaut, die alles andere verschwinden macht und auf diesem Wege den Charakter der Persönlichkeit offenbart, darin besaß Hendewerk eine einzigartige Meisterschaft. – Es erscheint angebracht, einige der Schüler, durch deren Fähigkeiten und Hingabe Marie Steiner ihre Intentionen verwirklichen konnte, in diesen Bericht mit einzubeziehen.

Kurt Hendewerk war von mittelgroßer, kräftiger Gestalt; er hatte das Matterhorn bestiegen; im Speerwurf – der gymnastischen Grundübung des Sprachgestalters – besaß er eine absolute Perfektion. Seine Stirn war hoch und gewölbt, die Nase leicht gebogen, adlerhaft; er hatte schwarzes glattes Haar und braunschwarze, tiefliegende Augen, nicht groß, die sehr genau beobachteten. Er besaß die eigentümlichste Mundbildung, die ich je gesehen habe. Schmale, hochsensible Lippen, die in dauernder Bewegung waren und sich erstaunlich weit öffnen konnten, einen hochgewölbten Gaumen und großen Mundraum freigebend; ein willensbetontes Kinn, in fast senkrechter Fläche, mehr schräg nach unten vorne verlaufend, das er, den Klang regulierend, erstaunlich weit nach vorne schieben konnte. Kurz, kein Mund im bürgerlichen Sinne, sondern ein ausgearbeitetes Sprechinstrument, zu allem bereit und fähig. Sein Atem war völlig frei. Es war ihm selbstverständlich, die gesamte Körpersprache, vor allem der Glieder, unmittelbar in sein Sprechen ausströmen zu lassen. Er machte sich gerne den Spaß, mit der Zigarette im Mundwinkel, den er wie zwei geschickte Finger handhabe, den objektiven Ton der Luftresonanz geltend zu machen. Er scherzte beim Demonstrieren verschiedener Kunststücke über seine «Zirkusinkarnation das letzte Mal». Als er Marie Steiner um seine letzte Rolle unter ihrer Regie, den schönen griechischen Jüngling Orest,

Johann Wolfgang Goethe: Faust, Gretchen. Erna Grund

bat, rief sie erschrocken aus: «Was, Sie mit Ihrem Alchimisten-
gesicht?» Alles an ihm war charakteristisch. Er war ein gebore-
ner Schauspieler und besaß eine hohe künstlerische Intelligenz.
Er stammte aus Posen, damals Schlesien, nahe der polnischen
Grenze, der Jüngste einer kinderreichen Gymnasiallehrers-
familie. Im Umgang war er zurückhaltend und übte seine leitende Autorität nur vermöge seines überragenden, allgemein
anerkannten Könnens aus; «amtliche» Autoritätsansprüche
waren ihm fremd und zuwider. In sozial schwierigen Situationen habe ich ihn immer sachlich und gerecht erlebt. Auch
im Umgang mit allen Heftigkeiten, die sich in der Arbeit mit
Marie Steiner ergaben, soll er diese Eigenschaft immer in aller
Ruhe bewahrt haben.

Für ihn war die Trennung von Sprachgestalter und Schauspieler, die sich als eine Problematik durch die ganze Arbeit gezogen hat, nicht vorhanden. Diese in der Dornacher Tradition oft diskutierte Frage mag hier kurz behandelt werden, weil sie den bühnenmäßigen Ansatz Marie Steiners aufzeigt. Sie hat die gesamte sprachgestalterische Forderung an den Schauspieler nach allen Seiten hin ausgearbeitet. Am mimisch-gestischen Ausdruck zu arbeiten, das blieb dem Einzelnen überlassen. Sie inszenierte ganz aus dem dichterischen Gehör heraus. Durch ihre Kurzsichtigkeit blieb ihr manches verborgen, was für das Auge unausgestaltet blieb. Ihre Arbeit setzte an der Konvention gewordenen Alltagssprache an, für die Laut, Silbe und Wort nur Zeichen und Signale zur Begriffsvermittlung geworden sind. Sie gab diesen Grundelementen ihr Eigenleben zurück. Die Dornacher Sprachgestaltung war nicht mehr ein bloßes Medium der Gedankenvermittlung, sie war selber Gedanke, Bild, Seele und Wahrnehmungsorgan für den Geist geworden. Sie wurde zu einer sinnlich-sittlichen Wirklichkeit. Darin bleibt sie impulsierende Kraft für alle neue weitere Arbeit an der Sprache.

Rudolf Steiner regt in seinen Ausführungen des *Dramatischen Kurses*[1] dazu an, den Laut-Ausdruck der Sprache bis in Mimik und Geste hineinzutragen. Diese Arbeit ist von Schülern Marie Steiners vielfach aufgegriffen worden; so von dem hochtalentierten russischen Schauspieler Ilja Duwan, der durch Jahre in den Mysteriendramen Rudolf Steiners den Johannes darstellte; sein Vater hatte den «Blauen Vogel» gegründet und war vorher Schauspieler bei Stanislawskij gewesen, mit dem der Knabe intensive Gespräche auf langen Waldspaziergängen geführt hatte.[2] Diese lautliche Körpersprache konnte aber bis jetzt noch nicht zu einer der sprachlichen Leistung vergleichbaren Höhe der Bühnenwirksamkeit entwickelt werden.

Dieses Problem kann nicht berührt werden, ohne des Anthro-

Johann Wolfgang Goethe: Faust. Kurt Hendewerk

posophen und intimen Kenners des *Dramatischen Kurses* zu gedenken: des großen weltbekannten russischen Schauspielers und
Theaterpädagogen Michail A. Čechov, der wegen seiner faszinie-
renden magischen Fähigkeiten im schauspielerischen Ausdruck,
vor allem der Körpersprache, berühmt geworden ist. Er ist seinen
Weg ganz allein außerhalb der Dornacher Arbeit gegangen, die
er aber gut kannte.[3]

Die *Faust*-Festspiele von 1949 im Goetheanum sind für
mich bis heute, unbeschadet dieser Einschränkung, das größte Gesamtkunstwerk geblieben, das ich auf einer Bühne erlebt habe; mit Schwerpunkt auf der sprachgestalterischen
und eurythmischen Seite. Das Zusammenwirken sämtlicher
Bühnenelemente ließ den Kosmos der *Faust*-Dichtung im

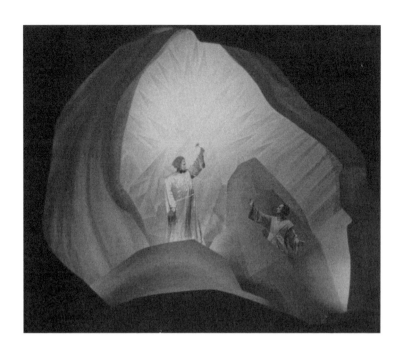

Albert Steffen: Hieram und Salomo. Hans Weinberg, Kurt Hendewerk

Laufe einer Woche wie ein gewaltiges Panorama vorüber-
ziehen. Die Alltagswelt, in die man zurückkehrte, war eine
andere geworden. Bei Probenbeginn – ich nahm als Bühnen-
helfer teil – lag der Tod Marie Steiners nur gut vier Monate
zurück. Es war das erste Mal, dass die Proben ganz ohne ihre
Leitung stattfanden. Aber sie lebte so stark in Bewusstsein
und Gewohnheit aller Beteiligten, dass sie wie gegenwärtig
schien. Die Forderung an ihre Schauspieler und Eurythmisten, nach 23 Jahren – 1926 hatte sich die Kerngruppe der
Schauspieler am Goetheanum zusammengefunden – zum ersten Mal ganz ohne ihre Hilfe auszukommen, intensivierte das
Bestreben, die Inszenierung so lebendig und stilgerecht wie
nur irgend möglich wieder auf die Bühne zu bringen. Proben

Albert Steffen: Hieram und Salomo. Hans Pusch, Kurt Hendewerk

und Aufführungen waren von hohem Enthusiasmus getragen. Entsprechend verlangte der Schlussapplaus immer vierzig bis fünfzig Vorhänge.

Bei den Erzengelchören des «Prologs im Himmel» hörte ich zum ersten Mal Frauen- und Männerstimmen (je zwölf) gemeinsam. Die beiden Stimmlagen wechselten in einem Abstand von Quart zu Quint, was völlig ungesucht entstand. Diese Intervallspannung gab dem Chor etwas Orchestrales, vielfältig Klingendes wie das Registervolumen einer Orgel. Es bleibt schwer zu beschreiben, warum diese einfache Tatsache so viel Klangreichtum nach sich zog. Den Damenchor führte Dora Gutbrod. Ihre große, starke Stimme hatte in allen Lagen den gleichen wunderbaren Klang und Glanz. Der Ton ihrer

Stimme war völlig frei im Luftraum draußen. Man konnte an ihr erleben, was Klangäther ist. – Dora Gutbrod war von mittelgroßer schlanker Gestalt; immer geschmackvoll und elegant gekleidet. Sie besaß ein stark ausgeprägtes sanguinisch-cholerisches Temperament. Man lachte mit ihr gern und viel. Immer lagen ihr Anekdoten über Marie Steiner und die Arbeit auf den Lippen. Sie nahm warmen Anteil an ihren Schülern und Freunden und liebte das Gespräch. Man erzählte von ihr, dass sie auch bei Proben mit «Windstärke zwölf» immer aufrecht dastand und unverdrossen weiterarbeitete. Denn die Meisterin ließ durchaus alle vier Elemente des Temperaments spielen, um ihre Schüler für eine Szene, zuweilen durch Stunden nur für einen Satz, ja, ein Wort, in Fahrt zu bringen. Dora Gutbrod sagte mir einmal: «Ich bin keine Schauspielerin. Ich bin ein Mensch, der an der Sprache arbeitet.» Sie hatte aber auf der Bühne eine starke Ausstrahlung durch die absolute, willensbetonte Präsenz ihrer kraftvollen Persönlichkeit. Sie war Schwäbin, Arzttochter, Waldorfschülerin aus Stuttgart, hatte graue Augen, eine charakteristische Adlernase von schöner Proportion zu Stirn und Wangen, sehr bewegliche Lippen, die beim Sprechen und Lachen ein Zahngehege von eindrucksvollem Bau freigaben, das ein wunderbares Werkzeug für die Klang- und Resonanzbildung und vor allem für die Formung der Laute bildete.

Hendewerks Faust – wobei ihm der gereifte und vor allem der alte Faust näher stand als der junge – gab den vielschichtigen Reichtum der Goetheschen Seele, wie sie in der Dichtung pulsiert, auf große Weise wieder. Der dauernde Wechsel in Bild und musikalischem Fluss dieser Poesie begeisterte in seiner Darstellung. Erschütternd war am Schluss die wie licht- und glanzlos gewordene Stimme des Hundertjährigen, in dem nur noch der Wille durch die Finsternis vorwärtstastet. Und dann die Auferstehung in die Leibfreiheit des Pater Marianus, die Stimme voll tönend, schwebend, sich Laut auf Laut in die Sphäre verströmend. Das war Luftresonanz auf höchster Stufe.

Den Mephisto spielte Bevan Redlich, ein Balte aus Riga, klein von Gestalt und wortkarg. Wurde er aber mit einem warm, konnte er sehr gesprächig, liebenswürdig und verbindlich sein. Den ersten Teil spielte er so oder ähnlich, wie er ihn auch bei Gottfried Haas-Berkow gespielt hatte, dem Leiter der Truppe, aus der sich ein großer Teil des Ensembles rekrutierte. Treffsicherheit, Sarkasmus und Humor seiner Darstellung waren mitreißend. Neugier und Sympathie des Publikums gehören ja immer mehr Mephisto als Faust; was übrigens auch für Goethe selbst so war. Im zweiten Teil, den Redlich erst unter Marie Steiners Führung studiert hatte, wuchs sein Mephisto in kosmische Dimensionen. – Seine Frau, Gertrud Redlich, hatte immer zusammen mit Hendewerk die Szenen regielich vorbereitet beziehungsweise ausgearbeitet, denen Marie Steiner dann die endgültige Fassung gab. Später trugen sie zusammen die regieliche Verantwortung für alle überkommenen Inszenierungen. Frau Redlich war eine erstrangige schauspielerische Begabung und hatte, wie übrigens auch Edwin Froböse, Schauspieler und Sekretär Marie Steiners, vor Beginn der Dornacher Arbeit einen Vertrag mit einem der renommiertesten Theater Deutschlands in der Tasche, nämlich für Düsseldorf bei Luise Dumont und Gustav Lindemann. Gertrud Redlich erhielt nur wenige schauspielerische Aufgaben (Sorel in der *Jungfrau von Orléans*, Balkis in Steffens *Hieram und Salomo*, die Andere Maria in den *Mysteriendramen* u. a.), in denen ihre Fähigkeiten in Erscheinung treten konnten, hat aber auf andere Weise Allerwesentlichstes zu dem Ganzen beigetragen. Als Marie Steiner ihre Arbeit mit den Schauspielern anfing und versuchte, das ganz andere Sprechen aus den bildschaffenden Bewegungsströmen der Sprache durch stunden-, ja wochenlanges Vormachen zum Verständnis zu bringen, erfasste zunächst niemand, was sie meinte. Das führte, temperamentvoll, wie Marie Steiner war, zu heftigen Stürmen und Ausbrüchen der Verzweiflung. Es war Frau Redlich, die zuerst und als Einzige wahrnahm und begriff, was Marie

Rudolf Steiner: 4. Mysteriendrama, 4. Bild

Steiners Intentionen waren. Dora Gutbrod konnte dieses anek-
dotische Ereignis plastisch wiedergeben: Marie Steiner sah, mit
Tränen in den Augen, endlich in dieser «Wüste der Barbarei»
eine Seele, die sie verstand. Sie zog Frau Redlich neben sich und
streichelte zärtlich und überglücklich ihre Hand. Es war das
außerordentliche pädagogische Vermögen, erlebend zu verstehen und das Verstandene erklärend weiterzugeben, das Gertrud
Redlich dann durch Jahrzehnte als vielgesuchte, aber strenge
und unerbittlich konsequente Lehrerin der Sprachgestaltung
bewies. So war sie die erste Dolmetscherin zwischen einem äußerlich tonlichen Hören und den inneren Bewegungsgesetzen,
Bewegungsrichtungen im Vorwärtsschreiten der Silben. Denn
«die geistige Welt geht bloß bis zu der Silbe, nicht bis zum Wor-

Rudolf Steiner: 4. Mysteriendrama, 8. Bild. Gertrud Redlich

te».[4] Sie war es auch, die den methodischen Aufbau der Sprachübungen, den Rudolf Steiner und Marie Steiner zusammenge-
stellt hatten und den Letztere 1928 in einem Seminar für wenige
Lehrerinnen der Sprachgestaltung mündlich weitervermittelt
hatte, sorglich aufschrieb, durchdachte und übend vollständig
durchdrang und beherrschte und dann an ihre Kollegen und
Schüler weitergab.[5] Sie verstand es, genau zu kommentieren,
worauf es bei der jeweiligen Übung ankam. Sie ist unter den
Schülern Marie Steiners vielleicht am tiefsten in das Systemati-
sche des sprachlichen Schulungsweges vorgedrungen.

Edwin Froböse war sozusagen der «Erstgeborene» der
schauspielerischen Kern-Gruppe – er trat schon 1924 in einer
Goetheanum-Aufführung auf – und wurde der Älteste und

Letzte von ihnen, als er mit 97 Jahren starb. Seinen gewichtigen Anteil am Ganzen der Arbeit hat er in seiner Autobiographie beschrieben.[6] Er spielte über zwanzig Jahre den Professor Capesius; und berühmt war seine Hexe im *Faust*. Nach vielen vergeblichen Versuchen zur Besetzung der Hexe ließ «Frau Doktor», wie sie für alle hieß, Froböse aus seinem Büro holen und fügte drohend hinzu, wenn auch er nicht dafür tauge, werde sie die Sektion schließen.[7] Froböse kam, legte los und siegte. Die Sektion war gerettet.

Das Gretchen spielte Erna Grund. Sie wollte eigentlich Sängerin werden und besaß die reinste, schönste Sopranstimme. Aber Marie Steiner hatte auf einer Eurythmiereise Erna Grund in ihrer Heimatstadt Breslau kennen gelernt, ihre Stimme gehört und sie für die sprachgestalterische Arbeit nach Dornach eingeladen. «Und wenn Frau Doktor das sagte, dann tat man das eben», war der nüchterne Kommentar zu dieser Schicksalsentscheidung. Sie war in allen Lebenslagen sehr direkt, ganz entschieden und die Wahrhaftigkeit selbst. Sie übernahm das Gretchen, eine strahlend-schöne Erscheinung. Wenn sie sprach, strahlte ihre helltönende Stimme Licht aus. Sie war auch eine einmalige Astrid. Marie Steiner ließ sich zur eigenen Vorbereitung Stroh in ihr Arbeitszimmer bringen und übte für sich allein die Kerkerszene durch, liegend, kniend, den äußersten Realismus suchend. Es wurde eine legendär harte Probenarbeit. Erna Grund gehörte zu den Mitarbeiterinnen, die jedem Gewittersturm standhielten. Einmal nur verließ sie die Bühne, und Marie Steiner entschuldigte sich später. Erna Grund war ein starker Charakter und besaß ebensoviel Rückgrat wie Hingabe an die Sache. Was dann als Kerkerszene entstanden war, das setzte einen in Erstaunen, bei aller Erschütterung. Marie Steiner hatte versucht, aus allem Leid und tobenden Schmerz und von Angst Gejagtsein die wechselnden Bewusstseinszustände herauszubilden, die Gretchens auf der Schwelle des Todes nur noch lose mit dem Leibe verbundene

Seele durchmacht. Erna Grund spielte diese Szene mit faszinierender Dramatik, in dauerndem Wechsel der Seelentöne, oft in rasendem Tempo. Und trotz der damals noch katastrophalen Akustik im rohen Beton des unverkleideten Goetheanumsaales mit Tonnengewölbe verstand man jedes Wort. Sie durchschnitt die Luftresonanz wie mit silbernen Pfeilen. Ihre Jungfrau von Orléans, eine späte Inszenierung Marie Steiners, muss wohl ihre schönste Leistung gewesen sein. Scharen von Schweizer Soldaten, die während des Krieges im Goetheanum einquartiert waren, vielfach Menschen aus der einfachen Landbevölkerung, waren so engagiert, dass sie oft parteinehmend aufstanden und laut in die Aufführung hineinriefen. Zahllose Schulklassen aus der näheren und weiteren Umgebung kamen zu den Aufführungen und schrieben begeistert Briefe über Briefe an Marie Steiner und die Schauspieler. Man kann sich nicht genug bewusst machen, dass die Veranstaltungen nicht, wie heute, zwischen internen und solchen in der «Außenwelt» wechselten. Anthroposophie und ihre Kunst standen voll im Licht der Öffentlichkeit, als ein Kulturfaktor. Wenn die Kultur- und Theatergeschichte die Goetheanumkunst in der ersten Hälfte des Jahrhunderts ignoriert, beweist sie damit in Bezug auf das Gesamtgeschichtliche nur ihre eigene Inkompetenz.

Von diesen entzückten Briefen erhielt die meisten Gerhard Dziuballe, der den Bastard von Orléans spielte, groß, blond, strahlend, mit Gold in der Kehle. Er kam sehr jung als gelernter Schmied nach Dornach und erarbeitete sich, mit den Sagen des klassischen Altertums beginnend – so Dora Gutbrods anekdotischer Bericht –, durch die Jahre ein umfassendes anthroposophisches Wissen. Er schmiedete mit eigener Hand für *Die Jungfrau von Orléans* und den *Faust* seine und die Ritterrüstungen der anderen Spieler, von Kopf bis Fuß. Boshaftigkeiten regten ihn zutiefst auf, aber gewöhnlich war er Ruhe und Wohlwollen in Person. Jahrzehntelang spielte er den Benedictus in den *Mysteriendramen*, und Marie Steiner ruhte nicht, bis sie aus dem Schmied einen Eingeweihten geschmiedet hatte. An dieser Aufgabe erregte sie sich bis zum Äußersten, Dziuballe dagegen nicht. Er brachte der Meisterin die allergrößte Liebe und Verehrung entgegen und war, selbst als Frau Doktor wieder einmal bis zum Äußersten aufgebracht war, nicht aus seiner Ruhe und Zuneigung herauszuschrecken. Teilnehmend sagte er zu einem neben ihm stehenden Kollegen: «Ich dachte, die Frau fällt um.» Gerade weil er kein Intellektueller war, konnte er seiner Darstellung des Benedictus, dem goldenen Hierophanten der Weisheit, die Nuance von Menschlichkeit und Güte und einer Geistigkeit geben, die goldgegründet war.

Den Wagner im *Faust* spielte Werner Lippold, der mit der Truppe von Kugelmanns aus Rostock, seiner Heimatstadt, gekommen war. Werner Lippold hegte tiefe Verehrung für Marie Steiner. Die Erziehung, die er von ihr, vor allem durch den Sprechchor, erfuhr, charakterisiert er mit den Worten: «Frau Doktor hat unser Alltags-Ich zerschlagen, um unser höheres Selbst zu befreien.» Er liebte aber das Zerschlagen im Einzelnen nicht so sehr. Marie Steiner, die durchaus wusste, was sie von ihren Leuten fordern konnte und was nicht, begegnete ihm, dem cholerisch Veranlagten, umgänglicher als anderen. Das kam so: Werner Lippold sprach ihr eine Prosadichtung vor, und Marie Steiner hörte sich diese, ohne ihn zu unterbrechen, an, was sonst so gut wie nie vorkam. Dann sagte sie: «Lippold, Sie machen es wie ich. Sie sprechen aus dem *ganzen* Menschen. Alles ist gut. Machen Sie es so.» Und alles, was Lippold spielte, kam immer aus dem vollen Menschen und echter Originalität. So spielte er den Don Cesar, den Kaiser und den Wagner und vieles andere im *Faust*, den König Karl in der *Jungfrau von Orléans*; immer zu Herzen gehend, mit einer vollen, warmen Stimme und einer urwüchsig-natürlichen Kraft in Sprache und Gebärde.

Einer der regielich genialsten Griffe, der in seiner eurythmischen Choreographie noch auf Rudolf Steiner zurückging, war die Darstellung der Ariel-Szene am Anfang des zweiten Teiles des *Faust*. Hinter dem schlafenden Faust beginnt Ariel die Szene mit zwei dienenden Elfen, in Weiß und Gelb. Dann treten nacheinander die vier mal drei elementarischen Geister der vier Pausen auf, durch Farbe und Geste die vier nächtlichen, zwischen Abend- und Morgendämmerung sich ablösenden Stimmungen eurythmisierend; die einzelnen Teile werden durch eine Musik von Jan Stuten verbunden, die auch nach Jahrzehnten immer noch frisch und ausdrucksstark den Zauber der Szene vermittelt, wie es nur große Musikschöpfungen vermögen. Die sprachgestalterischen Anforderungen waren die allerhöchsten. Marie Steiner ließ auch im hohen Alter diese Szene nie proben, ohne dass sie nicht selbst erschienen wäre, um sie immer von Neuem wieder erstehen zu lassen in ihrem geisterhaften, frischen Naturzauber und Natur-Ethos. Ariel wurde von Dora Gutbrod gesprochen mit allen Registern ihrer Stimme, vom äußersten Schmelz der Zartheit, Sanftheit über Leichtigkeit, Heiterkeit in sich steigernder Dynamik bis zur äußersten Kraft, wie Posaunenstöße: «Horchet, horcht dem Sturm der Horen!» Dora Gutbrod berichtete stolz, dass die alte Meisterin, die sehr selten lobte, nach einer Probe entzückt ausrief: «Ach, wie schön ist es, wenn die Stimme so ganz und gar frei geworden ist!» – Der sogenannte kleine Damenchor, fünf bis sechs Sprecherinnen, war leid- und korrekturgeprüft. Nie war Marie Steiner mit dieser Szene zufrieden. Hier hat sie, was in Satz, Lautfolge, Rhythmus an keimhafter Melodik steckt, ganz nah an das Liedhafte herangebracht. Sie geriet aber außer sich, wenn diese Melodik passiv-tonlich abgesungen und nicht aktiv aus der inneren Geste des Sprachelementes gesucht wurde. Marie Steiners eigene sprachlich reiche Melodik im Rezitieren und Deklamieren war ganz innerer Wille, nicht reflektierter äußerer Ton. Der sogenannte Dornacher Singsang ist ein Unvermögen, aber nicht das, was intendiert war und ist. Wie oft korrigierte sie: Nicht singen! Diese Chöre gehörten zum Ergreifendsten und Schönsten im ganzen *Faust*. Hier war alles Intellektuelle im Sprechen, wie es der Alltag fordert, in reinste Poesie verwandelt. Poesie, in diesem Zustand, vermittelt durch ihre tönende Bildersprache ihren Inhalt und Erlebnisreichtum viel intensiver, als es mit Begriffen je beschrieben werden könnte. Hier konnte man erfahren, dass es so etwas überhaupt gibt!

Einen Höhepunkt der gesamten *Faust*-Inszenierung bildete das Ägäische Meer, jene Szene, die ja von Rudolf Steiner bereits zwanzig Jahre früher choreographisch für die Eurythmie veranlagt worden war. Hier konnten alle Register der Sprachkunst zur Geltung kommen; und das Szenische fand in der Eurythmie seine ideale Darstellungsform. Thales und Protheus unterhielten sich auf der untersten Ebene des Sprachgebrauchs, dem Gedankenaustausch. Die Sirenen gingen mit den Elementarchören in die chorische Rezitation und Deklamation des Mythisch-Bildhaften und Musikalischen über. Im reinen Vokalgesang der Sirenen-Zwischenchöre wurde die sprachliche Ebene fast verlassen, nur in Vokalen noch angedeutet. Das war von Jan Stuten aus dem ganzen Sprachgeschehen heraus wunderbar komponiert worden, sodass man sich dauernd, zwischen Sprechen und Singen auf- und absteigend, wie durch Meereswogen bewegte. Der Chor der Sirenen, bestehend aus Erna Grund mit ihrem Sprechsopran, aus Else Klevers, einer Deutschrussin mit einem herben, dunklen Stimmtimbre, die viele Jahre lang die Maria in den Mysteriendramen gespielt hatte, und aus Dora Gutbrod mit ihrem beides verbindenden Stimmkolorit. Alle drei Stimmen klangen zusammen und blieben zugleich einzeln voll unterscheidbar, polyphon wie ein funkensprühender Dreiklang, obwohl rhythmisch vollkommen eins. Darum abwechselnd harmonisch und auch oft wie ein Tritonus. Dazu der große Sprechchor von zwölf Damen und zwölf Herren für die Elementarchöre. Hier hat Marie Steiner etwas wiederentdeckt und völlig originell neu realisiert, was in der griechischen Chorkunst wie auch in allem Bardentum des alten Europa lebte. Wie schon erwähnt, nahm sie Satz und Gedanke zum Ausgangspunkt und führte sie in ein bilderverströmendes Melodisch-Musikalisches, das nicht mehr Bedeutung, sondern selbst unmittelbarer Wesensausdruck wurde: Sprache, gesättigt in sich selbst. Nach Goethes Wunsch hätte Mozart ihm den zweiten Teil des *Faust* komponieren sollen. Goethe war sich völlig bewusst, dass er da etwas gedichtet hatte, was sich durch bloße Gedankenvermittlung sprachlich gar nicht vermitteln lässt. Hier war es gelungen, vom Festland der Gedankenvermittlung ausgehend, die freie Meerfahrt sprachlichen Lebens anzutreten, die bis zum Sphärengesang des elementarischen Lebens hinführte:

> Heil dem Meere! Heil den Wogen,
> Von dem heiligen Feuer umzogen ...

Hier bekam die Stilisierung eine magische Wirkung, frei durch Schönheit, neue Wahrnehmungsorgane bildend. Hinter den Kulissen dem Geschehen lauschend, malten sich mir immer von Neuem griechische Landschaften aus mit einem Zusammenspiel von Licht und Elementargeschehen auf einem Grün quellend lebendiger, sprühender Vegetation, bacchantisch den menschlichen Leib umspielend und segnend; und im Inneren der Seele Staunen, Freude, Jubel, Andacht griechischer Existenz. Keine Vorstellung kann so etwas vermitteln und schon gar nicht die heutige Landschaft Griechenlands. Poesie auf dieser Höhe schafft nicht Erinnerungsvorstellungen, sondern innere Wahrnehmungen eines Unbekannten. – Diese Szene bleibt in meiner Erinnerung als eine hohe Kunstschöpfung bestehen. Hier war Vergeistigung nicht mehr ein asketisches Bemühen, hier war sie volles, urwüchsiges und gesättigtes Leben geworden.

Vieles wäre noch von dem zu schildern, was im Einzelnen geleistet wurde. So der Erdgeist, der Chiron, der Pater Profundus von Hans Weinberg, einem Schwaben aus Tübingen von großer väterlicher Güte, besonders gegenüber der jüngeren Generation; von vulkanischer Cholerik bei anderer Gelegenheit. Dies gab seiner starken Baritonstimme ein wunderbares Feuer, sowohl im Sprechchor wie auch in seinen Rollen. Vor allem sein Pater Profundus mit der ganzen Gewalt seines Willens zur Läuterung war tief ergreifend. Groß war sein Kain in Steffens wunderbarer Dichtung *Hieram und Salomo*, die zu den Lieblingsdramen Marie Steiners und ihren schönsten Inszenierungen gehörte.

Groß und wie aus dem Mythos sich erst bildend, gleichsam aus der epischen Sprache sich nach und nach in den dramatischen Dialog hinein verkörpernd, hat Goethe den III. Akt der Wiederkehr Helenas aus dem Reich der Persephone gedichtet. Helena stellte Elya Maria Nevar-Gümbel-Seiling dar. Sie war eine stattliche, schöne Erscheinung, verfügte in jungen Jahren über griechische Körpermaße und besaß eine vollklingende, warme und beseelte Stimme. Sie war umfassend gebildet, hatte Griechenland bereist und per Schiff umfahren. In ihrer Jugend hatte sie einen Briefwechsel mit Rainer Maria Rilke geführt. Jahrzehntelang spielte sie in den Mysteriendramen den Versucher Luzifer als einen königlichen Geist.

Das Geheimnis der Helena, wie überhaupt alles Griechische, war Marie Steiners Wesen tief verwandt. Als die Gestaltung gar nicht so werden wollte, wie sie es sich wünschte, ging sie mit den beiden Krücken, die sie im letzten Drittel ihres Lebens benötigte, auf die Bühne und spielte vor, wie ihr die Gestaltung der Helena vorschwebte. Die alten Kollegen beschrieben, wie in diesem Augenblick das Wesen Helenas erstand, vollendet in Haltung und Geste, im gesamten schauspielerischen Ausdruck der unbeschreiblichen Schönheit der Gestalt und der Sprache, aus anderer Welt Wirklichkeit geworden. Sie besaß die Magie großer Schauspielerinnen.

Alle diese Menschen – wie viel wäre von den Eurythmistinnen und Eurythmisten im *Faust* zu berichten – haben die Arbeit Marie Steiners möglich gemacht und entsprechend mitgeprägt. Eigentlich wäre es selbstverständlich, dass der Einsatz aller Beteiligten hier geschildert würde. Ich habe mich aber auf diejenigen Charakterisierungen beschränkt, die zugleich das Wesen und die Arbeitsweise Marie Steiners charakterisieren. Allen gemeinsam war der Enthusiasmus, etwas ganz Neues in die Welt zu setzen und dafür viele Opfer zu bringen. Sie lebten – bei großer persönlicher Bescheidenheit – in dem Bewusstsein, Bedeutendes für ihre Zeit geleistet zu haben.

Der Sprechchor, der mit Dichtungen von Rudolf Steiner, Goethe, Steffen, Lyrik von Christian Morgenstern und vielen anderen von 1928 bis 1935 seine Tourneen quer durch Europa gemacht hat, fand in der Öffentlichkeit volle, staunende Anerkennung für seine einzigartige Leistung.[8] Die Uraufführung 1938 von Goethes ungekürztem *Faust* hat den Namen des Goetheanums durch die Welt getragen. Die Schweiz ließ sich, was die Kunst betrifft, auf der Pariser Weltausstellung 1937 durch das Zürcher Tonhalle-Orchester und durch das Goetheanum vertreten, mit *Hieram und Salomo* des Schweizers Albert Steffen, einer Eurythmieaufführung und mit Szenen aus dem *Faust*.

Vieles, vieles müsste noch ausgeführt werden, um die Fülle der damaligen Dornacher Wortkultur auch nur annähernd zu beschreiben. So Marie Steiners Inszenierung der vier Mysteriendramen, welche die Basis der gesamten weiteren Arbeit gebildet hat. Das Geschilderte muss genügen, um die Richtung zu charakterisieren, in welche die Neuimpulsierung des Wortes getragen wurde, einer Schöpfung aus dem Nichts, der Wirklichkeit des Geistes entgegen.

1. Marie Steiner-von Sivers' drei Berufe in Kunst, Wissenschaft und sozialer Gestaltung

Von Ida Rüchardt stammt eine wichtige Bemerkung, die ich in diesem Kapitel ausführlicher darstellen möchte. Ida Rüchardt war eine Schülerin Marie Steiners und als Kind deutscher Eltern wie sie zweisprachig in Russland aufgewachsen; sie eignete sich ebenfalls Englisch, Französisch und Italienisch an. Ab 1926 übernahm sie von Marie Steiner die Rezitation zur Eurythmie auf den weiten Reisen durch ganz Europa, ja bis Konstantinopel. Sie war so sprachbegabt, dass sie an jedem Ort in der Landessprache ein Gedicht zur Eurythmie rezitieren konnte, das sie jeweils dort erst erlernte. Sie gab später Abende in zwölf Sprachen. Von ihr, die nur zeitweilig zum festen Ensemble des Goetheanums gehörte, gibt es auch einen kurzen Rückblick auf die eigene Biographie,[9] in dem sie bemerkt, dass Marie Steiner durch 46 Jahre hindurch drei Berufe zugleich ausgeübt hat.

Für die hier anstehende Betrachtung erscheint es wesentlich, die Veranlagung, die schicksalhafte Entfaltung und die spätere Handhabung der drei Berufe skizzenhaft zu umreißen. Eine ebenso detaillierte wie umfassende Schilderung der Lebensstationen Marie Steiners hat Hella Wiesberger in ihren verschiedenen Büchern gegeben. In ihrer «biographischen Dokumentation» durch Briefe und Aufsätze Marie Steiners und Zeugnisse derer, die ihr begegnet sind, ist eine Art von Dialog entstanden, in dem Marie Steiner in objektiver Weise selber zu Wort kommt. In diesem Zusammenhang ist zu erwähnen, dass Marie Steiner selbst, als sie einmal darum gebeten wurde, es abgelehnt hat, eine Selbstbiographie zu schreiben. Ja, dass Rudolf

Marie von Sivers um 1871
etwa 4-jährig

Steiner, wie im letzten Kapitel dargestellt werden wird, gesagt
hat, man könne über sie keine Biographie schreiben, weil sie ein
kosmisches Wesen sei. Auf diese Aussage ist Tatjana Kisseleff
in ihrer kurzen Lebensbeschreibung näher eingegangen. Ihre
Schilderung besitzt eine besondere Bedeutung und einen ganz
eigenen Zauber dadurch, dass Marie Steiner ihr, auf ihre Bitte
hin, vieles aus ihrem frühen Leben erzählte, was sie unmittelbar
hinterher aufgeschrieben hat. Dazu war sie Russin und mit den
damaligen Verhältnissen nach Ort und Zeit wohl vertraut. Sie
war die erste Leiterin der Eurythmiegruppe während der Ent-
stehungszeit des ersten Goetheanums bis zu Rudolf Steiners
Tod. Von diesem Zeitpunkt an übernahm Marie Savitch die
Führung der Eurythmie. Auch sie war Russin. Von ihr stammt
eine dritte Biographie, die aus langjähriger Zusammenarbeit
und vielen Gesprächen mit Marie Steiner hervorgegangen ist.
Auf die genannten drei Biographien möchte ich, neben vielen
anderen wertvollen Berichten, besonders hinweisen, weil in

ihnen auf sehr verschiedene Weise all das ausführlich beschrieben ist, was von mir nur skizzenhaft berührt wurde mit dem Zweck, die weiteren karmischen Zusammenhänge darstellen zu können.[10]

Marie Steiner wurde in Wlotzlawek, Polen, damals russisch besetzt, am Jupitertag, am Donnerstag, dem 14. März 1867 als Tochter des Generalleutnants Jakob von Sivers geboren. Von ihrem achten bis zum zehnten Jahr lebte sie in Riga, Livland, heute Lettland. Dort besaß die Familie Landgüter, die ein Ahnherr und Admiral Peters des Großen von diesem als Dankes- und Ehrengeschenk für seine Verdienste erhalten hatte. Danach lebte die Familie in Petersburg. Petersburg und Riga liegen an Buchten der Ostsee, welche das russische, finnische, skandinavische und deutsche Volkselement strömend

Marie von Sivers um 1884

verbindet. Marie von Sivers' Vorfahren, seit Jahrhunderten in
Russland beheimatet, kamen väterlicherseits aus Dänemark,
Livland und Holstein; die mütterlichen Vorfahren stammten
aus der Gegend von Neuwied im Rheinland. So wuchs sie an
einem Meer auf, das ihrer Herkunft und – wie sich zeigen sollte
– auch ihrer inneren Zukunftsorientierung entsprach.

In ihrem elften oder zwölften Lebensjahr wurde sie mit der
Dichtung bekannt und vertraut. Lesend, hörend, sprechend erlebte sie in der poetischen Sprache ein inneres geheimnisvolles
Klingen, das sie verzauberte und dem sie fortan nachlauschte
und -forschte. Niemand in ihrer Umgebung wäre in der Lage
gewesen, sie auf dieses Erleben hinzuweisen oder auch nur ihre
Empfindungen zu verstehen. Das Erlebnis erweiterte und ver-
stärkte sich an Homers *Ilias* und *Odyssee*. Die Schicksale der

griechischen Götter und Heroen fesselten, ja, überwältigten sie. Sie wünschte nur das eine: Homer unverfälscht in seiner griechischen Sprache erleben zu dürfen. Aber die Familie fand das für eine Generalstochter unangemessen und überflüssig; der Unterricht in Griechisch wurde ihr untersagt. Mit großen Schmerzen nahm sie es hin, denn die griechische Welt übte eine solche Macht auf ihre Seele aus, dass es ihr fast unmöglich war, die ungestillte Sehnsucht zu ertragen. Zum ersten Mal erfuhr sie, dass etwas, was in ihrem Innern mächtig aufstieg, von ihrer Umgebung verständnislos zurückgestoßen wurde. Immerhin gaben gesellschaftliche Anlässe Gelegenheit, an Rezitationen und schauspielerischen Darbietungen teilzunehmen.

Sie erhielt dann in einer deutschen Privatschule Petersburgs eine breite humanistische Bildung, die ihre wissenschaftliche Begabung weckte und später den Wunsch erzeugte, vergleichende Sprach- und Religionswissenschaften zu studieren. Weil aber unter der damaligen Studentenschaft ein stark revolutionärer Geist herrschte, sah sich die konservative Offiziersfamilie veranlasst, sie vor dieser Gefahr zu bewahren. Das offizielle Studium wurde ihr abgeschlagen. In privatem Studium erwarb sie sich eine hervorragende Kenntnis der französischen, italienischen und englischen Sprache. So verfügte sie neben dem Russischen und dem Deutschen, den beiden Sprachen, mit denen sie aufgewachsen war, über fünf europäische Sprachen, die sie schriftlich und mündlich beherrschte.

Um aber doch irgendein Wissen zu erwerben, mit dem sie sozial tätig werden konnte, absolvierte sie eine Volksschullehrer-Ausbildung. Diesen Beruf übte sie an einer deutschen Volksschule in Petersburg aus, die von Kindern aus sehr armen Schichten der Bevölkerung besucht wurde. Mehrere Altersstufen mussten im selben Klassenzimmer zugleich von verschiedenen Lehrerinnen unterrichtet werden. Die Verhältnisse waren so chaotisch, dass die junge Lehrerin im Kampf mit den durcheinanderlärmenden Kindern ihre Stimme völlig überanstrengte. Es musste eine Operation an den Stimmbändern vorgenommen werden, um die Stimme zu retten. So wurde auch das ursprünglich wissenschaftliche Streben, das sie in aller Bescheidenheit auf die Wirksamkeit als Volksschullehrerin begrenzt hatte, durch eine Verletzung des Kehlkopfs endgültig abgedrosselt.

Als Russland 1861 die Leibeigenschaft abgeschafft hatte, entstand innerhalb der intellektuellen und besitzenden Klassen der Impetus, unter das Volk zu gehen, um dort Bildung und Zivilisation und vor allem wirtschaftliche Erleichterungen zu bewirken. Diese Bestrebungen wurden aber von Seiten des Volkes mit einem in Jahrhunderten angewachsenen Misstrauen aufgenommen. Aus diesem Impuls heraus hatte einer ihrer älteren Brüder im Gouvernement Novgorod, im Süden von Petersburg, ein Gut erworben, um dort unter der bitterarmen und von fast aller Zivilisation ausgeschlossenen Bevölkerung sozial hilfreich zu wirken. Marie von Sivers zog zu ihrem Bruder auf das weit abgelegene einsame Gut und machte die größten, aber ganz vergeblichen Anstrengungen, die Not der Bauern zu mildern. Dieser soziale Einsatz der beiden Geschwister nahm ein plötzliches Ende. Marie von Sivers stürzte eine Kellertreppe hinunter und blieb unten bewusstlos liegen. Nachdem sie wieder zu Bewusstsein kam, blieb sie drei Tage lang an allen Gliedern gelähmt, hatte sich aber nichts gebrochen. Nur ein oberer Wirbel war verletzt und verursachte ihr für das ganze Leben Schmerzen. Dadurch hatte sie sich eine Wunde zugezogen, die sich jahrelang nicht schließen wollte und erst 1911 durch Rudolf Steiners medizinische Behandlung ausgeheilt werden konnte. Kurz nach dem Unfall starb ihr Bruder. Ein tragisches Schicksal machte dem Bemühen beider Geschwister ein Ende. Zum dritten Mal wurde ein inneres idealistisches Streben von Marie von Sivers vom Schicksal zunichte gemacht. Drei veranlagte Fähigkeiten auf künstlerischem, wissenschaftlichem und sozialem Feld wurden in die Seele Marie Steiners zurückgestoßen. Die gesundheitlichen Folgen der Überanstrengung auf dem Gut waren so gravierend, dass die Familie dem langgehegten Wunsch nach einem längeren Auslandsaufenthalt endlich nachgab. Im 17. und im 21. Jahr hatten bereits kürzere Reisen nach Wien, Berlin, Italien, Paris und London stattgefunden. Jetzt wurde ein zweijähriger Studienaufenthalt in Paris möglich. Das war zwischen ihrem 28. und 30. Lebensjahr, dem Anfang des fünften Jahrsiebts, des Jahrsiebts der Gemüts- und Verstandesseele und der Mitte der biographischen Sonnenzeit. Die französische Kultur hat am prägnantesten das Griechentum, die vierte Kulturepoche der Gemüts- und Verstandesseele, in sich aufgenommen und in Sprache und Dichtung zurückgespiegelt, wie Racine, Corneille und ihre streng stilisierte Darstellung durch die Comédie Française bezeugten. So ist es verständlich, dass Marie von Sivers in Paris etwas erlebte, was ihrer Sehnsucht nach dem Griechentum entgegenkam und dessen echte, groß angelegte Kunstformen sie begeisterten. Sie erhielt Unterricht bei einer ehemaligen ersten Schauspielerin der Comédie Française, Madame Marie Favart, und damit das Fundament ihres Berufs auf dem Felde der Kunst. Eine erste Probe legte sie mit 30 Jahren nach ihrer Heimkehr in Petersburg als Maria Stuart in einer Szene des Dramas von Schiller ab, sowie in einer Rolle eines eleganten französischen Lustspiels. Die Szenen wurden von der ehemaligen ersten Schauspielerin des Deutschen Theaters in Petersburg, Maria von Strauch-Spettini, einstudiert. Den Anlass gab ein Jubiläum des deutschen humanistischen Gymnasiums, wo Marie von Sivers ihre Schulbildung erhalten hatte. Ihre Leistung wurde von allen Seiten als so überragend anerkannt, dass die Familie ihr den Weg freigab, die Theaterlaufbahn zu ergreifen. Freunde und Fachkundige waren der Ansicht, dass sie die Aufgabe habe, das Theater zu heben. Der Naturalismus war ja bereits überall in vollem Gange. Ein Engagement am Theater in Reval, Estland, bot sich als eine erste Möglichkeit, wurde aber von der Familie – wohl wegen der Nähe zu Petersburg – abgelehnt.

Eine tiefe Verbindung mit der wesentlich älteren Freundin Maria von Strauch-Spettini bildete nun eine erste seelisch-geistige soziale Gemeinsamkeit, in der sich Marie von Sivers' Wesen finden und öffnen konnte. Nach gemeinsamen Reisen in die Hauptstädte des westlichen Europas und der Auseinandersetzung mit den verschiedensten Stilrichtungen der führenden Theater wurde beschlossen, den Anfang der schauspielerischen Laufbahn in Berlin zu versuchen. Durch den Direktor des Schillertheaters fand sich die Gelegenheit, dort in einer Matinee in der Hauptrolle von Schillers *Jungfrau von Orléans* zu debütieren. Vorausgehen sollten ein sprachlicher Unterricht, um den baltischen Akzent zu überwinden, und Besuche bei den maßgeblichen Theaterkritikern der führenden Berliner Zeitungen. Ersteres wurde bei einer bekannten Sprecherzieherin, Serafine Détschy, in Angriff genommen, deren künstlerische Arbeitsweise darauf gerichtet war, die Sprache präzis nach ihrem Gedankeninhalt zu pointieren. Marie von Sivers nahm ihre Anregungen intensiv auf, um auch das zu kennen und zu beherrschen, was sie selbst für die Dichtung entschieden nie anwenden wollte. Die zweite Forderung aber, sich die Sympathie der Kritiker einzuholen, konnte sie nicht erfüllen. Es widersprach ihrem ganzen Wesen. Damit aber kam ihr Debüt nicht zustande. Sie fühlte sich tief erleichtert und wusste nun, dass die Bühnenlaufbahn mit ihrem Drum und Dran nicht ihrem Wesen entsprach.

Die wissenschaftliche Sehnsucht suchte sie zunächst an der Sorbonne in den ursprünglich gewählten Fächern zu stillen, entfloh aber bald wieder dem Milieu dieser ehrwürdigen Institution. Da stieß sie auf die Schriften von Edouard Schuré. In seinem Buch *Die großen Eingeweihten*[11] fand sie das Wissen von den alten Mysterien, von denen alle Weisheit ausgegangen war. Jahre hindurch führte sie einen Briefwechsel mit Schuré in einem Französisch, das der Franzose bewunderte. Als sie sich im Sommer 1900 wieder einmal am Ostseestrand von Riga befand, zu dem ihre erste Kindheitserinnerung zurückgeht – wogende Weite, in die unendliche Bläue von Meer und Himmel sich dehnend –, las sie Schurés Drama *Die Kinder des Luzifer* und erfuhr von seinem Ideal eines Theaters der Seele. Dieser Gedanke ergriff sie tief. Sie fühlte, dass nur ein Theater, welches auch die Welt des Geistes einbezieht, das sein könnte, was sie im Innersten suchte. Und sie begriff nun, warum eine Bühnenlaufbahn im herkömmlichen Sinne nicht ihre Sache sein konnte.

Marie von Sivers war 33 Jahre alt, als sie, in Berlin durch eine Anzeige in der Zeitung auf einen theosophischen Vortrag aufmerksam gemacht, zum ersten Mal Rudolf Steiner begegnete. Er sprach über die ägyptischen und griechischen Mysterien und ihre Erfüllung durch das Christentum.[12] Ihr ganzes Leben änderte sich von diesem Augenblick an. Alle persönlichen Fähigkeiten wurden von jetzt an in den Dienst der Anthroposophie gestellt. 1902, in ihrem 35. Lebensjahr, zu Beginn des sechsten, des Jahrsiebts der Bewusstseinsseele, trat sie diesen Dienst endgültig an; restlos, ohne jede Einschränkung, unbedingt. Ihre Freundin Maria von Strauch-Spettini bemerkte in einem Brief ihre vollständige Wesensveränderung bis in ihre körperliche Erscheinung hinein.[13]

In den ersten vier Jahrsiebten wurden die veranlagten Fähigkeiten auf den drei Feldern ihrer späteren Berufe immer wieder durch ihre Umwelt ins Innere zurückgedrängt. Während des fünften Jahrsiebts trat die dreifache Fähigkeit hervor und fand eine erste Entfaltung im engsten Freundeskreis. Sie befand sich damit wie in der Vorhalle des Tempelbezirkes der Anthroposophie, in dem und von dem ausgehend sie dann ihre dreifache Tätigkeit ausübte bis in ihr zwölftes Jahrsiebt. Fünf Jahrsiebte dienten der Entfaltung, sieben der Verwirklichung ihrer dreifachen Berufung.

1902 oblagen Marie von Sivers Aufbau und Organisation zunächst der Deutschen Sektion der Theosophischen Gesellschaft,

Marie von Sivers, 1900

ab 1912 der Anthroposophischen Gesellschaft. Sie baute eine Gesellschaftsform auf, in deren sozialem Lebenskreis Rudolf Steiner seine Wirksamkeit entfalten konnte. Dieser Verantwortung blieb sie als Vorstandsmitglied bis zum Tod verbunden.

1908 begründete sie persönlich aus ihren Mitteln den ersten Verlag, in dem sie die geisteswissenschaftlichen Werke Rudolf Steiners veröffentlichte. Diese wissenschaftliche Aufgabe von Korrektur und Herausgabe, insbesondere des Vortragswerks, führte sie bis in die letzten Wochen ihres Lebens durch, als sie schon beinahe erblindet war. Durch Universalität und Schärfe des Geistes war sie für diese zweite Verantwortung prädestiniert.

Die dritte Wirksamkeit, die Erarbeitung einer spirituellen Gestaltung der Sprachkunst, begann sie mit Rudolf Steiner zusammen etwa ab dem Jahre 1903 zu entwickeln.[14] Nach drei Jahren, am 7. Mai 1906, wurde ein erstes Ergebnis dieser Zusammenarbeit vorgestellt. Rudolf Steiner sprach in einem Vortrag über «Eleusis», das Gedicht, das der Denker Hegel seinem Freund, dem Dichter Hölderlin, gewidmet hat. Dann rezitierte Marie von Sivers das Gedicht.[15] 1924 erinnerte Rudolf Steiner daran, dass auf seine Anregung hin Marie von Sivers mit diesem Gedicht «unsere Rezitationskunst inauguriert hat».[16] Was wird in diesem Gedicht dargestellt?

In der Einführung Rudolf Steiners finden sich die Worte: «Es war Hegel, jener mächtige Meister des Gedankens, der denkend die Bilder zu erfassen suchte, welche einst die Schüler der Mysterien geschaut hatten. Von ihm stammt die Dichtung: *Eleusis*.»[17] Dann rezitierte Marie Steiner. Zur Mitte des Gedichts hin stehen die Zeilen:

Mein' Aug' erhebt sich zu des ew'gen Himmels Wölbung,
Zu dir, o glänzendes Gestirn der Nacht!
Und aller Wünsche, aller Hoffnungen
Vergessen strömt aus deiner Ewigkeit herab.

Rudolf Steiner und Marie von Sivers 1908 in Stuttgart

Der Sinn verliert sich in dem Anschau'n,
Was mein ich nannte, schwindet.
Ich gebe mich dem Unermesslichen dahin.
Ich bin in ihm, bin alles, bin nur es.
Dem wiederkehrenden Gedanken fremdet,
Ihm graut vor dem Unendlichen, und staunend fasst
Er dieses Anschau'ns Tiefe nicht.
Dem Sinne nähert Phantasie das Ewige,
Vermählt es mit Gestalt. – Willkommen, ihr,
Erhab'ne Geister, hohe Schatten,
Von deren Stirne die Vollendung strahlt!
Erschrecket nicht. Ich fühl', es ist auch meine Heimat,
Der Glanz, der Ernst, der euch umfließt.

Die Frage entsteht, was Rudolf Steiner und Marie von Sivers veranlasst hat, gerade dieses Gedicht an den Anfang ihrer Erneuerung der Wortkunst zu stellen. Beide verbinden Wissenschaft und Kunst, deren Repräsentanten sie selber sind; und auch Hegel und Hölderlin sind auf diese Weise verbunden. Geschildert wird, wie Hegel denkend und empfindend die Schwelle zu überschreiten sucht, hin zum Anschauen der Welt der Geister. Er will die verschlossene Pforte zu dem Mysterium von Eleusis öffnen. Der Gedanke soll sich steigern zur geistigen Wahrnehmung, zur Imagination. Dafür ruft er die Phantasie zu Hilfe. Und auf den Flügeln des Denkens und der künstlerischen, dichterischen Phantasie erhebt er sich zu den «erhabenen Geistern», die ihm aber nicht in Realität, sondern nur als «hohe Schatten» erscheinen.

Die Sprache ist Träger des Gedankens und Ausdruck unserer Phantasie. Sie soll an die Schwelle herangeführt werden. Wird die Schwelle überschritten, so fließen Gedanke und Phantasie in eines zusammen in der Wahrnehmung der geistigen Welt, in der Imagination. Der Gedanke diesseits ist der Schattenriss der Imagination. «Was auf der Erde als Poesie lebt, ist ein Spiegelbild der Imagination.»[18] Wissenschaft und Kunst sind die beiden Säulen, durch deren Mitte das Wort zurück zu seinem Ursprung, der Welt der Geister, der Welt des kosmischen Wortes, zu dem Logos hinstrebt. Denn von dort ist es ausgegangen als *ein* Quellstrom, der sich diesseits der Schwelle in die beiden Flussläufe teilt: in die Phantasie und in den Gedanken.

Indem der Geisteswissenschafter Rudolf Steiner und die Sprachkünstlerin Marie von Sivers ein Gedicht des Denkers Hegel an den Dichterfreund Hölderlin an den Anfang ihrer Arbeit am Wort stellen, hat sich ein karmisches Fundament gebildet, auf dem die Grundthematik aller Sprachgestaltung gründet und von dem aus sie sich entfaltet hat; an dem sie sich als ihrem Mutterboden immer wieder neu entzünden kann.

Diese Grundthematik sollte sich bereits zwei Jahre später offenbaren; jedoch nicht auf dem Wege des Denkens wie bei Hegel, der in seinem Gedicht bis zu einem Erträumen, nicht zu einem Schauen der Geistwelt vorstößt; auch nicht auf dem Wege Hölderlins, zurück zum Griechentum. Der Seher der Christus-Zukunft der Menschheit, Novalis, war der Genius der Stunde. Marie von Sivers hatte im Herbst 1908 zum ersten Mal die *Hymnen an die Nacht* von Novalis erarbeitet und rezitiert. Rudolf Steiner bat sie, für eine Weihnachtsfeier in Berlin die *Geistlichen und Marien-Lieder* vorzubereiten. «Es war zu der Zeit, wo Rudolf Steiner mich ermutigte, immer mehr mit der Rezitation herauszutreten. Ich versuchte damals mich zu Novalis durchzuringen. Ich teilte ihm mit, dass es mir nicht leicht würde, dass ich den Schlüssel zu Novalis noch nicht gefunden hätte. Er gab mir den Rat, mich in die Stimmung der heiligen Nonnen hineinzuversetzen. Die Nonnen halfen mir nicht. Im Gegenteil. Ich wusste nichts Rechtes mit ihnen anzufangen. Da auf einmal hellte es sich auf. Raffaels Gestalten umstanden mich. Das Kind leuchtete auf den Armen der Mutter mit seinen weltentiefen Augen. ‹Ich sehe dich in tausend

Bildern, Maria, lieblich ausgedrückt ...›. Tönendes Weltmeer ringsumher, Farbenharmonien.

Ich sagte zu Rudolf Steiner: ‹Die Nonnen haben's nicht getan. Aber ein anderer hat geholfen: Raffael. Jetzt ist mir Novalis ganz durchsichtig.› Ein Leuchten ging über Rudolf Steiners mildes Antlitz.

Einige Tage später gab er uns zum ersten Mal das Novalis-Raffael-Johannes-Elias-Geheimnis.»[19]

Das geschah in München am 6. Januar 1909, am Tage der Taufe im Jordan durch Johannes den Täufer. Im Ringen um den Stil, der, wie Goethe wusste, auf den Grundfesten der Erkenntnis ruht, stieß Marie von Sivers' Sprachphantasie zu einer Wahrheit der karmischen Forschung vor. Aus dem «Wie» hatte sich ein höheres «Was» enthüllt. Sprache war Wahrnehmung einer Realität geworden, die jenseits der Schwelle lag. «Der Mund ist ein bewegliches Ohr», sagt Novalis; oder wie Rudolf Steiner in seinem Wahrspruch für Marie von Sivers (siehe S. 222) von des «Sprechens Wahrnehmung» spricht.

Dieser Grundthematik im Schaffen Marie Steiner-von Sivers' und ihren karmischen Voraussetzungen sind die weiteren Ausführungen gewidmet. Die Darstellung dieser Voraussetzungen eröffnete Rudolf Steiner am Ende des Jahres 1910 in Stuttgart. Dem ging Folgendes voran: Am 12. Januar 1910 sprach er in Stockholm zum ersten Mal über das zentrale Ereignis des 20. Jahrhunderts, die Wiedererscheinung des Christus in der ätherischen Welt; *in den Wolken*, wie es in der Apokalypse heißt, also im elementarischen Umkreis der Erde, im Luftkreis, in dem wir atmen und sprechen. Die Wiedererscheinung war im Jahre 1909 eingetreten.[20] Am 20. Januar gab er die Grundlage für alle weiteren Ausführungen über die Sprache, bis zu Eurythmie und dramatischer Kunst hin: «Die Geisteswissenschaft und die Sprache».[21] Im Zentrum dieses Vortrages werden Wesen und Gesetzmäßigkeit der Luftresonanz beschrieben. Ab dem 23. Januar in Straßburg, zur Einweihung des Novalis-Zweiges,

Marie von Sivers 1908/09, mit der Novalis-Büste

sprach er nun bis zum Sommer an vielen Orten in Deutschland und bis nach Sizilien hinunter über das Christusereignis. Vom 7. bis zum 17. Juni wurden in Oslo die Erkenntnisse über die einzelnen Volksgeister gegeben und über den Genius und Schöpfer der menschlichen Sprache. Dann folgten die Proben für das erste Mysteriendrama und seine Uraufführung an Mariä Himmelfahrt, dem 15. August. Im Zentrum des Dramas stehen die Christusverkündigung durch Theodora, Karma und Reinkarnation. Marie von Sivers spielte die zentrale Gestalt der Maria.

Die angeführten Ereignisse bilden nur einen geringen Teil dessen, was Rudolf Steiner und Marie von Sivers in gemeinsamer Tätigkeit geleistet haben. Die Mitgliederzahl war zwischen 1902 und 1910 von gut 100 Mitgliedern auf etwa das Zwanzigfache, die Zahl der Zweige auf das Fünffache angestiegen. Allein organisatorisch bedeutete das sehr viel Arbeit. Das Jahr 1910, das in Stockholm mit (nicht mitgeschriebenen) Vorträgen über das Johannes-Evangelium und die anderen Evangelien begann, wurde in Stuttgart abgeschlossen mit dem Zyklus von sechs Vorträgen über *Okkulte Geschichte*,[22] in Vorbereitung der Grundsteinlegung des Stuttgarter Gesellschaftshauses in der Landhausstraße 70 am 3. Januar 1911, des ersten eigens für die anthroposophische Arbeit erbauten und ausgestalteten Hauses. Der erste Vortrag begann am 27. Dezember 1910, dem Tag Johannes' des Evangelisten – dies sollte 38 Jahre später der Todestag Marie Steiners sein. In diesen Vorträgen sprach Rudolf Steiner über eine Anzahl geschichtlicher Persönlichkeiten, so über Aristoteles und Alexander den Großen, und ihre Inkarnationen in anderen Zeiten. Außerdem wurden auch frühere Verkörperungen Marie Steiners dargestellt, ohne dass für die damaligen Zuhörer der Bezug zur Gegenwart, zu ihr selbst offengelegt wurde.

Rudolf Steiner schilderte im 1. Vortrag vom 27. Dezember 1910 eine oder mehrere Inkarnationen der Individualität Marie von Sivers' in Verbindung mit der keltischen Geheimschulung als einer Vorbereitung für ein weiteres Leben als Schüler der orphischen Mysterien am Beginn der griechischen Philosophieentwicklung; dann eine Wiederverkörperung in der griechischen Philosophin und Mathematikerin Hypatia von Alexandrien, etwa 370 bis zum März 415. Im 3. Vortrag vom 29. Dezember 1910 wird dargestellt, wie die Individualität von Hypatia im 12./13. Jahrhundert wiedererschienen ist als ein universeller Geist und Gelehrter der Philosophie und Naturwissenschaft. In einem Notizbuch fand sich von Rudolf Steiners Hand die Eintragung: Hypatia – Albertus Magnus.[23] Der karmische Bezug zwischen Albertus und Marie Steiner-von Sivers ist mehrfach durch Äußerungen Rudolf Steiners überliefert worden, die nicht schriftlich von seiner Hand vorliegen, die aber von Menschen weitergegeben wurden, an deren Vertrauenswürdigkeit nicht gezweifelt werden kann. Soweit mir diese Überlieferungen bekannt sind, habe ich sie in der Anmerkung angeführt.[24] Die hier aufgeführten Erkenntnisse der genannten Erdenleben Marie Steiners beruhen also ausschließlich auf der Karmaforschung Rudolf Steiners. Ihr Zusammenhang ist in der geschilderten Weise dokumentiert. Ob und auf welche Art der Leser diese Ergebnisse der Geistesforschung anerkennen will, muss er selbst entscheiden. Mir selbst gibt ein Sinn, der sich vor allem in der jahrzehntelangen Beschäftigung mit den Vorgängen von Reinkarnation und Karma in den vier Mysteriendramen Rudolf Steiners gebildet hat, die feste Überzeugung, dass der biographische Metamorphosengang, wie er für die Entelechie Marie Steiner-von Sivers' vorliegt, in sich stimmig und darum wahr erscheint.

Eine Schwierigkeit bildet die Tatsache, dass die Inkarnationen Marie Steiner-von Sivers' nicht sinnvoll dargestellt werden können ohne die Kenntnis der Inkarnationen Rudolf Steiners, soweit sie durch seine eigene Forschung vorliegen. Es kann aber im Rahmen dieser Schrift nur auf die großen Ergebnisse dieser Forschung hingewiesen werden und auf die Literatur, in der diese entwickelt und umfänglich dargestellt worden ist.

Im 1. Vortrag der *Okkulten Geschichte* schildert Rudolf Steiner die Herrschergestalt des Gilgamesch in der Stadt Uruk oder Erek in Chaldäa, etwa um 1800 v. Chr.[25], und dessen Freund Eabani. Im 3. Vortrag führt er die Wiederverkörperung Gilgameschs in Alexander dem Großen aus und die Eabanis in dessen Lehrer Aristoteles. Im selben Vortrag weist er auf eine Inkarnation beider Persönlichkeiten zwischen der chaldäischen und der griechischen in einem Mysterienzusammenhang hin, den er 13 Jahre später als die Mysterien von Ephesus bezeichnet hat; und zwar in der späten Zeit Heraklits, also am Beginn des 5. Jahrhunderts v. Chr. Im privaten Gespräch mit der Ärztin Ita Wegman[26] wird die ephesische Inkarnation des Eabani mit dem Namen Kratylos bezeichnet. Dieser war ein Schüler des Heraklit und einer der Lehrer Platos. (Siehe dessen gleichnamigen Dialog über das Wort.) Aus derselben Quelle und noch weiteren[27] geht hervor, dass Aristoteles in Thomas von Aquino, dem großen scholastischen Denker des 13. Jahrhunderts, dem Schüler von Albertus Magnus, wiederverkörpert war. Alexander der Große aber in dem Freund und Dominikanerbruder des Thomas, Reinald oder Reginald von Piperno.[28] Thomas, den verchristlichten Aristotelismus in die Geisteswissenschaft umwandelnd, wird wiedergeboren in Rudolf Steiner; Reinald in der Ärztin Ita Wegman.

Es gehört in das karmische Bild, dass Marie von Sivers mit Beginn des Jahres 1911, nach diesem Zyklus von Vorträgen über ihren karmischen Weg, schwer erkrankte. Ihre Kräfte erlagen der Überanstrengung während acht von Arbeit überlasteten Jahren. Monatelang musste sie sich in Portorose bei Triest der Erholung widmen. Dann ging es nach München, wo das zweite Mysteriendrama *Die Prüfung der Seele* zur Uraufführung kam. Dichtung und Wahrheit verwoben sich auf geheimnisvolle Weise.

2. Keltische Geheimschulung

Die früheste Inkarnation der Individualität Marie Steiners, die Rudolf Steiner in der *Okkulten Geschichte* im 1. Vortrag vom 27. Dezember 1910 genannt hat, wird nur mit einem einzigen Satz berührt; dieser Satz ist eingeschlossen in die Schilderung der nachfolgenden orphischen Inkarnation um 600 v. Chr. Er lautet: «Sie war gut vorbereitet, namentlich durch eine gewisse keltische Geheimschulung, die sie in früheren Inkarnationen durchgemacht hatte.» Es handelt sich demnach nicht nur um eine, sondern um mehrere Inkarnationen, in denen sich diese Individualität innerhalb des Druidentums, dem die keltische Geheimschulung oblag, vorbereitet hat; «namentlich» also durch eine keltische Geheimschulung; aber offensichtlich hatte die Vorbereitung auch noch auf anderen Wegen stattgefunden, die nicht genannt werden. Was aber aus diesem einen Satz auch hervorgeht, ist, dass die Bedeutung der Inkarnationen bis zu der des Orphikers hin einen vorbereitenden Charakter hat, mit Letzterer aber eine erste Kulmination erreicht, deren Wirkung in die Geistesgeschichte der Menschheit ausstrahlt, wie der Fortgang zeigen wird. – Da keinerlei biographischer Hinweis für den keltischen Geheimschüler vorliegt, soll versucht werden, gleichsam den Umkreis einer solchen Biographie zu skizzieren im Aufsuchen der keltischen Geheimschulung als solcher, ihrer Entstehung im Strom der Geschichte und ihres spezifischen Charakters, soweit das in diesem Rahmen geleistet werden kann.

Als der atlantische Kontinent, der zwischen Amerika, Afrika und Europa lag, vor etwa 10.000 Jahren durch Wasserkatastro-

phen unterzugehen begann – ein Prozess, der sich durch Jahrtausende vorbereitete und in Hunderten von Jahren vollzog –,
wanderten die Völkerströme zu einem Teil nach Westen aus, zu
ihrem weitaus größeren Teil aber nach Osten über Europa nach
Asien und Afrika, soweit sie nicht in den Katastrophen des
versinkenden Kontinents zugrunde gingen.[29] Die hohe Geisteskultur und Zivilisation von Atlantis versank. Was von ihr
gerettet wurde, bildete das Fundament der kommenden asiati-
schen, afrikanischen und europäischen Kulturen. Die führenden Geister, welche die Früchte der atlantischen Kultur in die
neu entstehenden Kulturen umwandeln konnten, waren die
Eingeweihten der verschiedenen Völker und Rassen. Zusammen hatten sie die unterschiedlichen Regionen von Atlantis
und deren Mysterienstätten oder Orakel verlassen. Von sieben
führenden Orakelstätten war alle Kultur ausgegangen, die sich
entsprechend in sieben Qualitäten der Seelen- und Schick-
salsmetamorphosen entfaltete. Unter diesen Orakeln bildete
das heilige Sonnenorakel das Zentrum. Das Bewusstsein der
atlantischen Menschheit war ein Zustand traumhafter Hellsichtigkeit. In Bildern und Tönen teilten sich ihr die göttlichen
und elementarischen Schöpferwesen mit. Was an Neuem von
dem Sonnenorakel ausging, war die Fähigkeit des Denkens.
Als die Nebel sich senkten und die Wälder und Auen, Gebirge, Flüsse und Seen der atlantischen Lande in sich klären-
der Luft von Sonne und Sternen und Mond zum ersten Mal
beschienen wurden, erwachte die Sinneswahrnehmung des
Menschen; und der Gedanke verinnerlichte die bisher wahr-
genommenen Götter und ihre Weisheit in ein menschliches
Begreifen. Das bildete den Keimgrund für das sich selbst mehr
und mehr erlebende Ich des Menschen. So wie das Sonnenorakel den Blick der atlantischen Menschheit, soweit sie dafür
herangereift war, nach innen, auf das verborgene Geistwesen
lenkte, das in jeder Seele schlummerte, so lenkte es den Gedanken weit in den Kosmos der geistigen Wesen hinaus und wies

Marie Steiner in Schweden 1930

auf den Logos hinaus, den Schöpfer und sein Schöpfungswort, auf das hohe Sonnenwesen, das die Sonne verlassen hatte und sich der Erde näherte, um sie dereinst in ferner Zukunft zu betreten. Das Sonnenorakel war das Christusorakel. Und Manu (im Hebräischen Noah), der übermenschliche Führer des Sonnen-Christusorakels, führte eine Gruppe von Menschen, die zu denkenden kosmischen Christen herangereift waren, über Irland, Britannien, Skandinavien, durch das geheimnisvolle Land der Hyperboräer in der Gegend von Finnland, Karelien, dem Küstengebiet des Weißen Meeres und der Barents-See; dann durch die Länder am Schwarzen Meer zum Kaukasus, bis hin zum Altai-Gebirge und in das damals von weiten Wassern bedeckte Gebiet der heutigen Wüste Gobi und des Tarim-Beckens im Innersten Asiens. Unzählige Völker folgten seiner Führung nach Osten, dem Kontinent entgegen, den der Christus-Logos einmal als ein Mensch betreten sollte; durch ihre Eingeweihten-Führer wissend, dass zu diesem Ereignis alle neu zu begründenden Kulturen hinführen mussten als dem Zentralereignis der ganzen nachatlantischen Zeit, ja, der gesamten Erdenevolution. Völker um Völkergruppen aber blieben auf dem Wege zurück und besiedelten unter der Führung der ihnen verbundenen Priester und Magier die Länder, in die sie dieser nördliche Weg der großen Völkerwanderung unter der Führung des Manu-Noah geleitet hatte.

Eine zweite Völkerwanderung zog sich von Poseidonia im Westen von Gibraltar, dem letzten großen Inselland der untergehenden Atlantis, von dem Plato berichtet, über Spanien, Nordafrika, Ägypten, Arabien, Kleinasien bis nach Asien und Südostasien hinüber. In Indien begegneten sich die Völkerströme des südlichen Weges und die aus dem Norden kommenden. Und mit diesen bildeten die fortgeschrittensten Schüler des Manu die erste nachatlantische Kultur unter der Führung der sieben heiligen Rischis, der Nachkommen der sieben heiligen Orakelstätten der versunkenen Atlantis. Der Frühlingspunkt der Sonne war zu dieser Zeit – um das Jahr 7000 v. Chr. – in das Tierkreiszeichen des Krebses eingetreten. Aus der Involution des Unterganges war eine neue Evolution hervorgegangen: ♋. Ein neuer Menschheitsmorgen war angebrochen, der den Gang durch weitere sieben Kulturen einleitete, während derer der Mensch sich selbst, seine Erde und seinen Christus, den kommenden Erdengeist und Menschenbruder, ganz ergreifen sollte.

Die Völkerwege über den Norden und durch den Süden waren nicht nur räumlich verschieden.[30] Die Mysterienschulung und die ihr entgegenkommende Völkerbegabung gingen auch innerlich, kulturell und in der zivilisatorischen Ausgestaltung grundverschiedene Wege. Die Eingeweihten des Nordens suchten den Christus im Kosmos. Sie ergriffen die Außenwelt der Sinne, der Natur, der Ordnung der Sterne, des Sonnenlaufs und der Jahreszeiten mit ihren Mondwechseln und Wettererscheinungen. Sie bebauten die Erde, kultivierten die Pflanzen und zähmten die Tiere. Körperliche Tüchtigkeit, Kampfgeist und Energie im Bewältigen jeder Gefahr und auch im Bewältigen jeder technisch-handwerklichen Aufgabe zeichnete sie aus. Ihr Mut, in den Kosmos unmittelbar forschend hineinzublicken, barg die Gefahr in sich, von diesem geistig geblendet, verwirrt zu werden. Darum verlangte dieser Weg die äußerste Sorgfalt, Treue und Nüchternheit; das setzt sich fort bis in unser Zeitalter der Naturwissenschaft und Technik hinein.

Der südliche Mysterienweg führte in das Innerste der Seele. In den Tiefen des eigenen Wesens wurde der Christus-Osiris gesucht. Mystische Innerlichkeit, Seelenreichtum, Tugendkräfte und eine daraus erwachsende Seelen- und Geisteskultur blühten im Süden auf. In den Sternen, in Sonne und Mond und in den Planeten erlebte die Seele sich selbst in ihrer Schicksalsgestalt. Und jede Blume, Meer und Fluss, Wüstenweite und Gebirgsmacht erschienen dem Herzen wie der Mythos oder die Poesie des eigenen Wesens. Die Gefahr, die der Blick ins Innere mit sich führte, war die Begegnung mit Dämonengewalten, die mit der Leibesbildung verbunden sind; im Tagesbewusstsein verborgen, erscheinen sie aber vor dem leibfreien Bewusstsein. Damit fiel der Schutz, den höhere Mächte im unbewussten Zustand der Seele gewährten, weg, und von der eigenen Stärke oder Schwäche des Geistsuchers hing es ab, ob er der Verführung standhielt oder ihr verfiel. Darum waren vor allem die südlichen Mysterien nur dem zugänglich, der sich der strengsten moralischen Schulung unterworfen hatte. Auf Grünewalds Isenheimer Altar sind dieser Weg und seine Gefahren in dem ägyptischen christlichen Anachoreten aus dem 4. Jahrhundert, dem heiligen Antonius, dargestellt.

Auf dem nördlichen Weg kommend, hatte sich ein zweiter Völkerstrom im Gebiet von Persien versammelt.[31] Unter der Führung des hohen Eingeweihten Zarathustra wurde die zweite Kulturepoche im Zeichen der Zwillinge begründet. Die Nebel von Atlantis waren endgültig gefallen. Klar schien die Sonne über das iranische Bergland. Himmel und Erde in ihrer Polarität riefen den Menschen zur Entscheidung, zur Tat, zur Kulturarbeit an der Erde auf. Dschemschid, der erste König Persiens, empfing von Zarathustra den goldenen Pflug, den ersten Pflug, der die Erdenscholle umgewendet hat. Das atlantische Erbe magischer Kräfte und das neu gesetzte Ziel, Erdenbürger im umfassenden Sinne zu werden, ergaben zusammen die Fähigkeit, den Grund zu legen für die Entwicklung unserer Kulturpflanzen und für die Zähmung und Zucht unserer Haustiere. Zarathustra wies den Perser auf den kosmischen Christus hin, dessen Wesen vor seinem Seherblick in der mächtigen Geistaura der Sonne erschien, Ahura Mazdao; und auf seinen Widerpart in der Starrheit der Materie, den Herrscher der Finsternis Angra Mainyu, Ahriman, den Beherrscher des Erdenstoffs. Wenn der Perser mit dem von starken Stieren gezogenen goldenen Pflug die Scholle umwarf, führte er zugleich sein goldenes Sonnenschwert gegen den Verwüster Ahriman und rang ihm das Wachstum von Weizen, Gerste, Roggen ab, die, wie besänftigte Pfeile, aus dem einen Korn eine Vielzahl neuer lebenbringender Körner senkrecht der Sonne entgegentrugen, zur Ernte reif, zu Nahrung und neuer Kraft für den Menschen; zum Wachstum im kommenden Sonnenjahr. Wie die Kornähre rechts und links die Körner übereinander nach oben schichtet und sie in zwillingshaftem Wuchs mit den Spelzen blatthaft umfasst und hält wie mit vielen gleicherweise aufwärtsgewendeten betenden Händen, so fühlte der Perser sich fromm in der Arbeit an seiner Erde, im Dienste der Sonne, von ihr mit der Ernte gesegnet zu neuer Saat.

Während diese persische Hochkultur unter ihrem Initiaten Zarathustra zwischen dem 5. und 3. Jahrtausend v. Chr. sich entfaltete, entstanden an anderen Orten der Erde, die der nördliche Wanderzug bevölkert hatte, verwandte Kulturen. Eine solche war das Keltentum. Es wurde initiiert von dem geheimnisumwobenen Gebiet Hyperboräas aus, der ältesten und verborgensten Mysterienstätte Ur-Europas am Rande des Nordmeers, wo in dieser nacheiszeitlichen Periode ein mildes Klima große Fruchtbarkeit und ein reiches Kulturleben möglich machte.[32] Von hier gingen die Impulse aus, welche die alten keltischen Völkerschaften über das ganze Gebiet von Europa getragen haben.[33] Das Keltentum bildete den geistigen Untergrund, auf dem sich dann die europäische Kultur mit ihrer Persönlichkeitsbildung, ihren Wissenschaften und Künsten, ihrer Technik und ihrer Sozialgestaltung entfaltet hat.[34] Erst als die Kelten in viel späterer Zeit – vom 7. Jahrhundert bis zu Christi Geburt – auf ihren Wander- und Eroberungszügen den Griechen und Römern begegneten, traten sie dank der Schrift und der Gelehrsamkeit der Letzteren in unser geschichtliches Bewusstsein. Sie selbst lehnten jede Schrift ab wie einen Verrat. Sie wirkten auf die südlichen Völker wild, unbegrenzt kampfmutig, oft grausam und doch gerecht, streng in ihrer Zucht und Volksmoralität, reich an Kultur. Ihre Münzen prägten sie einheitlich von Irland bis nach Griechenland und weiter nach Osten, obwohl ihre Stämme und Volksgruppen nur lose miteinander verbunden waren. Man weiß nicht, wie sie diese strikten Disziplinierungen durchgeführt haben.[35] Wo immer sie sich ansiedelten, prägten sie das Leben der anderen europäischen Völker nachhaltig um.[36] Denn sie hatten sich das atlantische Erbe des Hellsehens gegenüber allen übrigen Völkerschaften Europas am stärksten bewahrt.[37] Die geistige Welt und ihre Wesenheiten lagen noch offen vor ihrem Blick. Es wird berichtet, dass der gallische Feldherr Brennus, ein Kelte also, als er im Jahre 279 v. Chr. auf seinem Eroberungszug den Tempel von Delphi betrat, beim Anblick der Götterstatuen in helles Gelächter ausbrach. Für ihn war es grotesk, sich die geistigen Wesenheiten so menschlich-materiell und beschränkt vorzustellen. Denn seine Priester, die Druiden, lehrten ihn, zu dem ganzen Kosmos aufzublicken, wenn er das Göttliche zu begreifen suchte.

Die Druiden waren Sonnenpriester wie Zarathustra. Auch sie forderten von den Kelten Landbau und Viehzucht. Auch sie wiesen mit ihren Menhiren den Menschen nach oben, auf den Himmel hin. In ihren Steinkreisen, den Cromlechs, bildeten sie den Gang der Sonne durch den Tierkreis nach und erforschten das zwölffach sich wandelnde Licht.[38] Die Dolmen, oftmals die Gräber ihrer Toten bedeckend, dienten ihnen dazu, das abgeschirmte physische Sonnenlicht in seiner durch den Schatten dringenden geistigen Qualität zu untersuchen; während sie bei Nacht in den von der Erde aufsteigenden Rückstrahlungen den Seelenzustand der Menschengemeinschaft, die ihnen auf diesem Fleck Erde anvertraut war, erschauen konnten.[39] Diese Vorgänge nahm der Druide nicht nur mit Kopf und Sinnen wahr, sie pressten sich in seinen Atem hinein und durchfuhren seine ganze Existenz. Geistiges wahrnehmen konnte der nordische Eingeweihte nur im herausgerückten Zustand der Ekstase. Ekstatisch und exakt war sein erkennendes Leben mit

Marie Steiner in Staffa um 1930/31

dem Inneren der Natur und mit dem Kosmos. Eine Steigerung erfuhr dieses Hingegebensein zur Johannizeit, wenn die Sonne ihre höchste Herrschaft über den Kosmos ausstrahlte. Aus solchen Erkenntnissen heraus formten die Druiden die sozialen Verhältnisse, waren sie Lehrer und Erzieher, Richter und Ärzte, impulsierten sie Handwerk und Künste, wirkten sie durch befeuernde Jahreszeitenfeste und durch die Gesänge, Gedichte und Sagen ihrer Barden. Nichts hat so stark auf die Seelen der Kelten gewirkt wie die Lieder und epischen Dichtungen ihrer Barden. So waren die Druiden allmächtig in ihrem Ansehen, verehrt von allen, eine unantastbare Autorität. Kein König hätte gewagt, vor dem Druiden das Wort zu ergreifen, wenn dieser es ihm nicht erteilt hatte. Entsprechend war die keltische

65

Geheimschulung die allerstrengste. Sie dauerte wenigstens zwanzig Jahre. Alles Selbstische, allen Stolz musste der Schüler der Druiden abgelegt haben, um seine Fähigkeiten in der Hingabe an den Geist-Kosmos und im Dienste der Gemeinschaft hinzuopfern, um in dieser Entäußerung seines Selbstes gerade die höchste Stärke seiner Ichhaftigkeit und aus ihr die Macht der Magie zu erringen.

Das Abendland hat die in atlantischer Zeit veranlagte Intellektualität in unserem Zeitalter zur vollen Entfaltung gebracht. Von Europa gingen das naturwissenschaftliche Denken und die auf ihm basierende Technik und Zivilisation aus, die inzwischen rund um den Globus gilt und besteht. Diese Denkfähigkeit, die das alte Hellsehen hinter sich gelassen hat und auf der unser modernes Freiheits- und Persönlichkeitsbewusstsein steht, sie hat sich aus unbewussten Seelengründen so herausentwickelt, wie wir es zum Erstaunen noch immer an jedem heranwachsenden Kind neu erleben. Es gibt seit einigen Jahren eine pädagogische Bewegung, mit Ausgangspunkt in der Schweiz, die eine Entdeckung, welche von Pragmatikern der Erziehung gemacht wurde, in größerem Umfang in die Schulpraxis umsetzen möchte. Man hat nämlich beobachtet, dass das wissenschaftliche Lernen, insbesondere der abstrakteren Fächer wie Chemie, Physik und Mathematik, gefördert wird, wenn eine musikalische Praxis, gesanglich oder instrumental, vorangegangen ist und gleichzeitig mit dem intellektuellen Studium weitergepflegt wird. Shakespeare war diese Erkenntnis bereits vor vierhundert Jahren geläufig, wie er es in seinem *Kaufmann von Venedig* durch Lorenzo gegenüber seiner Geliebten Jessica äußern lässt. Liebe muss selbstverständlich auch im Bunde mit der Erziehung sein, denn: Ohne Liebe, ohne Leidenschaft keine Kunst und keine Wissenschaft. Shakespeare begründete also seine These «Erst Musik und dann der Intellekt», indem er ausführt:

Drum sagt der Dichter ja, dass Orpheus einst
Zu sich hinzog die Bäume, Steine, Fluten,
Weil nichts so stöckisch, hart und voll von Wut ist,
Das nicht Musik verwandelt mit der Zeit.
Der Mann, der nicht Musik hat in ihm selbst,
Den nicht die Eintracht süßer Töne rührt,
Taugt zu Verrat, zu Räuberei und Tücke;
Die Regung seines Geists ist stumpf wie Nacht
Und sein Empfinden dunkel wie die Hölle.

Ohne Musik kommt der denkende Geist also nicht in Gang,
bleibt er stöckisch und hart und stumpf: *The motions of his
spirit are dull as night.*

Nach diesem methodischen Prinzip wurde das abendländi-
sche Denken inauguriert. Und dieses Schulungsprinzip ging
eben aus von der ältesten und geheimsten Mysterienstätte Europas in dem sagenumwobenen Lande der Hyperboräer. Hyperboräa ist der okkulte Name für einen Zustand der Erdenevolution in frühester Vorzeit, als Sonne, Erde und Mond
noch ein einziger Weltkörper waren, sphärisch ausgedehnt bis
zu der heutigen Jupiterbahn.[40] Unstofflich im reinen Äther
ruhte die Erde im Schoße der Lebensströme der Sonne, durch-
flutet vom Silber der Mondenkräfte, die ihr Werden beseelten
und gestalteten. In diesem wahren und ursprünglichen Para-
diesesgeschehen war der Mensch noch nicht «Ich», sondern
lebte kosmisch in dem Sonnenherzschlag der Götter. Darum
wohl war Hyperboräa im Norden ein Ort, wo die Erde durch
ihre Mysterien und ihre ganze Geographie noch stärker unmittelbar mit den Monden- und Sonnenkräften verbunden war.
In den hyperboräischen Mysterien «tönte die Sonne in Bru-
dersphären Wettgesang», wie Goethe es in seinem *Faust* den
Erzengel Raffael-Merkur sagen lässt. Einer der höchstentwi-
ckelten Eingeweihten der Erde ist die Wesenheit, die mit dem
Namen Skythianos bezeichnet wird.[41] Sein Wirken in jenen

frühen Zeiten Ur-Europas reichte vom äußersten Westen Irlands bis zum fernsten Osten Sibiriens, hinab bis in das Land der Skythen um das Schwarze Meer und in den Mittelmeerraum nach Süden. Er initiierte eine musikalische Kultur des von Instrumenten begleiteten Sprechens und Singens, welche die Völkerstämme Europas ergriff und verwandelte. So hoch und so intensiv, so allgemein war diese musikalisch-sprachliche Kultur, dass alles, was als grandioses Bardentum aus vorgeschichtlicher keltischer Zeit und auch anderer Völker auf uns gekommen ist, nur der Nachklang eines unvorstellbar gewaltigen Kunstereignisses ist; Kunst, wie Naturgewalten wirkend, bildend und erweckend. Was so zuerst in die tiefsten Empfindungen der Seelen hineingesungen wurde, das erwachte in der Morgendämmerung des Griechentums im Bewusstsein der einzelnen Seele als Denkfähigkeit. Und an der Wiege dieser Geburt des Denk-Wesens im Menschen stand Orpheus, der Sänger mit der Leier, der Sohn des Apollo, welcher immer wieder aus dem Lande der Hyperboräer zurück zu den Griechen kam, wie der Mythos sagt. Und auch hinter diesem Mythos ist das Wirken des Initiaten Skythianos zu sehen.[42]

Eine einzigartige Ausgestaltung fand die keltische Geheimschulung auf der grünen Insel Erin, Irland in seiner Frühzeit, der Insel der Götter und später der Heiligen. Die steilen Felsküsten im Westen der Insel zeigen noch die Nahtstelle, wo der atlantische Kontinent in den Ozean heruntergebrochen ist, einen letzten winzigen Rest seiner einstmaligen Riesengröße aufsparend für eine zukünftige Wirksamkeit, die weit über den neuen Kontinent im Osten ausstrahlen sollte, der sich erst aus Eis- und Wassermassen in seiner jetzigen Gestalt formierte. In seinen Sagen und Mythen lebt Irland als ein Spiegelbild des alten Paradieses, aus dem die Menschheit gekommen ist. Die Sage erzählt, dass Irland von den Göttern aus dem Paradiese herausgenommen wurde; denn wäre es dort verblieben, so hätte Luzifer, die Schlange, nicht in das Paradies eindringen können;

hätte nicht den Menschen dazu verführen können, sich frühzeitig mit der Erkenntnis des Guten und des Bösen zu durchdringen.[43] Weil aber die sieben guten Götter der Dana, der Himmels- und Erdenmutter Irlands – bei Moses die sieben Elohim –, dem Menschen sein denkendes Erkennen und alles, was für ihn als Freiheit und Ich-Bewusstsein daraus entsteht, in ihrer Güte nicht verwehren wollten, nahmen sie das paradiesische Erin aus dem Sonnenäther heraus und prägten seinen Abglanz der Insel Irland ein; eine einzigartige Erdbildung, an der Luzifer keinen Anteil hatte. Wie ein Signum dieser Entwicklung wirkt die Tatsache, dass Irlands Fauna keine Schlangen kennt.

Die sieben Götter der Dana kamen aus dem Norden, so sagten die Druiden, aus dem Lande der Hyperboräer.[44] Sie pflanzten der Insel ihren Leib, ihre Seele und ihren Geist ein: die geologische Bildung, das Bardentum und das keltisch-druidische Mysterienwesen, aus dem das Christentum in ungebrochener friedvoller Kontinuität hervorging. In Irland waren aus den Zügen der atlantischen Völker nach Osten Druidenpriester zurückgeblieben, um das atlantische Geisteserbe weiter zu pflegen; und mit ihnen keltische Völkerstämme. Auf diesem einzigartigen Grund wurden die großen Mysterien von Hybernia aufgebaut, die von allen Mysterien am stärksten das Urwissen der alten atlantischen Orakelstätten bewahrt hatten, insbesondere die Weisheit des Sonnenorakels.[45] Ihre Seher verfolgten das Herankommen des Christus-Sonnenwesens, wie es, den Geist-Kosmos und die Hierarchien verlassend, sich der Erde näherte. Und als sich das Christusleben und -wirken in Palästina ereignete, auf der Erde und unter den Menschen, blieb auch dieses den hybernischen Eingeweihten nicht verborgen. In ihrem Schauen lebte der irdische Christus so, wie sich ihnen der kosmische vorher offenbart hatte. Und sie feierten seine Ankunft mit dem ganzen hybernischen Volk, das der Mysterienstätte verbunden war, in großen Festen. Sie nahmen in tiefer Ergriffenheit teil an dem Passionsweg des Heilands, an seinem Tod und an seiner Auferstehung. Das Mysterium von Golgatha war in ihrem Bewusstsein Gegenwart. Die paradiesische Lichtbeschaffenheit Irlands und seiner Mysterien machte es den Eingeweihten möglich, wie aus sphärischer, makrokosmischer Sicht das irdische, mikrokosmische Geschehen mitzuerleben. Aus diesem Wissen heraus, das die fernste Vergangenheit und die christlich gewordene Gegenwart umspannte, erwuchs die besondere Art von Weisheit und Liebefähigkeit, mit der die iroschottischen Missionare die Christus-Botschaft zu den heidnischen Völkern Europas brachten. Sie waren dazu autorisiert zu bezeugen, dass die alten germanischen Götter Odin, Thor und Baldur und alle die anderen nicht die Feinde, sondern die Freunde und die Brüder des Christus waren.[46]

Die Mysterien von Hybernia bestanden seit frühester Zeit, mindestens seit dem 3. Jahrtausend v. Chr., und reichten wenigstens bis in das 9. Jahrhundert n. Chr. herein.[47] Die Forderungen an den Schüler der hybernischen Geheimschulung waren von unerbittlicher Strenge. Das Äußerste an Tragekraft, an Charakterstärke, an Mut und an selbstloser Hingabe wurde ihm abverlangt. Seine Erkenntniserfahrung erweiterte sich zuletzt über Tod und Geburt hinaus bis in die kosmische Vergangenheit und Zukunft der sieben planetarischen Erdmetamorphosen. An der Schwelle vom diesseitigen zum jenseitigen Bewusstsein stand die Rätselfrage, wie die beiden Botschaften der geistigen Welt, Wissenschaft auf der einen und Kunst auf der anderen Seite, sich dem Menschen offenbaren. Wissenschaft vermittelt Wahrheit, aber kein lebendiges Sein, an dem Herz und Sinn sich erwärmen und innerste Erfüllung, Freude und Glück finden können. Kunst gewährt dieses, geht aber an der Unerbittlichkeit einer Wahrheit vorüber. So musste der Schüler an Wissenschaft und Kunst verzweifeln, weil sie nicht Wahrheit *und* Leben der realen Geistwelt vermitteln konnten; und zugleich lebte im Bewusstsein, dass doch durch beide der Brückenschlag herüber und hinüber gefunden werden musste.

Marie Steiner in Irland, vor dem Eingang zur hybernischen Mythe

Ein Charakteristikum des Keltentums und seiner Geheimschulung liegt in der Tatsache, dass der leitende Volksgeist, der Erzengel der Kelten, in der Zeit nach dem Mysterium von Golgatha sowohl auf die weitere Führung dieses Volkszusammenhanges verzichtete als auch auf seinen regulären Aufstieg von einem Archangelos zu einem Archē, einem Geist der Persönlichkeit oder Zeitgeist. Er wurde als Erzengel, in dem aber die Reifestufe eines Zeitgeistes erreicht war, der Inspirator des esoterischen Christentums, das sich im Westen unter dem Namen des Heiligen Gral entwickelte und später im Rosenkreuzertum seine weitere Entfaltung fand. Die keltischen Volkszusammenhänge als solche lösten sich nach diesem Zeitpunkt auf; sie gingen als kulturelle Substanz ganz in den sich bildenden europäischen Völkern auf. Ihre Sprache blieb nur im Westen, in der Bretagne, in Wales und Irland, noch erhalten. Der Erzengel der Kelten aber opferte seinen Dienst in das Ganze der Menschheitsentwicklung hinein, indem er vom Hüter einer blutsmäßig zusammengeschlossenen Volksgemeinschaft zum inspirierenden Genius einer menschheitlichen esoterischen Strömung und Bruderschaft wurde.[48]

Eine geheimnisvolle Verbindung der hybernischen zu den phönizisch-sabäischen Mysterien des Südens, von denen im nächsten Kapitel die Rede sein wird, vollzog sich im 2. Jahrtausend. Eine Anzahl von Menschen der griechisch-phönizischen Bevölkerung Milets, wo viel später Thales geboren wurde, reiste über Nordafrika und Spanien bis nach Irland, also die alte südliche Wanderstraße zurück zum letzten Rest des atlantischen Kontinents, und bildete dort eine Kolonie, die sich ganz dem irischen Leben und Mysterienwesen vereinigte.[49] Diese rätselvolle Überlieferung der Geschichte und der irischen Sage deutet prophetisch auf ein Mysterium hin, das sich als eine Vorstufe in Delphi ankündigte und dann im Christentum Wirklichkeit wurde: die Vereinigung der nördlichen und südlichen Mysterienwege. Die milesische Kolonisation nahm eine Wegrichtung, welcher sich der karmische Weg des keltischen Geheimschülers im Norden zu den orphisch-phönizischen Mysterien im Süden entgegenbewegte.

Soweit der Versuch, uns an Charakter und Atmosphäre der keltischen Geheimschulung heranzutasten. Charakteristisch für das Geheimnis der Individualität, die sich der keltischen Geheimschulung unterzogen hat, erscheint die Tatsache, dass diese in ganz unpersönlicher Weise in einer Menschheitsströmung tätig war, durch welche die geistigen Grundlagen unserer abendländischen westlichen Kultur und Zivilisation gelegt wurden.

Marie Steiner hat in einem Aufsatz eine Charakterisierung

Marie Steiner, Reporteraufnahme,
Norwegen 1934

des Volkstums gegeben, aus dem Rudolf Steiner stammt. Sie zeigt, wie sich das slawisch-deutsche mit dem keltischen Volkselement verbindet. Dieser Zusammenhang charakterisiert aber auch die ihr eigenen Wesenszüge.

Im alten Österreich «entstand jener Menschenschlag aus germanisch-slawisch-keltischem Geblüt, wie er im niederösterreichischen Bauern vielleicht seine vollendetste Prägung erhalten hat. Eine feingliederige und elastische Physis, geschmeidig, zäh und kühn-kräftig, mit oft antik-kameenhaftem Schnitt der Gesichtszüge, unberührt von den dekadenten Erscheinungen der Adelsschicht und der etwas schlappen Ausdruckslosigkeit des Beamtentums, verbindet sich hier mit liebenswürdiger Innigkeit und seelischem Feuer, und metamorphosiert sich im Geistesmenschen zu solchen Erscheinungen, wie es Robert Hamerling, Fercher von Steinwand, Rudolf Steiner waren. Alle drei entstammen demselben Berglande; es verbindet sie eine gewisse Ähnlichkeit; ein anpassungsfähigeres Instrument zu großen Aufgaben als diese Physis könnte man nicht haben ...

Undenkbar ist Rudolf Steiners Persönlichkeit aus einem andern Volkszusammenhang heraus. In Slawentum getauchtes Deutschtum innerhalb keltischer Ursprungsstammkraft: so konnte die Ich-Entfaltung jene Beweglichkeit und jenes Feuer gewinnen, die sie brauchte, um in das Fremde, den Andern, nicht nur liebend unterzutauchen, sondern es erkennend zu erlösen und seinen Aufgaben entgegenzuführen.» [50]

3. Der Schüler der orphischen Mysterien

Rudolf Steiner führt seine Schilderung des karmischen Weges der Individualität Marie Steiner-von Sivers' zu einer nächsten Inkarnation, die unmittelbar an die Schwelle unserer geschichtlichen Überlieferung führt, so, dass Zeit und Raum sich deutlich konturieren. Und doch bleibt die Persönlichkeit, die als ein Schüler der orphischen Mysterien geschildert wird, noch ohne Namen und damit in den Schleier des Unpersönlichen der Mysterien gehüllt. Im ersten Vortrag der *Okkulten Geschichte* findet sich das Folgende:

«Es gab eine wunderbare Persönlichkeit in den alten orphischen Mysterien; sie machte die Geheimnisse dieser Mysterien durch; sie gehörte zu den allersympathischsten, zu den allerinteressantesten Schülern der alten griechischen orphischen Mysterien. Sie war gut vorbereitet, namentlich durch eine gewisse keltische Geheimschulung, die sie in früheren Inkarnationen durchgemacht hatte. Diese Individualität hat mit einer tiefen Inbrunst die Geheimnisse der orphischen Mysterien gesucht. Das sollte ja an der eigenen Seele durchlebt werden von den Schülern der orphischen Geheimnisse, was in dem Mythos enthalten ist von dem Dionysos Zagreus, der von den Titanen zerstückelt wird, dessen Leib aber Zeus zu einem höheren Leben emporführt. Als ein individuelles menschliches Erlebnis sollte es gerade von den Orphikern nacherlebt werden, wie der Mensch dadurch, dass er einen gewissen Mysterienweg durchmacht, sozusagen sich auslebt in der äußeren Welt, mit seinem ganzen Wesen zerstückelt wird, aufhört, sich in sich selber zu finden.

Während es sonst eine abstrakte Erkenntnis ist, wenn wir auf die gewöhnliche Art und Weise die Tiere, Pflanzen, Mineralien erkennen, weil wir außerhalb ihrer bleiben – so muss derjenige, der eine wirkliche Erkenntnis im okkulten Sinn erlangen will, sich so üben, wie wenn er in den Tieren, Pflanzen, Mineralien, in Luft und Wasser, in Quellen und Bergen, in den Steinen und Sternen, in den anderen Menschen darinnen wäre, wie wenn er eins wäre mit ihnen. Und dennoch muss er die starke innere Seelenkraft entwickeln als Orphiker, um wiederhergestellt als ganz in sich geschlossene Individualität zu triumphieren über die Zerstückelung in der äußeren Welt. Es gehörte in einer gewissen Weise zum Höchsten, was man an Einweihungsgeheimnissen hat erleben können, wenn dasjenige, was ich Ihnen eben angedeutet habe, menschliches Erlebnis geworden war. Und viele Schüler der orphischen Mysterien haben solche Erlebnisse durchgemacht, haben auf diese Weise ihre Zerstückelung in der Welt erlebt und haben damit das Höchste durchgemacht, was in vorchristlichen Zeiten als eine Art Vorbereitung für das Christentum hat erlebt werden können.»

Orpheus ist der Begründer der griechischen Mysterien und damit der griechischen Kultur.[51] Von ihm gingen Impulse aus, die bis heute zu den Grundelementen unserer abendländischen westlichen Geistesverfassung und Zivilisation gehören. Zu diesen Grundelementen gehört auch alles, was aus den hebräisch-alttestamentarischen Überlieferungen auf uns gekommen ist, wie zum Beispiel die Zehn Gebote, in Vorbereitung und als Fundament der Christianisierung Europas. Die beiden Initiaten dieser Impulsierungen unserer Welt wurden in der Zeit um 1300 v. Chr. geboren. Wie ein Fanal dessen, was durch Moses und Orpheus in Vorbereitung der Zeitenwende begründet wurde, erscheint die große Reform der ägyptischen Mysterientradition durch Amenophis IV., Echnaton, die sich zu Anfang des 14. Jahrhunderts v. Chr. vollzog. Echnaton hat sich von allen alten Göttern der Ägypter losgesagt und den Sonnengott Aton als den einzigen Gott in den Mittelpunkt des ganzen religiösen Lebens gestellt.[52] Die persische Hochkultur unter dem Tierkreiszeichen der Zwillinge war derjenigen der Chaldäer, Babylonier, Assyrer und Ägypter gewichen, zu der auch die sabäische Kultur Alt-Arabiens gehörte. Die Sonne war mit Beginn des 3. Jahrtausends in den Stier eingetreten. Das alte atlantische Wissen von der übersinnlichen Welt wurde von diesen Kulturen als umfassende Sternenweisheit erlebt, erforscht und systematisiert, aus welcher heraus alle staatlichen, sozialen, zivilisatorischen Verhältnisse geregelt wurden. Nach Sternenmaßen wurde die Erde vermessen und bearbeitet. Man könnte auch sagen, die gesamte Arbeit an der Erde wurde zu einer Sternensprache heraufkultiviert. In gewaltigen Kriegs- und Eroberungszügen wurden die verschiedenen Aspekte dieser Sprache ausgetragen und entwickelt. Die Willens- und Stierkräfte sprechen sich nach allen Seiten hin aus, in dem nach innen dringenden Schulungsweg dieser südlichen Mysterien, in den Heereszügen nach außen, in den Pyramiden Ägyptens, in den Bauten von Palästen, Städten und Tempeln Assyriens, Chaldäas und Babylons.

Mit dem Jahre 747 v. Chr. geht die Sonne in den Widder über, das Lamm, das Sternbild des Jesus Christus, der Verkörperung Gottes auf Erden.[53] Der Widder wendet seinen Kopf zurück zu Stier, Zwillingen, Krebs und so weiter. Er fasst die ganze Zwölfheit zusammen und alles das, was im Uranfang aus einem anderen Äon in unser Tierkreissystem eingeströmt war, um es mit seinem Blut wieder zu verströmen. Durch das geopferte Blut auf Golgatha wurden Erde und Menschheit mit der Phönixkraft der Auferstehung, mit einem Neubeginn beschenkt und begnadet.[54] Die Entscheidung, diese geopferten Kräfte anzunehmen oder zu verwerfen, ist jedem Zwang enthoben. Die Fähigkeit aber zur individuellen Entscheidung aus voll erwachtem denkendem Bewusstsein, die Fähigkeit zu

Freiheit und Liebe, mussten erst entwickelt werden. Das zu veranlagen und zu impulsieren lag in der Mission des Eingeweihten und Sängers Orpheus.

Orpheus, der Thrazier, vereinigte in sich Mysterienimpulse der Musik aus dem Norden, der Mysterienstätte Hyperboräas, aus der das Bardentum der Kelten hervorging; aber auch aus dem Osten, aus Lydien, wo sich das musikalische Element der Semiten in die dortigen Völkerschaften eingelebt hatte;[55] und aus dem Süden, den sabäischen Sternenmysterien Alt-Arabiens, aus denen vierhundert Jahre später die Königin von Saba kam, um ihre Weisheit mit der Weisheit König Salomos zu vereinen. Aus diesem Wissen heraus wurde unter der Leitung des Phöniziers Hiram Abiff (Adoniram), welcher der Baumeister König Hirams aus Tyrus war, der salomonische Tempel erbaut.[56]

Orpheus war ein Eingeweihter der phönizischen Phönixmysterien, die aus den Sternenmysterien von Saba hervorgegangen waren.[57] Auf den Ruinen von Saba fand sich viele Male das Zeichen der in der Mondensichel ruhenden Sonnenscheibe, das spätere Symbolum des Grals. Der Phönix ist der Vogel der Sage, der sich selber im Opferfeuer verbrennt und aus der Asche aufersteht. Die hebräische Legende nennt ihn das einzige Geschöpf, das vor dem Sündenfall bewahrt wurde und in dem deshalb die Unschuld des Paradieses lebt. Nun gab es auch im mittleren Arabien eine an Vegetation überreiche und fruchtbare Landschaft, das Hochland von Nedschd, welches in diesen südlichen Mysterien als ein Abglanz des Paradieses galt – ähnlich wie Irland in den nördlichen; ein Hyperboräa, ein Sonnen-Ursprungsland. Aus diesem Lande stammt der Vogel Phönix.

Um sein Wesen und die Orpheus-Mysterien zu verstehen, muss auf eine Grundtatsache der geisteswissenschaftlichen Christologie eingegangen werden. Rudolf Steiner schildert in seinem Vortragszyklus zum Lukas-Evangelium, wie in dem Jesusknaben des Matthäus-Evangeliums die reifste Individualität der Menschheitsevolution, die Individualität des Zarathustra der Urperser, sich wiederverkörpert hat. In ihr erkannten die drei Weisen aus dem Morgenland, aus Saba, ihren uralten Führer und Meister der Mysterien in einer späteren Inkarnation, den Goldstern Zarathas, und brachten ihm die höchsten Schätze Arabiens dar, Gold, Weihrauch und Myrrhe. In dem nathanischen Jesuskinde des Lukas-Evangeliums aber offenbarte sich eine engelhafte Wesenheit zum ersten Mal in einem Menschenleibe, die Schwesterseele Adams, des ersten Erdenmenschen, die in ihrem Unschuldszustand im Paradiese der Sonnensphäre von den Göttern zurückgehalten und behütet worden war. Im zwölften Jahre verließ die Zarathustra-Ich-Wesenheit ihren Leib, der danach hinwelkte und starb, und vereinigte sich mit dem nathanischen Wesen. Die höchste Reife eines Erdenmenschen verband sich so mit der höchsten Reinheit der Seele und des Leibes und seiner Lebenskräfte, welche die Erde besaß. Bei der Taufe am Jordan gab die Zarathustra-Wesenheit Leib, Leben und Seele des nathanischen Jesus-Engel-Wesens frei, und der Christus vereinigte sich ihnen und wirkte durch sie drei Jahre als der Jesus Christus auf Erden.[58]

Dieses nathanische engelgleiche Wesen, die paradiesische Urseele, hatte sich in vergangenen Zeitaltern der Erde schon drei Mal mit dem niedersteigenden Christus zu gemeinsamer Opfertat vereinigt, zur Heilung der Menschheit, welcher durch die Widersachermächte ein dreifacher Untergang drohte: Am Ende Lemuriens wurden die bedrohten zwölf Sinne des physischen Leibes aus der höchsten Geistessphäre, aus dem Tierkreis heraus ausgleichend geheilt. Im Anfang von Atlantis konnten die erkrankten Lebensorgane des Menschen genesen durch ein zweites Opfer, das in der niederen Geistwelt der Planetensphären dargebracht wurde. Gegen Ende der atlantischen Zeit war das Zusammenspiel der Seelenkräfte,

Denken, Fühlen und Wollen, und ihre sinndurchdrungene Äußerung in der Sprache aus dem Gleichgewicht geraten und erfuhr seine Harmonisierung durch ein drittes Opfer aus dem Erdenumkreis der Monden-Seelen-Welt heraus.[59] Auf diese paradiesische Seele weist der Mythos von dem Vogel Phönix hin. Von seiner Opfer- und Auferstehungskraft gehen Heilung, Gesundung, Erlösung aus.

Die Gestalt, die in den Phönixmysterien vor allem verehrt wurde, war die des Halbgottes Archal-Herakles.[60] Archal bedeutet: der durch das Feuer Triumphierende. Herakles erringt sich durch die zwölf Taten und Tugenden, die er im Opferdienst vollbringt, die Vollkommenheit der zwölf Tierkreiskräfte, die sich in ihm sonnenhaft zur Urmenschengestalt vereinigen. In ihm erscheint der kosmische Urmensch in seiner wahren Gestalt, das Urbild des Menschen bis heute.[61] Die Sage berichtet, wie Herakles, durch das Nessus-Hemd vergiftet, in brennender Qual selbst in die Flammen des Scheiterhaufens hinaufsteigt und verbrennt. Durch die Phönixkraft auferstanden, wird er von den Göttern mit Hebe vermählt, der Göttin der ewigen Jugend. Er empfängt die heilenden, harmonisierenden Kindheitskräfte der nathanischen Jesus-Engel-Wesenheit und erhält durch sie die nie alternde kosmische Urgestalt zurück. In diese südlichen Mysterien war also Orpheus eingeweiht.

Aber Orpheus, der Sohn des Apollo, war auch, wie schon angedeutet, ein Eingeweihter des Nordens. Denn Apollo kam jedes Jahr mit steigender Sonne – so berichtet die Sage – aus Hyperboräa nach Griechenland. Er brachte die Macht der Musik mit sich aus den Mysterien des Skythianos. Während Archal-Herakles auf dem Weg der Tugenden, also durch das moralische Innere zur Sonne hinaufstieg, erschien Apollo wie der kosmisch Bevollmächtigte, der durch sein Wesen auf die geistige Sonne hinwies, ohne selber Helios zu sein. Wie sich der Phönix aus innerstem Feuer im auferstehenden Fluge befreit, so ist Apollo der königliche Gott, der Städtegründer, der Fernhintreffer, der den Drachen Python mit den Pfeilen seines silbernen Bogens bezwingt, der Weissagende, wirksam nach außen, wie aurisch umleuchtet von Ahura Mazdao. Auch in ihm wirkt die nathanische Urseele der Menschheit, aber durch Taten, richtend und heilend. Söhne des Apollo sind Asklepios, der Arzt, und Orpheus, der Sänger, «der durch das Licht Heilende».[62] Apollo holt seine Gesänge aus dem kosmischen Licht, in dessen strömendem Meer er sich bewegt, umtanzt, umsungen und umklungen von dem Chor der Musen.

Die Musen sind die Töchter des Zeus und der Göttin Mnemosyne. Aus deren unermesslichem Gedächtnis schöpfen die Musen den Stoff, aus dem heraus sie Kunst und Wissenschaft erschaffen. Ursprünglich waren es nur drei Musen, welche die drei Seelenkräfte des Menschen inspirierten und harmonisierten, wie schon am Ende der atlantischen Zeit: Dem Gesang, der vom Munde Apollos ausgeht, begleitet von der an das Herz geschmiegten Zither, der Phorminx, antwortet die Muse des Gesanges, Polyhymnia. Aufblickend zu den Sternen, lauscht Apollo mit seinem Gesang den tönenden Weltgedanken Uranias. Zu seinen Füßen flutet der Strom der Menschheitsgeschichte und raunt durch Klios Mund zu ihm herauf. Dann differenzieren sich diese drei ersten Musen des Fühlens, des Denkens und Wollens. Mit Polyhymnia singt Euterpe in lyrischem Ton und Erato zärtlich das Liebeslied. Uranias Weisheit steigt zur Erde hernieder, und Melpomene führt den tragischen Kampf, wie Gedanke sich gegen Gedanke wendet. Thalia versöhnt, indem ihr Witz durch gedankenvolle und gedankenlose Labyrinthe eilt und diese lachend auflöst. Klios Gedächtnis strömt aus durch Kalliopes nimmermüdes Erzählen. Und zuletzt vereinen sich alle Musen zu einem Wollen: im fliegenden Tanz, mit schwebenden Armen, in der immer wechselnden Anmut des Leibes spiegelt Terpsichore wider, was von der Lichtgestalt Apollos – des Strahlenden Phöbus – und seinem Singen im

Chor der Musen – Apollo Musagetes – auf sie niederströmt. Alle Kräfte versammelnd, wird Apollo zum Heiler, zu dem Arzt Apollo Paiëon.

Apollo ist der inspirierende Gott, der Orpheus die Fähigkeit verleiht, aus dem Gesang den Gedanken aufleuchten zu lassen. Darum konnte aus den orphischen Mysterien die griechische Philosophie und mit ihr die Gedankenentwicklung der Menschheit hervorgehen. Die Orakelstätte von Delphi, Apollos Heiligtum, ist der Ort, von dem vorbereitend die Gedanken ausgingen, welche die griechische Geschichte gelenkt haben: Durch die Pythia sprach Apollo Loxias, der Dunkle; durch die Priester wurde das sibyllinische Wort gedeutet. Aus ihnen sprach Apollo Lycäus, der Helle, Klärende. Von dem Sonnenmysterium von Delphi ging die Ordnung der Schicksale, des Karma aus.

Geboren wurden die Zwillingsgeschwister Artemis, die Göttin der Erdennatur, und Apollo, der Sonnengott, auf Delos, der kleinen Kykladeninsel im Ägäischen Meer. Als ihre Mutter Leto, von dem Drachen Python verfolgt, einen Ort suchte, wo sie gebären könne, stieg Delos erst aus den Tiefen des Meeres auf, schwimmend, schwebend, bis es mit Säulen befestigt wurde. Wie die Felseninsel Delos vom Meer umschlossen ist, so liegt Delphi am Fuße des Parnassos, im Norden des Korinthischen Meerbusens; ein Meer, das von Gebirgen und Festland umschlossen ist. Auch das Knochengerüst unserer Gliedmaßen ist vom Blut- und Lymphstrom umflossen; unser Schädelgewölbe aber schließt alles Flüssige in sich ein. Der Weg von Delos nach Delphi ist der Entwicklungsweg der Menschheit aus den Meeren der geistigen Welt hin zum Festland des nachatlantischen Erdenbewusstseins, das uns der Kopf, der Gedanke gibt: Die alte, hellsichtig erlebte geistige Welt wird gleichsam in den Schädel eingeschlossen und verinnerlicht sich in dem Mikrokosmos des Denkens.

Im Tempel von Delphi wurde nicht nur Apollo verehrt, der

wie sein Vater Zeus, wie Hera und Poseidon aus dem Kreis der oberen oder uranischen Götter stammte, sondern auch sein Bruder Dionysos, der aus dem Inneren aufsteigende Gott, aus dem Kreis der unteren, der chthonischen Götter, der verwandt war mit Demeter und Persephone. Er herrschte im Tempel von Delphi – wenn auch nicht über das Orakel – während des Winters, Apollo im Sommer. In der griechischen Kultur lebten der nördliche und der südliche Mysterienstrom mit- und nebeneinander. Was Apollo begonnen hatte, dem gab Dionysos Wirklichkeit. Und so bildete der Mythos des Dionysos-Schicksals den eigentlichen Lehr- und Weltanschauungsinhalt der orphischen Mysterien.

In der am Anfang dieses Kapitels zitierten Darstellung Rudolf Steiners wird zunächst die Lehre und dann der Schulungsweg der Orphiker skizziert. Der Mythos von Dionysos ist der folgende:[63] Zeus hatte mit Demeter Persephone gezeugt. Wie die Jahreszeiten wechseln zwischen Aufblühen und Vergehen der Natur, so wechselte Persephone zwischen Ober- und Unterwelt, Geburt und Tod. Sie ist die Seele des Menschen in einer Zeit, als diese noch die ganze Natur in sich fasste, hellsichtig war, aber zugleich dem Wandel der Wiederverkörperungen schon unterworfen. Von ihrer Schönheit hingerissen, verfolgte Zeus Persephone, die sich in einer von Drachen bewachten Höhle Siziliens vor ihm verbarg. Aber Zeus nahm selbst die Gestalt eines Drachen an, jenes mythologischen Tierwesens, das alle Geheimnisse der Natur kosmisch weiß und beherrscht, und zeugte mit ihr den Dionysos. Ein wunderschöner Knabe wird geboren. In manchen Sagen trägt er ein Stierhaupt als Ausdruck seiner Willens- und Sprachgewalt. Hera, die Eifersüchtige, verlockt den Knaben, sich spielend auf die Erde herunter zu verlieren. Da ergreifen ihn die Titanen, die Riesengewalten der Erde und ihrer Materie, und reißen ihn in Stücke. Aber Pallas Athene rettet das Herz des Dionysos und trägt es zu Zeus auf den Olymp hinauf, in die höchste geistige Welt, und Zeus birgt das Herz in seiner Lende. Aus dem Herzen des Zagreus, des zerstückelten ersten Dionysos, wird der Liebestrank gebildet für Semele, die Tochter des aus Phönizien stammenden Königs Kadmus von Theben. Zeus zeugt mit Semele, der Menschentochter, den zweiten Dionysos. Aber die eifersüchtige Hera verleitet Semele dazu, ihren unbekannten Liebhaber zu bitten, dass er sich ihr in seiner wahren Gestalt zeigen möge. Es geschieht, weil Zeus geschworen hat, ihr jeden Wunsch zu erfüllen, und Semele, der Mensch, verbrennt im Feuer der göttlichen Erscheinung. Zeus rettet das Kind und birgt es in seinem Oberschenkel, bis es geboren werden kann. Von Hera verfolgt, übergibt Hermes den Knaben zuletzt der Obhut der Nymphen am Berge Nysa (darum Dio-nysos); vor allem aber der Erziehung des alten weisen Silen.

In den Mysterien von Eleusis, welche den drei Gottheiten Demeter, Persephone und Dionysos geweiht waren, wurde noch auf einen dritten Dionysos hingewiesen. Die Sage schildert auch, dass Zeus aus dem geretteten Herzen des Dionysos Zagreus den Jakchos zeugt. Jakchos erscheint als Kind an der Brust der Mutter Demeter. Er ist der Kommende, der Christus, den die Urchristen den wahren Dionysos nannten. Persephone ist die erwählte Braut, Jakchos ihr Erretter, der sie aus Plutos Reich zurückführen wird in die göttliche Heimat, wenn das Zeitalter der Wiederverkörperung dereinst vorüber sein wird. – Der christliche Glaube nimmt diesen Zusammenhang auf und sieht in der menschlichen Seele die Braut, in Christus den Bräutigam.

Dionysos Zagreus ist das kosmische Bild des Ichs, das im Untertauchen in den Leib die Einheit und Harmonie des hellsichtigen Bewusstseins verliert und in die Vielfalt der Sinne und Sinneserscheinungen und der durch sie entfesselten Triebe zerstückelt wird. Pallas Athene, die dem Haupt des Zeus in voller Waffenrüstung entsprungen ist, ist die geistige Licht- und Feuerkraft, die sich am Gedanken, an Idee und Ideal entzün-

84

den kann. Sie erhebt das Herz aus den Triebgewalten. Der Mythos von Dionysos Zagreus kennzeichnet den Verkörperungszustand der atlantischen Menschheit.

Der zweite Dionysos ist ein Halbgott, ein Heros, der um 1400 v. Chr. verkörpert war.[64] Sein Zug, der ebenso wie derjenige Apollos in Thrazien (etwa dem heutigen Bulgarien) begann, bis nach Indien führte und über Arabien, Phönizien nach Griechenland zurück, ist ein Ereignis der Geschichte.[65] Sein Gefolge, die Silenen, Faune und Satyrn, waren Gestalten aus atlantischer Zeit, die ihre menschliche Gestalt noch nicht gefunden hatten und diese sich aus der Ich-Kraft des Dionysos zu erringen suchten. Dionysos brachte den Menschen den Ackerbau, die Anpflanzung des Weines, die Handwerke und Künste, Kultur und Wissenschaft. Er ist der wahre Bringer der menschlichen Gedankenkraft, der Intellektualität. So lebte sein Bild in den orphischen Mysterien. Ekstase, Orgie, Lust, Trunkenheit, Gelächter und Tanz der dionysischen Züge stellen Prozesse dar, die das Ich von seiner alten Bindung an die geistige Welt losgerissen und betäubt haben, sodass ein Eigenbewusstsein, ein eigenes Denken entstehen konnte.

So erschien in Orpheus' Seele Apollo, der aus dem Lichte die Musik erschloss; sie versank in die tiefsten Untergründe der Seele, ließ die Lichtwelt hinter sich, wie Orpheus Eurydike hinter sich lassen muss. Und aus dem Feuer der dionysischen Seele stieg die Musik als denkende Fähigkeit wieder auf. In der Lehre des Orphikers Pythagoras lebte dieser Prozess, indem aus der Musik die Zahlengeheimnisse in das denkende Bewusstsein heraufgehoben wurden. Die Zahl ist für Pythagoras das Wesen, das Gesetz, das allen Dingen zugrunde liegt. Denn alle Dinge sind aus Licht und Ton des Geistes geboren. Zunächst hat das Denken die Eigenschaft, die Menschen durch unvereinbare Standpunkte und Gegensätze voneinander zu trennen und zu isolieren. Auch die Menschheit als Ganzes erfährt das Schicksal des Dionysos Zagreus. Und es wurde auch das Schicksal des Orpheus, des Bringers der individuellen Gedankenkraft, der er im Tod sein Leben aufopferte. Er wurde von den Bacchantinnen in Stücke gerissen. – So viel zu der Lehre der Orphiker, die man sich selbstverständlich unendlich weiter und tiefer denken muss.

Der Schulungsweg, wie ihn Rudolf Steiner für die orphischen Mysterien charakterisiert hat, führte in das unmittelbar gegenwärtige Leben, in dem der damalige Mensch drinnen stand. Wie konnte er das Schicksal des Dionysos Zagreus und daraufhin das Schicksal des zweiten Dionysos erleben? Alles, was ihm vor Augen und alle übrigen Sinne kam, Menschen, Tiere, Pflanzen, Steine, sollte er nicht nur empfinden, beobachten, reflektieren; er sollte sich mit seinem ganzen Willen, mit seinem ganzen Herzen in aller Innigkeit, mit der äußersten Energie seines Ichs, in Erkenntnishingabe in das ihm Entgegentretende, Fremde, Andere versenken, sodass er nicht mehr er selbst war, sondern ganz und gar zu dem wurde, was er nicht war. Dann hatte er im Feuer seiner Hingebung sich selber verbrannt, war zerstückelt in tausend Dinge. Und nun sollte er die Kraft finden, diese Vielfalt nicht zu verlassen, und doch sich selbst als Einheit und Ich im Feuer eigenster Kraft erleben; sieghaft erleben, wie sich aus tausend Vorstellungen und Begriffen die *eine* alles umfassende, alles in sich enthaltende Idee erhebt.

Aus solchem Üben wurde in den orphischen Mysterien die griechische Philosophie herausgearbeitet und geboren und dann über die Schwelle des Tempels dem allgemeinen Geistesleben der Menschheit übergeben. Sodass, was wir den Ursprung der Gedankenentwicklung nennen, in Wahrheit der Nachklang einer solchen Entwicklung ist, die im Verborgenen der Mysterien stattgefunden hat. Rudolf Steiner schließt im ersten Vortrag der *Okkulten Geschichte* an das eingangs Zitierte Folgendes an:

«Zu den orphischen Mysterienschülern gehört unter anderen auch die sympathische Persönlichkeit, die nicht mit einem

Marie Steiner mit griechischer Plastik, 1915/16 in Berlin, Motzstraße

äußeren Namen auf die Nachwelt gekommen ist, die sich aber deutlich zeigt als ein Schüler der orphischen Mysterien, und auf die ich jetzt hindeute. Schon als Jüngling und dann viele Jahre hindurch war diese Persönlichkeit mit all den griechischen Orphien eng verbunden. Sie hat gewirkt in derjenigen Zeit, die der griechischen Philosophie vorangegangen ist und die nicht mehr in den Geschichtsbüchern der Philosophie aufgezeichnet ist; denn das, was mit Thales und Heraklit aufgezeichnet ist, das ist ein Nachklang von dem, was die Mysterienschüler früher in ihrer Art gewirkt haben. Und zu diesen Mysterienschülern gehörte derjenige, von dem ich Ihnen jetzt eben spreche als einem Schüler der orphischen Mysterien, der dann wiederum zu seinem Schüler hatte jenen Pherekydes von Syros, der in dem Münchner Zyklus *Der Orient im Lichte des Okzidents* vom vorigen Jahre angeführt worden ist.»

Pherekydes von Syros,[66] der Kykladeninsel im Norden von Delos, lebte im 6. Jahrhundert v. Chr., zur Zeit der sieben Weisen. In seinem Werk *Heptamychos* spricht er von den drei Urmüttern, von denen alles Werden der Welt ausgegangen ist. Er nennt sie Zeus, Chronos und Chthon und gibt ihnen die Eigenschaften von «Raum-Äther», «Zeit-Schöpfer» und «Stoffbringer». Er besaß noch das alte Bildhellsehen, durch das er Zeugnis ablegen konnte von der frühesten saturnischen Verkörperung des Erdenplaneten und ihren Schöpferwesenheiten, während welcher die Zeit entstand. So schaute er auf den zweiten planetarischen Erdenzustand der alten Sonne zurück und erlebte in Zeus den führenden Sonnengeist. Von der Sonne strömt der Ätherraum aus, der aller Zeitenbildung Gestalt gab. In Chthon erlebte Pherekydes die Erdenmaterie, wie sie sich aus der dritten planetarischen Verkörperung des alten Mondes losgelöst hatte und von Zeus mit dem wunderbaren, reichen «Ehrenkleid» ihrer Geschöpfe begabt wurde. Entstehung, Wandlung und Vergehen der vier Elemente erschienen ihm bewirkt von den drei Urmüttern, durch die das Urgute

waltete, aus dessen einigem Grund erst das spätere Gute und
Böse hervorging. Dieses Böse sah er in der Weltenschlange
Ophioneus. – Was er lehrte, war das Wissen der Orphiker,
durch altes Hellsehen erschaut. Diesen mythischen, bildhaften Inhalt verarbeitete Pherekydes zu Begriffen und Ideen. Er
steht auf der Schwelle zwischen Hellsehen und Denken und
zeigt den Übergang vom einen zu dem anderen. Er ist die
Persönlichkeit, die aus der Verborgenheit der Mysterien, von
denen er noch Zeugnis ablegt, als Denker in das volle Licht
der geschichtlichen Öffentlichkeit hinaustritt; und mit und
nach ihm die großen Geister der griechischen Philosophie.
Pythagoras war ein Schüler des Pherekydes. Viele Lehren des
Heraklit von Ephesus gehen zurück auf den Weisen von Syros. Ein Schüler Heraklits war Kratylos, der Eingeweihte der
ephesischen Mysterien und jener Denker, der seinerseits Plato,
seinen Schüler, über das Wesen der Sprache belehrte. Und Plato war der Lehrer des Aristoteles, in welchem die Philosophie
der Griechen ihren Höhepunkt erreichte. Wer aber steht am
Anfang dieser ganzen Entwicklung? Eben der Schüler der orphischen Mysterien, der Namenlose, welcher der Lehrer des
Weisen von Syros, des Pherekydes, war. Er hat ihn zu seiner
Meisterschaft geführt und mit dieser entlassen. Durch unendlich viele Eingeweihte wurde die Gedankenentwicklung der
Menschheit vorbereitet, erübt und vollendet und dann in die
Welt entlassen, wie ein Quellstrom sich in das Licht der Sinne
ergießt, nachdem er lange durch verborgene Gänge geflossen
ist. Am Tempeltor aber stand einer, der das Karma hatte, diesen
Zeitenaugenblick zu verantworten im Vorblick auf eine neue
Zeit. Es war der Anbruch des vorchristlichen Michael-Zeit-
alters von 601 bis 247 v. Chr.[67]

Der Tempel, aus welchem Pherekydes von Syros entlassen
wurde, stand im alten Phönizien, dem Land der Phönix-Myste-
rien. Auch Homer trat aus orphischen Mysterien in Phönizien
in das Licht der Geschichte. Er entfaltete das andere Element

unserer Seelenkultur: die dichterische Phantasie. Bis dahin hatte das hellsehende Bild-Erleben als ein Umfassendes, Elementares die Sprache der Menschen durchströmt. Und Sprache und Gedankensinn und poetische Empfindung waren noch eines. Dann versiegte diese Ursprache, und das Abbild der alten Imagination ertönte in ihren Nachbildern in den epischen Liedern und Gesängen. In der Nachfolge löste sich der Gedanke vom Wort los. Und das Wort verkümmerte zum Zeichen der Verständigung. Wer als Schüler der orphischen Mysterien dieses alles miterlebte, der erlebte, wie das Wort, das einmal fortklingender, fortlebender Logos gewesen war, zum farbigen Abglanz in der Kunst und zur schattenhaften Zeichensprache in der Wissenschaft wurde. In der Poesie lebt die Erinnerung an das alte Hellsehen, aber nicht sein lebendiges Sein. Trotz seiner Verarmung gegenüber dem Bild-Geist-Erleben dringt der Gedanke tiefer als dieses und erweckt das schlafende Ich. Auch diese Zweiteilung ist ein Dionysos-Zagreus-Geschehen, das seiner Auferstehung in den zweiten Dionysos harrt.

Es ist ergreifend zu sehen, wie Rudolf Steiner in seiner Karmaforschung aufzeigt, dass in Sokrates der Weise Silen wiederkam, um die Hebammendienste der Gedankenerweckung zu leisten. Und Plato führte die Wanderzüge des zweiten Dionysos als dessen Wiederverkörperung in seinen Dialogen auf dem Wege des Denkens weiter und vergeistigte sie.[68] Zentrum der Akademie Platos und der Wandelhalle, des Peripatos des Aristoteles, dessen Schule im Tempelhain Apollos lag, war das Musaion, der Tempel der Musen, in welchem sich die neuen Wissenschaften entfalteten. Eine nächste Kulmination erhielten diese neu entstandenen Wissenschaften dann in dem berühmten Musaion von Alexandria, der bedeutendsten Stadtgründung Alexanders des Großen. In diesem Musaion mit seinen botanischen und zoologischen Gärten und mit seiner weltberühmten Bibliothek wurde alles Wissen des Altertums zusammengetragen, aus Griechenland, aus dem Judentum und

Marie Steiner 1915

nach der Zeitenwende auch aus dem Christentum. Alexandria wurde ein Ort, an dem die in Griechenland begonnene Entwicklung von Individualität und Persönlichkeit des einzelnen Menschen einen neuen Höhepunkt erreichte.

4. Hypatia

«... diese Individualität, die in jenem Schüler der orphischen Mysterien war, sie finden wir durch Forschung in der Akasha-Chronik wiederverkörpert im 4. Jahrhundert der nachchristlichen Zeit. Wir finden sie in ihrer Wiederverkörperung hineingestellt mitten in das Treiben der Kreise von Alexandria, wobei umgesetzt sind die orphischen Geheimnisse in persönliche Erlebnisse, freilich höchster Art. Es ist merkwürdig, wie das alles bei der Wiederverkörperung in persönliche Erlebnisse umgesetzt war. Am Ende des 4. Jahrhunderts der nachchristlichen Zeit als die Tochter eines großen Mathematikers, des Theon, sehen wir diese Individualität wiedergeboren. Wir sehen, wie in ihrer Seele alles das auflebt, was man durchleben konnte von den orphischen Mysterien an der Anschauung der großen, mathematischen, lichtvollen Zusammenhänge der Welt. Das alles war jetzt persönliches Talent, persönliche Fähigkeit. Jetzt brauchte selbst diese Individualität einen Mathematiker zum Vater, um etwas vererbt zu erhalten; so persönlich mussten diese Fähigkeiten sein.

So blicken wir zurück auf Zeiten, wo der Mensch noch in Zusammenhang war mit den geistigen Welten wie bei jener orphischen Persönlichkeit, so sehen wir ihr Schattenbild unter denjenigen, die da lehrten in Alexandria an der Grenzscheide des 4. zum 5. Jahrhundert. Und noch nichts hatte diese Individualität aufgenommen von dem, was, man könnte sagen, die Menschen damals über die Schattenseiten des christlichen Anfangs hinwegsehen ließ; denn zu groß war noch in dieser Seele alles das, was ein Nachklang war aus den orphischen Mysterien, zu groß, als dass es von jenem anderen Licht, dem neuen Christus-Ereignis, hätte erleuchtet werden können. Was als Christentum ringsherum auftrat, etwa in Theophilos und Kyrillos, das war wahrhaftig so, dass jene orphische Individualität, die jetzt einen persönlichen Charakter angenommen hatte, Größeres und Weisheitsvolleres zu sagen und zu geben hatte als diejenigen, die das Christentum in jener Zeit zu Alexandria vertraten.» – So fährt Rudolf Steiner im ersten Vortrag der *Okkulten Geschichte* in seiner Schilderung fort.

Nahezu tausend Jahre sind von der einen bis zu der nachfolgenden Inkarnation vergangen. (Wobei die Frage offenbleibt, ob dazwischen noch ein oder mehrere Erdenleben nicht genannt sind.) Zwischen den ersten beiden Dritteln und dem letzten Drittel dieses Zeitraums vollzieht sich das Christusleben in Palästina. Der Christus-Logos wird der Geist der Erde. Und damit haben sich alle Verhältnisse unserer planetarischen Entwicklung und der Evolution der Menschheit geändert. Die Schöpfergeister der Erde, die Elohim oder Geister der Form, haben dem Menschen sein Ich gegeben, sie waren bis dahin seine Bildner und Lenker. Von ihnen gingen die Sonnenkräfte aus, die seine Leibesform prägten; von ihnen ging die Fähigkeit aus, alles Geformte, außen und innen, zu denken. Durch sein Denken wurde der Mensch selbstständig und frei. Diese Freiheit kann der Mensch so nutzen, dass er das Jahwe-Wort «Ich bin der Ich bin» zum Egoismus verhärtet; oder er kann die Gnade des Christus ergreifen in dem Liebe-Wort des Paulus: «Nicht ich, der Christus in mir.» Die Sonnengeister der sieben Elohim folgen in ihrem Verhalten den Menschen gegenüber ihrem höchsten Sonnenbruder, dem Christus, nach und geben das Denken des Menschen frei. Sie inspirieren dieses nicht länger. Sie ziehen sich zurück auf alles, was die menschlichen Sinne wahrnehmen. Die Elohim wirken in der sinnlichen Wahrnehmung. Die in der Hierarchie nach unten nächststehenden Geister der Persönlichkeit, die

Marie Steiner. Porträtskizze vermutlich von Hermann Linde

Archai oder Urbeginne, nehmen die Quellen des Denkens in ihre Obhut. Sie leiten die kosmische Intelligenz durch Inspiration hinunter in die menschliche Intelligenz; aber so, dass sie abwarten, wie weit der Mensch ihnen selbstständig denkend entgegenkommt. Diese Wachablösung in der Verwaltung der kosmischen Intelligenz geschieht im 4. Jahrhundert n. Chr. Sie hat sich lange vorbereitet und wirkt fort bis in das 15. Jahrhundert.[69] Ein letzter Schnitt geschieht mit dem Jahr 1950 (!), wie Rudolf Steiner in einem seiner Vorträge ausgeführt hat. Die griechische Gedankenentwicklung, die mit Pherekydes von Syros beginnt, hat ihre erste Phase in der vorsokratischen Philosophie; eine zweite, kulminierende, in Plato und Aristoteles; durch Alexander den Großen, den Schüler des Aristoteles, und seine Eroberungszüge nach dem Vorderen Orient bis nach Asien werden Wissenschaft und Kunst der Griechen zu einer Weltkultur, die in Alexandria ihr neues Zentrum findet. Hier entsteht das Fundament für die Ausbildung der dritten und letzten Phase griechischen Denkens: Der Neuplatonismus verarbeitet und verinnerlicht das in den ersten beiden Phasen Entstandene. Verinnerlicht es auch so, dass jetzt alle Weltanschauung sich immer stärker persönlichkeitsbildend auswirkt. Hypatia steht am Ende der alexandrinischen Phase von Philosophie und Wissenschaften, wie der orphische Weise und Initiat am Anfang dieser gesamten Entwicklung stand.

Zweieinhalb Jahrhunderte lang haben die Ptolemäer-Könige als die großen und genialen Mäzene des alexandrinischen Geisteslebens gewirkt. Ihr Stammvater war Lago, der makedonische Leibwächter und Feldherr Alexanders des Großen. Ein Drittel des etwa 600.000 Einwohner zählenden Alexandria bauten die Ptolemäer zur Königsstadt aus, dem Bruchion. Im Norden dieses Gebietes nahe dem Hafen erbauten sie das weltberühmte Musaion, den alexandrinischen Tempel der Musen und Wissenschaften, umgeben von botanischen und zoologischen Gärten und verschiedensten wissenschaftlichen Instituten und Kunstsammlungen. Dort befand sich die berühmteste Bibliothek des Altertums mit über 700.000 Papyrusrollen. Gelehrte aus aller Welt lebten der freien Forschung und dem wissenschaftlichen Austausch. Der Handel blühte und dehnte sich durch das ganze alexandrinische Reich und den westlichen Mittelmeerraum immer weiter aus. Mit Königin Kleopatra, der berühmt-berüchtigten Geliebten und Gemahlin der beiden großen Römer, Julius Cäsar und Marc Anton, nahm das groß angelegte Mäzenatentum sein Ende. Als Julius Cäsar im Jahre 48 v. Chr. die Schiffe im Hafen in Brand stecken ließ, ging auch die große Bibliothek in Flammen auf. Es verblieb eine kleinere Bibliothek von über 40.000 Schriftrollen, die im Serapion untergebracht war. Das Serapion war der Tempel des Gottes Serapis, einer plutonischen Gottheit, die die Eigenschaften des Zeus, des Asklepios und des Dionysos in sich vereinigte; den Serapis-Kult hatte der Gründer Ptolemäus I. vom Schwarzen Meer nach Alexandria gebracht. Nach den ersten vernichtenden Schritten gegen die griechische Kultur gehörte Alexandria von nun an zum römischen Imperium.

Griechen und griechische Kultur beherrschten jedoch nach wie vor die Stadt und die ägyptischen Ureinwohner. Nachdem Titus, der spätere römische Kaiser, 70 n. Chr. Jerusalem mit dem salomonischen Tempel zerstört hatte, wanderten mehr und mehr Juden nach den östlichen und südlichen Gebieten des Mittelmeeres aus und bildeten bald in Alexandria einen großen Anteil der Bevölkerung. Sie bewohnten ein geschlossenes Stadtviertel im Osten der Metropole. Alles Bestreben, auch in der Diaspora Religion und Brauchtum aufrechtzuerhalten, führte zu dauernden Auseinandersetzungen mit den jeweiligen andersgläubigen Ureinwohnern und übrigen Bewohnern. Das führte dann wieder zu Revolten von Seiten der jüdischen Bevölkerung, durch die beispielsweise im 1. Jahrhundert n. Chr. Hunderttausende von Griechen niedergemetzelt wurden. Der römische Kaiser Trajan seinerseits ließ diese Unruhen durch

seine Kohorten blutig niederschlagen und das gesamte Juden-
viertel zerstören. Zu diesem hin- und herwogenden Chaos der
Leidenschaften zwischen Griechen, Juden, Ägyptern, auch
Persern und anderen Völkerschaften kamen nach und nach die
ersten Christen hinzu, sodass im 2. Jahrhundert das erste Pat-
riarchat von Alexandria gegründet wurde. Unter seiner Obhut
entstand zugleich die größte und bedeutendste Katecheten-
schule, in der Klemens von Alexandria und Origines christliche Theologie und Neuplatonismus lehrten.

Die hellenistische Philosophenschule von Alexandria, in welcher der Neuplatonismus entwickelt und gelehrt wurde, nahm
ihren Anfang durch einen Christen, der dann später zum Heidentum zurückkehrte: Ammonios Sakkas (175–250 n. Chr.).
Seine Lehre, die er nur mündlich weitergegeben hatte, wurde
von seinem Schüler Plotin (205–270 n. Chr.) aufgeschrieben
und in einer eigenen Schule in Rom und Süditalien später
weiterverbreitet. Die letzte Philosophin, die an dieser Schule
lehrte, war Hypatia. Darum ein kurzer Blick auf die Lehre von
Ammonios Sakkas und Plotin. Plotin baut auf Elementen der
platonischen und aristotelischen Lehre, der Stoiker und der
Gnostik auf. Seine Lehre deutet die Entstehung der Welt in
dreifacher Stufung, in drei Hypostasen: Am Anfang ist das
Eine, Urewige, in sich Ruhende. Wie die Sonne das Licht verströmt, geht aus dem Einen durch Emanation die Weltvernunft
und aus dieser die Weltseele hervor. Auf weiterer Stufe bildet
sich dann das Nichtseiende der Körperwelt, die Maja, mit allem Niederen und Schlechten. Als fünfter und letzter Zustand
bildet sich die Materie. Der Weg aus der Materie führt die
Einzelseele durch Philosophie, Läuterung und zuletzt Ekstase
wieder zurück zur Vereinigung mit dem Einen.

Nach drei schrecklichen Jahrhunderten setzte Kaiser Dio-
kletian den Christenverfolgungen in den Jahren 303 bis 311 ein
blutiges Ende. Doch bereits 312 wendete sich das Schicksal der
Urchristenheit. Kaiser Konstantin der I., der Bekenner, setzte

nach seinem Sieg über Maxentius an der Milvischen Brücke vor Rom das Zeichen des Kreuzes auf seine Standarten. 313 erließ er das Toleranzedikt, das allen Religionen gleiche Rechte erteilte. Um die Einheit des römisch-byzantinischen Imperiums zu stützen, versuchte er 325 auf dem Ersten Konzil von Nicäa (im Südosten von Konstantinopel gelegen) die Einheitlichkeit der christlichen Kirche herzustellen. Wenn man sich in die Seelen der damaligen Christen versetzt, die innerhalb von nur vierzehn Jahren den Wechsel moralisch zu verkraften hatten, von Menschen, die für ihren Glauben aller Verfolgung getrotzt hatten, zu solchen, die nun plötzlich zu den Privilegierten, ja bald zu den alleine Mächtigen geworden waren, so kann man nachempfinden, dass es großer Stärke bedurfte, um Widerstand zu leisten gegen die Veräußerlichung der Religion und gegen die Verlockungen der endlich erlangten Macht.

Wie eine große Gegenbewegung zur Verinnerlichung christlicher Weltanschauung steht der heilige Antonius in diesem 4. Jahrhundert da, der erste christliche Einsiedler in der ägyptischen Wüste, und die sich durch ihn zusammenschließenden Bruderschaften der Anachoreten. Von ihm und seiner Gemeinschaft ging der machtvolle Impuls des Mönchtums aus, durch welches das wahre, volle Christentum weltweit impulsiert worden ist.

Aber die neuentstandene Macht über das bis dahin gefürchtete und darum verhasste Heidentum kam wie eine Lawine unabwendbar ins Rollen, als Kaiser Theodosius 381 die christlich-katholische Lehre zur Staatsreligion erklärte und 391 das Toleranzedikt Konstantins aufhob, alle heidnischen Kulte verbot und die alten Tempel zerstören ließ, zu denen auch das Serapion mit seiner letzten großen Bibliothek gehörte. Das Musaion war bereits 269 durch kriegerische Ereignisse vernichtet worden. Damit war der in Alexandria so hoch gestiegenen hellenistischen Gelehrsamkeit und Kultur ihr letzter öffentlich geschützter Boden genommen. Noch bestand das Musaion als wissenschaftliche Institution; noch lebte die Neuplatonische Schule. Der letzte namentlich eingetragene Lehrer am Musaion war Theon, Philosoph, Mathematiker, Naturwissenschaftler, der Vater Hypatias.[70] Aber die Verfolgung der heidnisch-griechischen Weisheit war eingeleitet. Sie fand 529 ihr Ende mit der Schließung der Philosophenschulen in Athen durch Kaiser Justinian.

Nachdem so der weltgeschichtliche Schlussstrich unter das Geistesleben der Antike und ihre drei Phasen der Gedankenentwicklung gezogen war, muss es wie ein Wunder erscheinen, dass Hypatia trotzdem ihre Wirksamkeit – und das als Frau innerhalb einer intellektuell und politisch gänzlich von Männern bestimmten Welt – überhaupt noch entfalten konnte. In diesem Jahr 391 der Absage an alles Heidentum war Hypatia vielleicht nicht älter als wenige Jahre über zwanzig; ihr Geburtsjahr ist unbekannt. Da sie aber bei ihrem Tode im März 415 jung gewesen sein soll, trifft dies nur zu, wenn sie höchstens Mitte vierzig geworden ist.[71] Ausgebildet bei ihrem Vater, dem Griechen Theon, und vielleicht bei weiteren Gelehrten des alten Musaion wie auch solchen der neuplatonischen Philosophenschule, war sie um das Jahr 400 bereits weithin berühmt für ihre alle anderen weit überragende Gelehrsamkeit. Ihr philosophisches Wissen umfasste die Lehren von Plato und Aristoteles sowie die der übrigen griechischen Weisen. Mehr noch als ihr Vater beherrschte sie die verschiedenen Systeme der Mathematik, sowohl der Arithmetik wie der Geometrie; auch war sie bewandert in den Gesetzen der Mechanik. Berühmt waren ihre Kenntnisse in der Astronomie.

Ihr großer Schülerkreis war nicht auf Alexandria beschränkt. Ihr Ruf war weit in das übrige römische Imperium hinausgedrungen und ihr Rat von den Besten gefragt, die im Staat Verantwortung trugen; so von Orestes, dem Griechen und Christen, einem jüngeren Manne, der kaiserlicher Präfekt von Alexandria war. Sie wurde zu öffentlichen Ratsversammlungen hinzugezogen, um ihren Rat gefragt und verehrungsvoll gehört. In der Öffentlichkeit zeigte sie sich in den schlichten Mantel der Philosophen gekleidet. Ihr Auftreten war sicher und bestimmt. Sie war von großer Bescheidenheit. Ihr Umgang mit Menschen aus dem Volke war freundlich und selbstverständlich. Oft ging sie auf die Straßen Alexandrias hinaus und sprach zu allen, die sie hören wollten, über Plato und Aristoteles und andere Gebiete der Wissenschaft. Die Klarheit ihrer Rede, die Kunst ihrer Rhetorik, der Zauber ihrer – wie man sagte – «göttlichen Stimme», die Vielfalt und der Reichtum im sprachlichen Ausdruck zogen die Zuhörer in den Bann der Geistigkeit, von der sie sprach und von der sie selbst ein vollkommener Ausdruck zu sein schien. Die dahinströmenden Verse Homers und anderer Dichter wusste sie mit demselben Zauber vollkommener Meisterschaft vorzutragen wie die reinen Gedanken der lichtgeborenen Mathematik und die Einsichten in die Sternengeheimnisse der Astronomie. Ihre Leibesbildung war von vollkommener Harmonie und Schönheit, ihre Bewegung von Anmut erfüllt. Von manchem ihrer jungen Schüler leidenschaftlich geliebt, verstand sie es immer, diese Liebe von ihrer Person weg zu dem Gegenstand ihrer Rede hinaufzuführen; wie berichtet wird, teils durch heilige Musik, teils auch durch ein Wort ernüchternder Trockenheit. Sie blieb unvermählt. Ihre Güte, Tugend und Keuschheit wurden von niemandem angezweifelt. Ihre Jungfräulichkeit war der seelische, geistige, leibliche Zustand, der ihr natürlich und notwendig war. Nur eine weibliche Inkarnation konnte ihr die Weichheit und Durchlässigkeit dazu vermitteln, diese hohe Geistigkeit so vollkommen in ihre gesamte Persönlichkeit auszuströmen und in ihr auszuprägen.

Unter ihren Schülern und Freunden war ihr der Grieche Synesios aus Kyrene – jener Stadt, aus der der Kreuzträger Christi, Simon von Kyrene, stammte – in der allergrößten Verehrung zugetan. Kyrene war die größte der fünf Städte (Pentapolis) in der Kyrenaika, dem westlichen Nachbarland Ägyptens. Zu Beginn ganz platonischer Heide, wurde Synesios am Ende seines Lebens in seiner Heimat christlicher Bischof von Ptolemais; auf die Bitte seiner Landsleute hin hatte er sich dazu entschlossen und wurde von Theophilos, dem Bischof von Alexandria, geweiht. Auch als solcher blieb er Hypatia so herzlich verbunden wie zuvor. Aus den Anreden seiner Briefe spricht Begeisterung und Verehrung: «Meine Mutter, meine Schwester, meine Lehrerin, du mein alles, was ehrwürdig ist dem Namen und der Sache nach.» Seine Treue gründet auf der Sicherheit: «Denn dich rechne ich mit der Tugend zu dem Gut, das mir niemand rauben kann.» Von ihrem «göttlichen Geist» spricht er, der für ihn «mächtiger ist als die Strömungen des Geschickes». Und er dichtet:

> Wenn der Gestorbenen auch man vergisst in Aides Wohnung,
> Dennoch werd' ich auch dort der teuren Hypatia denken.

In seinem Buch über die Träume[72] fasst er etwas von dem geistigen Gewinn zusammen, den er seiner großen Lehrerin verdankt: «Deshalb ist auch der Weise mit Gott verwandt, weil er versucht, ihm nahe zu sein an Erkenntnis, und sich mit dem Denken befasst, in dem das Göttliche seine Existenz hat.» Eine karmische eigene Sprache spricht die Tatsache, dass der Begründer der Schule, an der, wie schon erwähnt, Hypatia als letzte Lehrerin und Leiterin wirkte, sich vom Christentum zurück der Weisheit der Griechen zuwandte; und dass einer ihrer intimsten Schüler, eben Synesios von Kyrene, der auf dem Boden platonischer Weisheit stand, christlicher Priester wurde.[73]

Von Palladas, einem Dichter, der wahrscheinlich zum engeren Freundeskreis Hypatias gehörte, stammt das folgende Epigramm, in dem auf wunderbare Weise etwas vom Geheimnis ihres Wesens und ihres Karmas zum Ausdruck kommt:[74]

Marie von Sivers, Berlin 1903, als sie «unsere Rezitationskunst inauguriert hat» (S. 48).

Wenn ich dich sehe, wenn ich deinen Worten lausche,
so sinke ich andächtig nieder, dir zu Füßen,
dich in der Jungfrau hohem Sternenhaus erschauend;
denn all dein Tun ist nur zum Himmel auf gerichtet,
Hypatia, du Erhabne, majestätisch Hehre,
du bist der Rede leibgewordne Schöngestalt,
du, höchster Weisheit unbefleckter, reiner Stern.

Die Vollendung ihres Schicksals berichtet Rudolf Steiner im ersten Vortrag der *Okkulten Geschichte*:

«Und alles sollte sich zusammenfinden in diesem alexandrinischen Kulturzentrum. Da sind nach und nach wirklich zusammengekommen all die Kulturströmungen, die sich begegnen sollten aus der nachatlantischen Zeit. Wie in einem Zentrum trafen sie sich gerade in Alexandrien, an der Stätte, die hingestellt war auf den Schauplatz des dritten Kulturzeitraums, mit dem Charakter des vierten Zeitraums. Und Alexandria überdauerte die Entstehung des Christentums. Ja, in Alexandrien entwickelten sich erst die wichtigsten Dinge des vierten Kulturzeitraumes, als das Christentum schon da war. Da waren die großen Gelehrten tätig, da waren insbesondere die drei allerwesentlichsten Kulturströmungen zusammengeflossen: die alte heidnisch-griechische, die christliche und die mosaisch-hebräische. Die waren zusammen in Alexandria, die wirkten da durcheinander. Und es ist undenkbar, dass die Kultur Alexandriens, die ganz auf Persönlichkeit gebaut war, durch irgendetwas andres hätte inauguriert werden können als durch das mit Persönlichkeit inspirierte Wesen, wie es Alexander der Große war. Denn jetzt nahm gerade durch Alexandrien, durch diesen Kulturmittelpunkt, alles das, was früher überpersönlich war, was früher überall hinaufgeragt hat von der menschlichen Persönlichkeit in die höheren geistigen Welten, einen persönlichen Charakter an. Die Persönlichkeiten, die da vor uns stehen, haben sozusagen alles in sich; wir sehen nurmehr ganz wenig die Mächte, die von höheren Hierarchien aus sie lenken und sie an ihren Platz stellen. All die verschiedenen Weisen und Philosophen, die in Alexandria gewirkt haben, sind ganz ins Menschlich-Persönliche umgesetzte alte Weisheit; überall spricht das Persönliche aus ihnen. Das ist das Eigenartige: Alles, was im alten Heidentum nur dadurch erklärlich war, dass immer darauf hingewiesen wurde, wie Götter heruntergestiegen sind und sich mit Menschentöchtern verbunden haben, um Helden zu erzeugen, all das wird umgesetzt in die persönliche Tatkraft der Menschen in Alexandria. Und was das Judentum, die mosaische Kultur in Alexandria für Formen angenommen hat, das können wir aus dem ersehen, was uns gerade die Zeiten, in denen das Christentum schon da war, zeigen. Da ist nichts mehr vorhanden von jenen tiefen Auffassungen eines Zusammenhanges der Menschenwelt mit der geistigen Welt, wie sie in der Prophetenzeit immerhin vorhanden war, wie sie selbst in den letzten zwei

Jahrhunderten vor dem Beginne unserer Zeitrechnung noch zu finden ist: Da ist auch im Judentum alles Persönlichkeit geworden. Tüchtige Menschen sind da, mit außerordentlicher Vertiefung in die Geheimnisse der alten Geheimlehren, aber persönlich ist alles geworden, Persönlichkeiten wirken in Alexandria. Und das Christentum tritt zuerst in Alexandria auf, man möchte sagen, wie in seiner entarteten Kindheitsstufe.

Das Christentum, das berufen ist, das Persönliche im Menschen immer weiter hinaufzuführen in das Unpersönliche, es trat gerade in Alexandria besonders stark auf. Namentlich wirkten die christlichen Persönlichkeiten so, dass wir oftmals den Eindruck haben: Es sind in ihren Taten schon Vorwegnahmen späterer Handlungen rein persönlich wirkender Bischöfe und Erzbischöfe. So wirkte der Erzbischof Theophilos im 4. Jahrhundert, so wirkte sein Nachfolger und Verwandter, der heilige Kyrillos. Wir können sie sozusagen nur beurteilen von ihren menschlichen Schwächen aus. Das Christentum, das das Größte der Menschheit geben soll, zeigt sich zuerst in seinen allergrößten Schwächen und von seiner persönlichen Seite. Aber es sollte in Alexandria ein Wahrzeichen vor die ganze Entwicklung der Menschheit hingestellt werden ...

Vom tiefsten Hass erfüllt waren Theophilos sowohl als auch Kyrillos gegen alles, was nicht christlich-kirchlich war in dem engen Sinn, wie es gerade diese beiden Erzbischöfe aufgefasst haben. Ganz persönlichen Charakter hatte das Christentum da angenommen, so einen Persönlichkeitscharakter, dass diese beiden Erzbischöfe sich persönliche Söldlinge anwarben. Überall wurden die Menschen zusammengeholt, die sozusagen Schutztruppen der Erzbischöfe bilden sollten. Auf Macht im persönlichsten Sinn kam es ihnen an. Und was sie ganz beseelte, das war der Hass gegen das, was aus alten Zeiten herrührte und doch so viel größer war als das in einem Zerrbild erscheinende Neue. Der tiefste Hass lebte in den christlichen Würdenträgern Alexandriens namentlich gegen die Individualität des wiedergeborenen Orphikers. Und daher brauchen wir uns nicht zu verwundern, dass die wiederverkörperte Orphiker-Individualität angeschwärzt wurde als schwarze Magierin. Und das war genügend, um den ganzen Pöbel, der als Söldlinge angeworben war, aufzustacheln gegen die hehre, einzigartige Gestalt des wiederverkörperten Orpheus-Schülers. Und diese Gestalt war noch jung, und sie war trotz ihrer Jugend, trotzdem sie manches durchzumachen hatte, was auch in der damaligen Zeit einem Weibe durch lange Studien hindurch große Schwierigkeiten machte, sie war hinaufgestiegen zu dem Lichte, das leuchten konnte über alle Weisheit, über alle Erkenntnis der damaligen Zeiten. Und es war ein Wunderbares, wie in den Lehrsälen der Hypatia – denn so hieß der wiederverkörperte Orphiker –, wie da die reinste, lichtvollste Weisheit in Alexandrien zu den begeisterten Hörern drang. Sie hat zu ihren Füßen gezwungen nicht etwa nur die alten Heiden, sondern auch solche einsichtsvolle, tiefgehende Christen wie den Synesius. Sie war von einem bedeutsamen Einfluss und man konnte das in die Persönlichkeit umgesetzte Wiederaufleben der alten heidnischen Weisheit des Orpheus in Hypatia in Alexandria erleben.»

Nach Theophilos' Tod war Kyrillos, sein Neffe, auf den Stuhl des Bischofs von Alexandria gelangt. Beide hatten sich im Laufe der blutigen Kämpfe in der Stadt, besonders in dem dauernden Streit zwischen der jüdischen und christlichen Bevölkerung, eine Schutztruppe geschaffen: zum einen aus den Mönchen der Klöster von Nitria, außerhalb der Stadt, und zum andern aus den sogenannten Parabolanern. Paraboloi, «die Waghälse», wurde ursprünglich die ärmste Bevölkerungsschicht genannt, in der sich Waghälse fanden, um Tierkämpfe in der Arena durchzuführen. Die christliche Priesterschaft hatte diese Menschengruppe aber angeworben, um bei Seuchen und anderen epidemischen Krankheiten die Pflege und die Bestattungsarbeiten zu übernehmen, wozu, wegen der häufigen Ansteckung, nicht weniger Todesmut gehörte. Aus dieser Menschengruppe, zumeist Ägyptern, rekrutierten die Bischöfe aber zugleich ihre Schlag- und Schutztrupps, mit denen sie ihre Machtkämpfe in den Straßen Alexandrias durchführten. Selbst der Präfekt Orestes, der mit Kyrillos in heftigen Auseinandersetzungen stand, konnte nur mit knapper Not einem solchen Anschlag der Mönche von Nitria und der Parabolaner entgehen. Die Parabolaner, etwa 600 Mann, unterstanden einem Priester aus den niederen Graden, einem Leser mit Namen Petrus, der unmittelbar dem Bischof Kyrillos unterstand. Unter seiner Führung wurde die Schlagtruppe heimtückisch vorbereitet und mit spitzen und scharfen Scherben ausgerüstet. Dann wurde sie auf Hypatia gehetzt. Der Mord geschah in der Kirche Kaisarion (so benannt nach dem hingerichteten Sohn von Kleopatra und Julius Cäsar), die im Umkreis der Ruinen des Musaion erbaut worden war. Die Reste ihres zerstückelten Leibes wurden durch die ganze Stadt geschleppt und dann auf dem Kinaron, einem unbekannten Ort, verbrannt.

«Und wahrhaftig symbolisch wirkte das Weltenkarma. Was das Geheimnis ihrer Einweihung ausmachte, es erschien wirklich hineinprojiziert, abgeschattet, auf den physischen Plan. Und damit berühren wir ein Ereignis, das symbolisch wirksam und bedeutend ist für manches, was sich in historischen Zeiten abspielt. Wir berühren eines jener Ereignisse, das scheinbar nur ein Märtyrertod ist, das aber ein Symbolum ist, in dem sich spirituelle Kräfte und Bedeutungen aussprechen.

Der Wut derer, die um den Erzbischof von Alexandrien waren, verfiel an einem Märztage des Jahres 415 Hypatia. Ihrer Macht, ihrer geistigen Macht wollte man sich entledigen. Die ungebildetsten wilden Horden waren hereingehetzt auch von der Umgebung Alexandriens, und unter Vorspiegelungen holte man die jungfräuliche Weise ab. Sie bestieg den Wagen, und auf ein Zeichen machten sich die aufgehetzten Leute über sie her, rissen ihr die Kleider vom Leibe, schleppten sie in eine Kirche und rissen ihr buchstäblich das Fleisch von den Knochen. Sie zerfleischten und zerstückelten sie, und die Stücke ihres Leibes wurden von den durch ihre gierigen Leidenschaften völlig entmenschten Massen noch in der Stadt herumgeschleift. Das ist das Schicksal der großen Philosophin Hypatia.

Symbolisch, möchte ich sagen, ist da etwas angedeutet, das tief zusammenhängt mit der Gründung Alexanders des Großen, Alexandriens, wenn es auch spät erst nach der Begründung Alexandriens sich zuträgt. In diesem Ereignis sind abgespiegelt wichtige Geheimnisse des vierten nachatlantischen Zeitalters, das so Großes, Bedeutendes in sich hatte und das auch dasjenige, was es zeigen musste als Auflösung des Alten, als Hinwegfegung des Alten, in einer so paradox großartigen Weise vor die Welt hingestellt hat in einem so bedeutsamen Symbolum, wie es die Hinschlachtung – anders kann man es nicht nennen – der bedeutendsten Frau von der Wende des 4. und 5. Jahrhunderts, der Hypatia, war.»

Das Symbol dieses Schicksals zu deuten, wird dem auferlegt bleiben, der sich mit dem gesamten Karma dieser Individualität befassen will. Ein Gedanke dazu könnte dieser sein: Das Opfer des Dionysos Zagreus sehen wir drei Mal sich wiederholen. Zuerst sehen wir, wie sich die kosmische Dionysos-Wesenheit den Titanen ergibt, die sie zerreißen und verzehren und aus deren wilder Substanz, nachdem Zeus sie mit seinen Blitzen erschlagen hat, die Menschen erstehen, in wilder und roher Titanenkraft. Orpheus besänftigt, läutert und bildet diese Dumpfheit und Wildheit durch seinen Gesang. Der Gedanke erwacht. Aber auch der Gedanke kann verwildern, im Fanatismus rasen und das Dogma zur Mordwaffe machen. Diejenigen, die Hypatia in ihrer Wildheit, je nach Stellung, durch ihr Denken oder mit ihren Händen, zerrissen haben, über sie kam das Blut, in dem ein Ich strömend gelebt hatte, das ganz Gefäß, Organ, Widerschein des Gedankens geworden war, der Gedanken, die den Menschen von den Elohim zugeströmt waren. Die Wildheit der verbrecherischen Gewalt riss an sich die Substanz der höchsten Reinheit, nicht wissend, welche Samen sie in ihren blutigen Händen hielt. Was aber von den Geistern der Form selbst der Vergangenheit anheimgegeben wurde, der Selbstheit bildende Gedanke, das opferte auch Hypatia selbst durch ihren Tod dahin. Die Auferstehung des Gedankens in einer Gestalt, wie sie von den Geistern der Persönlichkeit wieder in den Kosmos aufgenommen werden kann, erleben wir in allen Taten des großen christlichen Universalgelehrten der Scholastik, in Albertus Magnus. Denn sein überragendes Wissen, in welchem die griechische Philosophie eine Renaissance erfuhr, war einzig und allein der Liebe zu dem Menschenbruder gewidmet. Was als Gedanke herabgestiegen ist, das vergeistigt sich wieder durch den Willen der Liebe.

5. Albertus Magnus

Von der Wiederverkörperung Hypatias in Albertus Magnus berichtet Rudolf Steiner im 3. Vortrag der *Okkulten Geschichte* vom 29. Dezember 1910 (vergleiche auch S. 55 und Anmerkung 24):

«Es erscheint in der physischen Welt das, was früher verkörpert war, wie ein Abbild; in die Individualität flossen herein Wesenheiten der höheren Hierarchien. Sodass, wenn wir von einem Menschen der griechischen Welt in früheren Zeiten sagen müssen, er war inkarniert, wir nicht nur diese in sich geschlossene Wesenheit sehen müssen, sondern hinter ihr stehend die Individualität einer höheren Hierarchie ...

So also sehen wir sowohl junge wie alte Seelen, hinter denen früher Hellsichtigkeit stand, ganz herausgestellt in der griechischen Zeit auf den physischen Plan. Und so tritt uns das ganz besonders bei der großen Mathematikerin Hypatia entgegen, bei der sozusagen die ganze mathematische und philosophische Weisheit ihrer Zeit als persönliches Können, als persönliche Wissenschaft und Weisheit lebte. Das war abgeschlossen in der Persönlichkeit der Hypatia. Und wir werden noch sehen, wie diese Individualität gerade die weibliche Persönlichkeit annehmen musste, um eine so weiche Zusammengeschlossenheit alles dessen auszuprägen, was sie früher aufgenommen hatte in den orphischen Mysterien, um alles das als persönliche Wirkungsweise auszuprägen, was sie dort vermittels der Inspiratoren als ein Schüler der orphischen Mysterien aufgenommen hatte.

So sehen wir also, wie in aufeinanderfolgende Menschheitsinkarnationen Einflüsse aus der geistigen Welt modifizierend eintreten. Und nur hinweisen kann ich darauf, dass gerade eine solche Individualität wie diejenige, die als Hypatia inkarniert war, die also mitbrachte die Weisheit der orphischen Mysterien und sie persönlich auslebte, dann in einer nachfolgenden Inkarnation berufen war, nun den umgekehrten Weg einzuschlagen: *alle persönliche Weisheit wiederum hinaufzutragen zum Göttlich-Geistigen.* Daher erscheint Hypatia ungefähr um die Wende des 12. zum 13. Jahrhundert als ein bedeutender, umfassender, universeller Geist der neueren Geschichte, der einen großen Einfluss hat auf das, was Zusammenfassung des naturwissenschaftlichen und auch des philosophischen Erkennens ist. So also sehen wir, wie hineindringen in die aufeinanderfolgenden Inkarnationen der einzelnen Individualitäten die historischen Mächte.

Wenn wir so den Verlauf der Geschichte betrachten, dann sehen wir wirklich eine Art Niederstieg aus geistigen Höhen bis in die griechisch-lateinische Zeit und dann wiederum einen Aufstieg: ein Aufsammeln des rein vom physischen Plan zu gewinnenden Materials während der griechischen Zeit – das dauert natürlich herein bis in unsere Zeit – und ein Wiederhinauftragen in die geistige Welt, zu dem ein Impuls geschaffen werden soll durch die Geisteswissenschaft, und wozu schon einen instinktiven Impuls gehabt hat eine solche Persönlichkeit wie Hypatia, die im 13. Jahrhundert wiederverkörpert war.»

Allem, was Albertus Magnus in seinem langen Leben geleistet hat, kam die Gründung des Dominikanerordens schicksalsmäßig voll und ganz entgegen. Dominikus, der Gründer des Ordens, von Geburt ein Kastilier, wirkte in Südfrankreich in einem Missionszentrum der katholischen Kirche, von dem aus er und ein großer Kreis weiterer Priester bemüht waren, die Albigenser für den kirchlichen Glauben zurückzugewinnen. Dominikus rang mit allen seinen großen Fähigkeiten des Geistes, mit der Liebe, der Anmut und Liebenswürdigkeit seines

Umgangs darum, diese «Ketzer» – wie man sie dann nannte – durch hingebende Predigt und Seelsorge zu bekehren.[75] Aus diesem Impuls, der aus einer tiefen Sorge und christlich-brüderlichen Menschenliebe hervorging, bildete sich dann am Anfang des 13. Jahrhunderts der Dominikanerorden, ein Prediger- und Bettelorden, der die benediktinischen Mönchsgelübde in voller Reinheit und Strenge darleben wollte: Gehorsam, Armut und Keuschheit. Aus diesem ursprünglich reinen Bemühen um den Menschenbruder wurde dann nur zu bald, schon im Laufe des Jahrhunderts, das grauenvolle Macht- und Mordinstrument der Inquisition, dem sich die Dominikaner auch in dieser Form weiterhin widmeten. Es ist das die dunkle, tragische Seite eines Ordens, von dem so unermesslich viel Licht in die europäische und die ganze Menschheitsgeschichte ausgeströmt ist. Mit einem Wortspiel nannte man sie «Domini canes», Hunde des Herrn, und gab ihnen als Zeichen einen schwarz-weiß gefleckten Jagdhund; auch Dominikus sieht man auf Bildern mit diesem Hunde abgebildet, neben den Symbolen von Kreuz, Buch, Lilienstängel, Rosenkranz und einem roten Stern auf der Stirn, dem Geistorgan höherer Erkenntnis. Das Gewand des Dominikaners war weiß; weiß auch das Skapulier, ein schmales Tuch, das vorne und hinten den Leib bedeckte. Mantel und Kapuze waren schwarz.

Albertus war ein aus Lauingen an der Donau gebürtiger Schwabe. Auch heute noch spricht die Landschaft um Lauingen, in der Albertus seine Kindheit und Jugend erlebte, eine ganz eigene Sprache. Das Städtchen liegt am Rande einer Ebene, dort, wo sie sich nach Süden gegen die Donau um einige 40 Meter herabneigt. Diese fließt von Südwesten in einer S-förmigen Krümmung, aus bewaldeten Ufern auftauchend, heran, in der Mitte von der Stadtbrücke überkreuzt, um dann in einer Windung nach Nordosten zwischen Wald und Wiesen zu entschwinden. Der Fluss, noch wenig breit, wächst sich in seinem Lauf von Westen nach Osten erst an seiner nördlichsten Stelle

Albertus Magnus, Fresko von Tommaso da Modena (1352) in Treviso, Italien

bei Regensburg zu einem schiffbaren Strom aus, um sich dann, aus dem deutschsprachigen Gebiet entlassen, durch die verschiedenen östlichen Völkerschaften hindurch, an dem alten Thrazien des Orpheus im Süden vorbei, in das Schwarze Meer zu ergießen, das sich nach Süden der Türkei und nach dem Hellespont der ganzen alten Mittelmeerwelt, nach Norden Russland zuwendet, dem Reich der zukünftigen 6. Kulturepoche. Der Ursprung der Donau ist geheimnisvoll: Kaum entsprungen, versickert sie wieder, und nach einem verborgenen Gespräch mit den Tiefen der Erde schickt sie einen Teil ihrer Wasser über die Aach-Quelle durch den Bodensee in den großen Bruderfluss Rhein nach Westen und nach Norden; selber ihren Weg nach Osten und später nach Süden einschlagend. Die Flusshände ihres Quellgebiets greifen gleichsam quer und diagonal über ganz Europa aus bis zum Atlantik und bis an das Meer zu Füßen des Kaukasus.

Bei Lauingen aber ist die Donau noch jung, sanft fließend, aber entschieden, nach Nord-Ost. Nach Norden grenzt sich die Landschaft ab durch die sich erst wenig anhebenden Kalk-Hügelzüge der Schwäbischen Alb; nach Süden erstreckt sich die Ebene bis zu den Alpen. Die Landschaft erscheint einfach, schlicht, kraftvoll in ihrer angehaltenen Schönheit.

Malt man sich dagegen den Nil aus, wie er tief aus dem Süden zentral- und ostafrikanischer Gebirge und Wüsten kommt, mit einer Wanderstrecke von etwa der dreifachen Flusslänge der Donau, uralt geworden, in Ägypten eintritt, einen Streifen fruchtbaren Landes zwischen Fels und Wüste schafft und, von Ewigkeiten her bestehende Mysterien- und Kulturstätten hinter sich lassend, endlich in das Mittelmeer einmündet, auf der äußersten Delta-Spitze im Norden, von Sand-, Schlamm- und Geröllmassen durch Jahrtausende vor- und nachgeschoben, wo Alexandria erbaut wurde, ein Äußerstes, Reifstes, Letztes und Ungewisses – dann erlebt sich die Ankunft in der Donaulandschaft bei dem kleinen unschuldigen Flecken Lauingen wie ein Genesen in junger, reiner, noch kaum berührter Natur, von allem abscheidend, was Kultur und Zivilisation an Reichtum und an Degeneration mit sich führen, um den weitesten Horizont über einer kraftvollen, unverbrauchten, bäuerlichen Erde aufzuschließen. – In den vorchristlichen Jahrhunderten – und wohl noch viel weiter zurück – gehörte das Land zu den Hauptsiedlungsgebieten der Kelten.

Das Geburtsjahr von Albertus wird von einer der Quellen mit 1193 angegeben, von anderen aber um das Jahr 1200 angesetzt. Ob er aus adligem Geschlecht stammte, bleibt ungewiss. Tatsache ist, dass er den Umgang mit Falken und Pferden, die zum Besitz und Brauch des Adels gehörten, in seiner Jugend beschrieben hat.

Albertus war von kleiner, außerordentlich wohlgebildeter Gestalt, hatte breite, kräftige Schultern und eine allen Strapazen standhaltende Vitalität und gleichbleibende Gesundheit. Ein Interesse an allen Erscheinungen der Natur, des Kosmos und des menschlichen Lebens mit einer scharfen Gabe der Beobachtung waren ihm angeboren. Im Inneren verfügte er über ein immer getreues Gedächtnis, einen zu den kompliziertesten Operationen fähigen Verstand und eine tief eingewurzelte Frömmigkeit des Herzens. Man weiß über seine Kindheit und Jugend so gut wie nichts. Wahrscheinlich ist es, dass er kurz nach dem Tode des bald heiliggesprochenen Gründers und Ordensmeisters Dominikus, tief beeindruckt von dessen Nachfolger Jordanus von Sachsen, um 1223 in Padua, wo er, wie man annimmt, die Sieben freien Künste studiert hatte, dem Orden beitrat. Seine Ausbildung zum Priesterberuf erhielt er dann im neu gegründeten Dominikaner-Kloster zu Köln und abschließend die Priesterweihe in den Jahren 1227 oder 1228. Es folgten Jahre der theologischen Lehrtätigkeit in verschiedenen Klosterschulen Deutschlands. Nach etwa zweimal sieben Jahren wurde er als Theologe an die Universität

Paris berufen. Nach den ersten Jahren als Bakkalaureus wurde er ab 1245 Magister der Theologie. Er gehörte damit zum Kreis der Professoren der ältesten Universität Europas.

Die aus jüdischen und arabischen Abschriften ins Lateinische übersetzten Werke des Aristoteles waren 1241 von Papst Gregor IX. zunächst auf den Index gesetzt worden, da seine Lehre mit der katholischen Lehre, vor allem mit derjenigen des heiligen Augustinus, nicht übereinzustimmen schien. Wann Albertus mit dem Studium des Aristoteles begonnen hat, wissen wir nicht; sicher ist, dass er das gesamte damals verfügbare Werk erarbeitet und kommentiert hat. In Paris begann er, trotz des päpstlichen Verbotes, seine vielen Vorträge über den großen Philosophen zu halten. Unter seinen zahlreichen Schülern saß der zwanzigjährige Thomas von Aquino, der dann mit seinem Lehrer Albertus zusammen das aristotelische System zur philosophischen Grundlage der Scholastik machen sollte, auf der die christlich-kirchliche Lehre neu aufgebaut werden konnte. Albertus war in diesen Jahren bereits weit über das Abendland hin bekannt wegen seiner umfassenden Kenntnis des Alten und Neuen Testamentes und der christlichen wie auch der heidnischen Denker aus nahezu zwei Jahrtausenden. Dazu gehörte zum Beispiel auch das Studium des Dionysius, des Areopagiten, und seiner Hierarchienlehre, das damit verbundene Studium der späthellenistischen Mysterienkulte aus dem 4. Jahrhundert n. Chr., des Plotin und über Plato zurückgehend das Vermächtnis der orphisch-dionysischen Mystik. Hinzugewachsen war aus den frühen Naturbeobachtungen eine universale Gelehrsamkeit in den verschiedensten Naturwissenschaften, in Mineralogie, Botanik, Zoologie und Anthropologie. Man nannte ihn deshalb den «Doktor Universalis», und als solcher blieb er eine einmalige Erscheinung seiner Zeit.

Im Sommer 1248 kehrte Albertus mit seinem Schüler Thomas nach Köln zurück und baute dort im Dominikanerkloster die erste deutsche Hochschule auf. Man darf annehmen, dass er am 15. August an der Grundsteinlegung des Kölner Doms teilgenommen hat, dessen erste Bauphase unter Dombaumeister Gerhard er miterleben sollte. 1254 wurde Albertus auf dem Generalkapitel zum Provinzial des Ordens für das gesamte Gebiet nördlich der Alpen ernannt, in welchem er dieselben Pflichten und Befugnisse besaß wie der Ordensgeneral aller Dominikaner. Beim Generalkapitel versammelte sich in Abordnungen der gesamte Orden, und alles, was das Leben, die Lehre und die Organisation desselben betraf, wurde dort entschieden. Bemerkenswerterweise fanden diese Zusammenkünfte unter Dominikus am 29. September, dem Fest des heiligen Michael, und zu Pfingsten statt. Der erste Termin hat sich später verloren.

Einschließlich derer, die Albertus in seiner Amtszeit selber gegründet hat – es waren vier –, standen etwa sechzig Klöster in seiner Verantwortung. Die Provinz Teutonia reichte im Norden von Antwerpen über Stralsund bis Riga, im Süden bis Wien, Chur und Basel, im Westen bis Straßburg. Alle diese Wege wurden zu Fuß zurückgelegt. Ein Bettelmönch durfte weder reiten noch fahren. Seine Nahrung musste er erbetteln oder in den jeweiligen Dominikanerklöstern erhalten. Auf diesen Reisen hat Albertus unendliche Naturbeobachtungen gemacht, die er dann am Ziel seiner Reisen in den verschiedenen Nonnen- und Mönchsklöstern niederschrieb oder diktierte und vielfach dem Kloster schenkte. Sein Gesamtwerk ist so groß, dass es bis heute immer noch nicht vollständig herausgegeben werden konnte. Die Konzeption seiner theologischen, philosophischen und naturwissenschaftlichen Erkenntnisse muss auf diesen Wanderwegen erarbeitet, durchmeditiert und kontempliert worden sein. Denn die Wanderungen hörten ja mit dem Jahre 1257, als er seiner Pflichten als Provinzial entbunden wurde, nicht auf. Und sie hatten auch damit nicht erst begonnen. Sein ganzes Leben hindurch, bis in das höchste Alter, war Albertus immer zu Fuß unterwegs; über die Alpen hinüber bis nach Rom. Von Rom nach Deutschland, nach Frankreich. Überallhin riefen ihn seine Pflichten. So ist auch Thomas zwischen Neapel, Rom, Paris und Köln immer unterwegs gewesen. Ein Denken, das so im Wechsel zwischen der Stille und Abgeschiedenheit der Klosterzelle und diesen weiten Wanderwegen, bis zu zehn Stunden pro Tag, errungen worden ist, besitzt eine Qualität, die wir heute aus unseren hauptsächlich sitzenden Verhältnissen heraus kaum nacherleben können.

Den Kern des dominikanischen Lebens bildeten das Gebet, Andachten und das Zelebrieren der Messe, die Seelsorge mit langen Anhörungen und Gesprächen im Beichtstuhl und was immer an priesterlichem Beistand und Rat gefordert wurde. Waren schon die Lehrsäle für die andringende Hörerschar des Albertus oft zu klein, wie viele Menschen in den Städten, wie viele Brüder und Schwestern in den Klöstern mögen dann erst Trost und Rat für die Lösung ihrer Probleme bei ihm gesucht haben? Das Tagespensum dieses Mannes wird ein Rätsel bleiben.

Dominikus hatte in seinen Auseinandersetzungen mit den Albigensern und Waldensern (Katharern), unter denen – vielfach aufgrund hellsichtiger Fähigkeiten – eine hohe Spiritualität, ein tiefdringendes Wissen und eine daran geknüpfte großmütige, starke Moralität bestanden, erkannt, dass nur mit dem allerhöchsten Anspruch an Wissen und Gelehrsamkeit eine Weisheit reifen konnte, die dazu befähigen würde, den suchenden, verirrten, unglücklichen Menschen seelsorgerisch mit Rat und Tat beizustehen. Darum wurden die Dominikaner der große Orden der Wissenschaft im Mittelalter; aber eben als Predigerorden. Das Wissen war nur der erste Schritt zu der eigentlichen Aufgabe: dem Dienst am anderen Menschen. Und die Demut, welche die strenge asketische Lebensführung forderte, bereitete das Gemüt dahingehend vor. Aus Weisheit

Liebe zu schaffen, das war das große Ideal der Dominikaner. Wenden wir uns also zunächst einigen Grundgedanken des scholastischen Ringens um Erkenntnis zu.

Der Übergang des alten, bildhaften Hellsehens in das Gedankenbilden, wie es an Pherekydes von Syros erlebbar ist, zeigt nur eine der vielen Stufen, welche die Gedankenentwicklung der Menschheit aus den ersten Gedankenkeimen in dem atlantischen Sonnenorakel heraus durchlaufen hat. Der Grieche bis zu Aristoteles hin erlebte die Gedanken noch so, wie wir die Sinneswahrnehmungen empfinden: Er holte seine Gedanken nicht aus seinem Kopf hervor, er nahm seine Ideen wahr. «Der Grieche sieht seine Ideen, wie er die Farbe sieht», so charakterisiert Rudolf Steiner diesen Zustand.[76] Das klingt fort bis in die Zeit der Hypatia. Erst im Mittelalter, in dem Ringen und Kämpfen der Hochscholastik, entsteht das, was innerlich erlebtes, sinnlichkeitsfreies, abstraktes Denken ist. Und erst aus dieser neu entsprungenen Polarität – außen die Wahrnehmung der Welt, innen aus der Individualität aufsteigend der abstrakte Begriff – ergab sich die Frage: Wie steht der Gedanke zum Sein? Ist er nur ein Name für dieses, eine bloße Bezeichnung, oder spricht er die den Dingen entstammende Wahrheit und Wirklichkeit aus? Ist die Idee eine nominalistische oder realistische? «In dieser Abstraktion, in dieser Herzensinnigkeit tauchten die Fragen auf in den beiden Persönlichkeiten des Albertus Magnus und des Thomas von Aquino.»[77] Um diese Fragen in der Auseinandersetzung mit Plato und vor allem mit Aristoteles zu lösen, suchten sie eine Systematik und Technik des Denkens zu entwickeln. Hierzu einige Fragmente aus dem Werk des Albertus:[78]

«Philosophie überhaupt lässt es sich angelegen sein, nach der Wahrheit alles Staunenerregenden zu suchen, und zwar derart, wie sie aus den Seinsbestandteilen der bestaunten Sache selbst zu erfassen ist ... Logik als Lehrfach insgesamt hat zum Gegenstand die Beweisführung, deren der Denkende sich bedient, um von Bekanntem zu Unbekanntem vorzustoßen ...

Die Logik hat zwei Teile, einmal die Lehre von den Grundsätzen für die Begriffsbestimmung, die das Wesen des Einzelseienden aussagt; mit diesen Grundsätzen als Maßstab entscheidet sie, ob eine Begriffsbestimmung richtig ist oder nicht, ob sie nur scheinbar richtig ist, in Wirklichkeit aber nicht stimmt. Der zweite Teil der Logik stellt die Grundsätze zusammen, an denen die Beweisführung für die Richtigkeit oder Unrichtigkeit einer Aussage zu messen ist.»

«Du musst wissen: Ein zünftiger Philosoph wird man nur dann, wenn man die beiden philosophischen Systeme des Aristoteles und des Platon kennt ...

Für mich liegt der Grund für die Kontroverse zwischen Platon und Aristoteles darin, dass Platon seinen Ausgangspunkt in die allgemeinen Ideen verlegt und von daher absteigend die Seinsbestandteile der Dinge in den Griff zu bekommen sucht. Anders Aristoteles; er setzt bei den einzelnen Naturgegebenheiten selber an und gewinnt so die Einsicht in den Sachverhalt dessen, was das Ding zu dem macht, was es ist ...

Alle unsere Erkenntnis setzt beim Sinnfälligen an. Beim Fortschreiten aber, wenn sie tiefer in den ganzen Umfang des Sinnfälligen eindringt, bleibt sie nicht bei dem unmittelbar gegebenen Phänomen stehen und gibt sich nicht damit zufrieden. Der Mensch fühlt sich zum Überstieg über das Sinnlich-Wahrnehmbare gedrängt, sobald er auf etwas stößt, das schwer fassbar und übersinnlich ist, wie die Erstursache, die reinen Geistwesen, und schließlich die eigene Seele. Dann wird er sich bewusst, dass bei dem Befragen der Sinnesgegenstände sein Denken auf das Wesen der Einzeldinge stößt; und so gelangt er dahin, suchend nach der eigenen Seele zu fragen und damit ein werthaltiges Wissen von der Seele zu gewinnen.»

Man kann sich durch diese Sätze herantasten an die hohe Kunst des Denkens, wie die Hochscholastik es ausgebildet hat und wie Rudolf Steiner es charakterisiert:

«Gerade das ist das Wesentliche, dass da das reine Denken

mit mathematischer Sicherheit von Idee zu Idee, von Urteil zu Urteil, von Schlussfolgerung zu Schlussfolgerung so verläuft, dass über den kleinsten Schritt und über das kleinste Schrittchen diese Denker sich immer Rechenschaft geben ...

Dieses und noch manches andere hat gerade in diesem Zeitalter jene auf der einen Seite wunderbare plastische, aber auch in feinen Konturen verlaufende Denktätigkeit hervorgerufen, welche die Scholastik kennzeichnet und welche namentlich bewusst angestrebt worden ist von Leuten wie Albertus und Thomas.»[79]

Albertus und Thomas sahen den Ursprung der Gedankenfähigkeit in der menschlichen Organisation selbst:

«Das eigentliche logische und dialektische Denken ist aber ein Ausfluss der allgemeinen menschheitlichen, aber individuell differenzierten Organisation.»[80]

Was seelisch-geistig in der Leibesbildung gearbeitet hat, das spiegelt sich als Seelisch-Geistiges, nachdem es seine Arbeit als Lebensbildekraft getan hat, im Denken wider. Den schaffenden Gedanken in der Bildung des Organismus nannte Aristoteles den *nous poetikos*, seine Reflexion in Logik und Dialektik des Denkens den *nous pathetikos*. So sagt Albertus:

«Infolgedessen ist zu sagen, dass alle Glieder des Leibes von der Vernunftseele das Leben haben, wie auch alle Werkzeuge des Webers auf die Webarbeit hin hergestellt sind; auch ist festzuhalten, dass der Sinn im Menschen nicht eine eigenständige Wesensform ist, sondern ein Vermögen der Vernunftseele, wie ebenso das Ernährungsvermögen. Das ist auch der Grund, weshalb der Leib des Menschen artverschieden ist vom Leib der anderen Lebewesen.»

So dachten Albertus und Thomas die abgezogenen, rein abstrakten Begriffe, die sie wegen ihres umfassenden Charakters Universalien nannten, zunächst gestaltend über den Dingen: *universalia ante res*. Dann in den Dingen wirksam, in ihnen seiend: *universalia in rebus*. Und im menschlichen Denken werden sie zu den *universalia post res*. Also immer in anderer Form, aber vom gleichen realen Inhalt. Folglich war der Gedanke ein Reales, kein bloßes Nomen. Im Gegenteil steigert sich die höhere Ideenbildung zu einem Kommunizieren mit den formenden göttlichen Intelligenzen, den Urbildern und Urgedanken alles Seins. Von dem anthroposophischen Astronomen Joachim Schulz stammt die folgende Übertragung aus Albertus' lateinischem Text *De intellectu et intelligibili* (III/12):

Die formgebenden Kräfte,
welche aus den Lichtwelten des Urstandes und der
Intelligenzen unaufhörlich hineinfluten in die Materie,
existieren vollkommener im Urstand
und in den lichten Reihen der Intelligenzen
als in der Materie.
Und nicht fluten sie formgestaltend in das Reich der Materie,
um ein materielles Dasein zu haben,
während natürlich die Materie
sie herbeisehnt als ein Göttliches, Gutes.
So kann nicht gesagt werden,
dass jene formgestaltenden Kräfte,
die als kosmische bezeichnet werden,
herabfluten, um die Fülle ihres Quellenreichtums zu zeigen,
denn es entspricht nicht einer großartigen Fülle,
die Substanz in Minderwertigem aufzubrauchen.
Daher muss es schon so sein, dass sie herabfluten,
um irgendein göttliches Sein zu erschaffen
und göttliche Aufgaben zu vollbringen.
Das göttliche Sein und göttliche Aufgaben
können sie nur voll ausleben getrennt von der Materie,
und wir wissen, dass nur von der menschlichen Seele
diese Trennung vollzogen werden kann.
Und so ist es weltnotwendig, dass sie
durch die von der Materie erlösende Intelligenz

zum göttlichen Sein zurückgeführt werden.
Ein solches Zurückführen zum Urstand
geschieht aber nicht durch die kosmische Intelligenz.
Denn jene Formen umfassende Intelligenz
hält sich rein übersinnlich
in göttlichem Sein und Wirksamkeit.
Es muss also notwendigerweise geschehen
durch die Intelligenz des Menschen,
welcher dazu Kräfte und Organe besitzt,
dass er zurückempfange von der Materie aus
die Offenbarung der göttlichen Formen.

Hieraus geht hervor, wie in Albertus Magnus die aus seiner Wissenschaft und seiner Religiosität geborene Einsicht lebte, dass der Gedanke, der durch seinen Niederstieg von geistigen Schöpfungs- und Bewusstseinsstufen als ein Abstraktum errungen werden musste, wiederum nach einem «Hinauftragen in die geistige Welt» verlangt. Dieser Impetus lebt in der Ausbildung und Steigerung der Erkenntnisfähigkeiten:

«Wissen kann doppelter Art sein. Einmal bezieht es sich auf alles, was der Vernunfterkenntnis zugänglich ist; solches Wissen lässt sich durch Selbststudium und Unterricht zur Genüge erwerben. Ein anderes Wissen befasst sich mit jenen Erkenntnissen, an die unsere Vernunft von sich aus nicht hinanreicht. Darum müssen Erkenntnisse dieser Art von einer höheren Natur durch geschenkte Teilhabe an deren Lichtfülle entgegengenommen werden. Das Gebet ist nun aber das Mittel, mit dem wir uns dem göttlichen Licht zuwenden. Gebet ist ja, wie Johannes von Damaskus sagt, ‹Aufstieg des Geistes zu Gott›. Daraus ergibt sich die Notwendigkeit des Gebetes auf diesem Gebiet des Erkennens, also der Theologie, besonders gegenüber den göttlichen Geheimnissen, die sie (in erster Linie) anspricht.

Wissen ist natürlich an sich ein Gut des Verstandes, aber durch die rechte Ordnung des gesamten Seelenlebens gehen wir auf Gott zu und erhalten anteilhaft Licht von seinem Licht. So wird unser Verstand angehoben und aufgeschlossen für Erkenntnisse, zu denen die Vernunft von sich aus keinen Zugang hat.»

Im Glauben, der niemals der Erkenntnis widersprechen kann, ebensowenig wie diese dem Ersteren, lebt die Berührung des Gemütes mit der noch verborgenen höheren Erkenntnis des Geistig-Realen, wie es im *nous poetikos* wirksam ist.

«Der Glaube hat eine größere Gewissheit als alle Lehre und alles Wissen. Es ist eine ganz eigene Gewissheit. Gewissheit kann ja zweifacher Art sein, einmal die der reinen Vernunfterkenntnis, sodann die Gewissheit des vollmenschlichen Denkens, d. h. der Erkenntnis der Wahrheit unter Leitung der Frömmigkeit, wie der Apostel an Titus (1,1) schreibt.

Die Gewissheit der Vernunfterkenntnis eignet den Denkgrundsätzen einer Einzelwissenschaft oder den daraus unmittelbar abgeleiteten Wahrheiten oder schließlich allem, was auf diesem Weg glaubhaft gemacht wird.

Die Gewissheit jener Wahrheit aber, die dem frommen Gemüt entspricht, geht über die Vernunft hinaus. Deshalb bezieht diese Wahrheit ihre Gewissheit nicht aus den Ur-Sätzen der Vernunft, sondern von einem Lichtstrahl, der mit der Erstwahrheit in Ähnlichkeit verbunden ist. Der Lichtstrahl ist reines Licht (der Wahrheit) und öffnet gleichsam das Auge (des Geistes) auf die Erstwahrheit hin. So ähnlich, wie der Sonnenstrahl, wenn er ins Auge einfällt, dieses aufschließt für die Aufnahme der vorhandenen Sinnesgegenstände.»

Diese Glaubenserfahrung nennt Albertus auch eine Erkenntnis, die durch göttliche Gnade ermöglicht wird:

«Es gibt für uns beim wissenschaftlichen Arbeiten drei Wege, auf denen das Denken mit seinen Erkenntnisgegenständen in Verbindung kommt. Einmal das Herausheben der gemeinsamen Wesenheit aus den Einzeldingen; das ist das Verfahren in der Naturphilosophie. Zweitens durch weitere

Entstofflichung; da wird eine Wesensbestimmung, die in der dinghaften Wirklichkeit nicht vom Stoff getrennt existiert, in ihrem begrifflichen Gehalt vom Materiellen abgehoben; das geschieht in der Mathematik, die sich über das Sinnenfällige hinaus im Imaginären bewegt. Die dritte Stufe führt in die rein-verstandesmäßige Ordnung, die in sich nicht von der Welt des Sinnenfälligen abhängt; dabei geht es um die Erforschung der Wesenheit (der körperlichen Dinge) und ihre Seinsgründe, die als solche übersinnlich sind; nach dieser Methode geht die Metaphysik vor. Das sind für die Vernunft drei gute Kontaktmöglichkeiten.

Eine vierte steht an Wert noch höher, nämlich jene Erkenntnis, in der ein Strahl göttlichen Lichtes den Geist mit einem rein-geistigen Gegenstand zusammenbringt.»

Wie die griechische Gedankenentwicklung, insbesondere in ihrer alexandrinischen Endphase, sozusagen neben der apollinischen Oberstimme immer auch als dionysischen Generalbass und Unterstimme die wachsende Individualisierung der Menschheit mit sich geführt hat, so geschieht es auch in der scholastischen Hochkultur der Intellektualität. Die Zündschnur liegt in den Händen der Denker, aber die Sprengkraft bebt durch die ganze Menschheit. Überall erhebt sich der Drang nach persönlicher Ausprägung, nach persönlichem Glück. Darum ist das Ordensideal des heiligen Dominikus so genial konzipiert, jede nur mögliche Erkenntnis- und Bewusstseinssteigerung in der Sozialität fruchtbar zu machen. Objektives Wissen und persönliches Glück müssen sich die Waage halten, wenn die Gemeinschaft gedeihen soll:

«Demnach besteht eine zweifache Ordnung in den der Seele eigenen Tätigkeiten; eine Ordnung des schlussfolgernden Vorgehens, wodurch die Seele das Wirken nach außen aus sich entlässt, da die Vernunft für die nicht mit Notwendigkeit versehenen Verhältnisse zuständig ist; und so besteht ihre Höchstleistung im Glück des Gemeinschaftslebens. In der anderen

Ordnung, wo die Seele am Geistwesen teilhat, vollzieht sich die Schau der Wahrheit, und dann ist ihr Ziel und ihre Spitzenleistung jenes Glück, das im Finden der Wahrheit liegt. Entsprechend den beiden Ordnungen des Seelenlebens bieten sich dem Menschen zwei Arten des vollendeten Glückes an, einmal das Glück im Zusammenleben, und dann das Glück im Bemühen um Seinserhellung, jedoch derart, dass das eine Glück, das des Gemeinschaftslebens, auf das andere hinbezogen ist.»

Die Bettelorden der Franziskaner und Dominikaner waren die Seelsorger in den Städten. Viele Städte waren im 12. Jahrhundert gegründet oder erweitert worden. Vielerorts war die Landbevölkerung aus Armut, Knechtung und Ungerechtigkeit in den neuen Städten zusammengeströmt, wo die Handwerke, zusammengeschlossen in Zünften mit eigenen Machtbereichen, eine blühende Entfaltung erfuhren. Das ererbte Recht, zum Adel oder zur Knechtschaft zu gehören, wurde für die städtische Bevölkerung mehr und mehr hinfällig. Die neue Existenz baute sich, gefördert von vielfältiger Gelegenheit des erweiterten sozialen Zusammenhangs, auf persönlicher Tüchtigkeit, persönlichem Einsatz auf.

Kaiser Friedrich II., der letzte Staufer, diese rätselvolle, so mächtige und auch wieder ohnmächtige Individualität, wirksam gerade durch ihre Rätselhaftigkeit und ausstrahlende geistige Macht der Persönlichkeit, war 1250 im Dezember in seinem Kastell Fiorentino in Apulien gestorben. Über vier Jahrzehnte hatte er als König von Sizilien, Deutschland, Jerusalem, als Kaiser des gesamten Reiches geherrscht und war schon während seiner Lebenszeit von Sagen umwoben. Seinen Tod wollte niemand glauben. Falsche Friedriche tauchten von mehreren Seiten auf. Darüber hinaus wollte man in ihm einen Kaiser der Endzeit erblicken, ein Vorzeichen künftigen Unheils. Er lebte und lebte nicht; man glaubte ihn im Kyffhäuser verborgen und wartete auf seine Wiederkehr. Erst 400 Jahre später übertrug der Volksmund diese Sage auf seinen Ahnherrn Friedrich I. Barbarossa. Das Chaos, das er im ganzen Heiligen Römischen Reich hinterlassen hatte, führte zu dem über zwanzig Jahre andauernden Interregnum, einer Zeit, in welcher sich kein König Krone und Szepter erringen konnte, weil alle gleicherweise nach der Macht strebten, Herzogtümer, Grafschaften und Bistümer rücksichtslos ihre lokalen Interessen durchsetzten, neue Steuern und Zölle erhoben; kurz, dem brutalen Egoismus wurden Tür und Tor geöffnet, und die neu aufgeblühten Städte und ihr ausgedehnter Handel sowie die dem Elend ausgelieferte Landbevölkerung erwarteten nur noch von Tag zu Tag mehr Unheil.

Zwei Jahre nach Friedrichs II. Tod, im selben Jahr, als Thomas von Aquino von Köln an die Universität von Paris berufen wurde, als Magister der Theologie in der Nachfolge seines Lehrers Albertus, entstand zwischen dem Erzbischof von Köln und der Bürgerschaft ein Krieg um bestehende fest versiegelte Rechte. Albertus, der bei beiden Parteien in höchstem Ansehen stand, wurde berufen, den Streit zu schlichten, was durch den in die Stadtgeschichte eingegangenen «Kleinen Schied» geschah. Bereits 1258 brach unter einem anderen, aber nicht weniger streitbaren Erzbischof der Krieg von Neuem aus. Und wieder wurde Albertus zum Richter und Schlichter berufen, was nach vielem Bemühen glücklich zu dem «Großen Schied» führte. Sein Detailwissen ging dabei bis in die Legierung der Münzprägung hinein. Er verpflichtete sich, auch in Zukunft für die Wahrung des Friedens verantwortlich zu bleiben. Er verstand es, beiden Seiten volles Verständnis entgegenzubringen, entschied sich aber für die Rechte der Bürgerschaft und somit für die Zukunft der Demokratie und die Freiheit des Einzelnen. Er wusste, dass die Stunde der Erbrechte des Adels ablief.

In diesen Jahren war in Paris durch bestimmte Machenschaften der gesamte Orden der Dominikaner in Verruf gekommen, und man hatte beim Papst Anklage erhoben. In der höchsten

Not wurde Albertus gebeten, nach Paris zu gehen und den Orden zu rechtfertigen. Albertus war außer einem großen Gelehrten auch ein großer Redner, der die drei ersten der Sieben freien Künste, das sogenannte Trivium, Grammatik, Rhetorik und Dialektik, voll und ganz beherrschte. Er soll auch mehrere europäische Sprachen beherrscht haben. Berühmt war sein Predigen für das einfache Volk, dem er höchste Weisheiten in klar umrissenen Bildern und Begriffen nahezubringen verstand. Nach gründlichem Studium der gegnerischen Schrift in der Nacht konnte er am folgenden Tag vor einem riesigen Publikum durch seine bis in jede Einzelheit gehende Kenntnis der Verhältnisse den Orden vollkommen rehabilitieren, sodass der Papst sämtliche Gegner exkommunizierte und aus ihren Lehrämtern verjagte.

Eine andere Verantwortung wurde ihm vom Papst auferlegt, als der Bischof von Regensburg durch Misswirtschaft, Kriegführung und Raub an seiner Gemeinde seines Amtes enthoben werden musste und Albertus an seine Stelle berufen werden sollte. Der Bettelorden untersagte jedoch die Annahme solcher Ämter und der damit verbundenen persönlichen Einnahmen. Der Ordensmeister beschwor Albertus, das Bischofsamt auszuschlagen, doch der Papst bestand auf seiner Forderung. Albertus, begleitet von zwei Getreuen, übernahm die Führung des völlig zugrunde gewirtschafteten Bistums, bereinigte die Finanzen, ordnete die Verwaltung und pflegte das regelmäßige religiöse Leben in der Gemeinde. Dabei erschien er so gut wie nie in der Robe des Bischofs, ging zu Fuß, statt, wie es der Brauch war, fürstlich auf einem Pferd daherzureiten. Er blieb in seine Kutte gekleidet, die mit Riemen gebundenen Schuhe an den nackten Füßen. Darum nannte ihn das Volk spöttisch «Bischof Bundschuh». Nach zwei Jahren übergab er mit Genehmigung des Papstes sein Bischofsamt einem Domdechanten, der seine Treue und Zuverlässigkeit unter Beweis gestellt hatte, und nahm sein altes Leben im Bettelorden wieder auf. Das erworbene Vermögen vermachte er testamentarisch – ebenso wie alle seine Schriften, seinen Besitz an Edelsteinen und seine Messgewänder – dem Orden. Eine letzte große Fußreise von Rom herauf durch die deutschen Länder trat Albertus 1263 nochmals an, um für einen neuen Kreuzzug zu werben, der dann allerdings durch den Tod des Papstes, der das Gebot dazu erlassen hatte, nicht zustande kam. Die Zeit der Kreuzzüge war endgültig vorbei.

Eine weit in die europäische Geschichte eingreifende Pflicht wurde Albertus 1274 auferlegt. Nach den Schreckensjahrzehnten des Interregnums hatten die deutschen Fürsten sich auf den Grafen Rudolf von Habsburg geeinigt und krönten ihn 1273 in Aachen zum deutschen König. Ohne die Unterstützung der Kirche war aber für das Amt des neuen Königs keine Sicherheit gewährleistet. Rudolf hatte Albertus in Köln aufgesucht und um seine Unterstützung gebeten. So begab sich Albertus im Sommer 1274 auf das Konzil von Lyon. Wegen seines hohen Alters wurde er jetzt in einem Wagen gefahren, was bei der Beschaffenheit der damaligen Heerstraßen ohne Zweifel keinerlei Annehmlichkeiten mit sich brachte. Es war das Konzil, zu dem Thomas von Aquino schon im März berufen worden war, um die Lehre der römischen Kirche zu repräsentieren, die auf Antrag des Kaisers Michael von Byzanz mit der orthodoxen östlichen Kirche wiedervereinigt werden sollte. Thomas aber war, auf dem Wege von Neapel kommend, am 7. März 1274 im Zisterzienserkloster Fossa Nuova verstorben. Albertus befand sich in der Todesstunde in Köln mit seinen Brüdern im Refektorium bei Tische. Plötzlich soll er das Essgeschirr beiseite gestoßen und unter Tränen ausgerufen haben: «Thomas, mein Sohn, dieses hell-leuchtende Gestirn, ist aus unserer Welt gegangen!»[81] Albertus begab sich also nach Lyon, und aufgrund seiner Schilderung der schreckensvollen Notzeiten des Interregnums, die er nicht nur in Köln, sondern durch seine Reisen an vielen Orten miterlebt hatte, und auf seine dringende

Empfehlung hin wurde der neue König von Papst und Kurie abgesegnet. Das Haus Habsburg trat für über 600 Jahre seine Regierung in Europa an.

Nicht die Geschichte, doch die Legende berichtet, dass eine letzte Reise den Greis 1277 noch einmal nach Paris führte, wo man die Schriften des Thomas angegriffen und entstellt hatte. Er ließ es sich nicht nehmen, die thomistische Lehre selbst zu verteidigen und die Fehldeutungen richtigzustellen, was ihm im vollen Umfange gelang.

Am 15. November 1280 starb Albertus der Große, der Heilige, der Universalgelehrte, der Priester und Bruder der Dominikaner, aufrecht in seinem Stuhle sitzend, in seinem Kloster zu Köln. Albertus ist der Einzige, der, neben Feldherrn und Königen, den Beinamen «der Große» allein wegen seiner Geistesgröße als Universalgelehrter erhalten hat.

Albertus und Thomas haben das Denken der Menschheit revolutioniert. Sie haben die Intellektualität mit Fähigkeiten ausgerüstet, welche in ihrer Anwendung in Naturwissenschaft und Technik fruchtbar werden sollten. Sie waren umgeben von einer Zeitgenossenschaft, die sich überall im Aufbruch befand, von solchen Gestalten wie dem heiligen Franziskus, der mit einem gigantischen Mut die an Seuche erkrankten Menschen aufsuchte, pflegte, küsste und umarmte; oder wie der heiligen Elisabeth von Thüringen, die wie ein Licht über der Finsternis und Grausamkeit ihrer Zeit leuchtete. Man denke an die gotischen Dome, die im 13. Jahrhundert überall in Europa errichtet worden sind. Ruhe und Geborgenheit der bisherigen romanischen Bauform wurde nach allen Seiten dem Licht geöffnet; ihre Pfeiler und Streben, ihre Differenzierung in Tausende von Einzelheiten, ihre unendlichen Erzählungen durch Plastik, Relief und die vollfarbigen Fenster waren eine einzige Sprache des Erwachens der Menschheit zu neuem Bewusstsein. Wie das alles zusammengedacht und architektonisch konzipiert wurde durch eine Beherrschung der mathematischen, statischen Gesetze, die, woher auch immer, plötzlich aufgetaucht war, darin gab sich zugleich reifste, uralte Meisterschaft kund. Die Kühnheit, mit der dieses nie Dagewesene an allen Orten hingestellt wurde, ist überwältigend. In den Zügen der plastischen Gestalten von Chartres, Notre Dame in Paris, Bamberg oder Naumburg – welche elementare, unbezwingliche Macht heraufdringender Ichheit, urwüchsige, neu erfahrene, feuergeborene Sprache der Seele! Aus dem Minnesang des 12. Jahrhunderts wuchsen die großen Epiker des 13. heraus, Hartmann von Aue, Robert de Boron, Gottfried von Straßburg und Wolfram von Eschenbach. Wenn Homer seine aus dem Kosmos hervortretende Botschaft aussprach mit dem Wort «Singe, o Muse …», so sprach Wolfram in seinem Parzival aus der innersten Erfahrung, aus dem innersten Antrieb und Problem seiner eigenen Seele:

> Ist zwîfel herzen nâchgebûr,
> daz muoz der sêle werden sûr.

Und Dante, der aus den städtischen Bürgerkämpfen der Guelfen und Ghibellinen herauswuchs und Früchte und Fluch des einzelnen Menschenlebens in der Welt nach dem Tode aufzeigte, hatte schon seine tiefen Gedanken aus dem gerade entstandenen scholastischen Gut geschöpft. Auch Marco Polo, der Venezianer, wird in diesem Jahrhundert geboren und eröffnet, tief nach Asien eindringend, den Reigen der kommenden Weltentdecker und Welteroberer. Vorausgegangen war ihm bereits ein kühner Franziskanermönch, Johann von Carpini, der, während die Mongolen in das 13. Jahrhundert herein Asien, China und Europa überrannten, im Auftrag des Papstes zu eben diesen Mongolen hinwanderte und anschließend eine Geschichte über das mongolische Volk und das Herrschergeschlecht von Dschingis Khan schrieb. All das spricht vom Beginn des Mars-Zeitalters, das von 1190 bis

1510 unter der Führung des Erzengels Samael-Mars wirksam wurde.[82]

In diesem ganzen Zusammenhang ist auch der Aufbruch von Albertus Magnus in die Naturwissenschaften zu sehen, deren Gebiete bereits genannt wurden. Werner Heisenberg, einer der größten Physiker des 20. Jahrhunderts, sagte von ihm: «Den Höhepunkt der mittelalterlichen Naturwissenschaft im Abendland stellt Albertus der Große (1193–1280) dar, der ein umfassendes Naturbild auf aristotelischer Grundlage entwirft.»[83] Albertus schulte seine angeborene Beobachtungsgabe sein Leben lang. Auf sie gründete er seine Naturerkenntnisse, die er an Aristoteles und anderen forschenden Denkern gemessen hat. Hier ein paar Beispiele aus seinen Schriften:

«Von dem Granat, sagt Constantinus, hätte Aristoteles behauptet, dass er von der Art eines Carfunkels wäre. Es ist ein rötlicher und sehr leuchtender Edelstein, in der Farbe ähnlich den Balaustiern, die die Blüten wilder Granatapfelbäume sind. Der rötliche Stein ist bisweilen dunkler als der Carfunkel. Wenn ihm ein schwarzer Siegellack untergelegt wird, dann schimmert er wie Gold. Es wird auch eine Art gefunden, die in ihrer leuchtenden Röte den Farbton eines Veilchens hat, weswegen diese Art auch veilchenfarben genannt wird. Diese ist wertvoller als alle anderen Granaten. Es wird gesagt, dass dieser Edelstein das Herz fröhlich macht und die Trauer verscheucht. Nach Aristoteles ist er heiß und trocken. Und wenn einige behaupten, dieser Edelstein sei vom Geschlecht des Hyacinth, so ist das falsch. Dieser Edelstein wird meist in Äthiopien gefunden und manchmal in der Nähe von Thyrus zwischen dem Sand des Meeres.»[84]

«Die (runde) Frucht des Apfelbaumes, die auf Latein ‹malum› heißt, besteht aus fünf Stoffen. Der erste ist die Schale ..., der zweite das Fruchtfleisch, dessen Grundbestandteile Wasser und Luft sind; das Erdige darin ist weich und locker. Der dritte Stoff ist holzig und bildet die äußere Hülle für die Kerne; diese Hülle hat fünf Kammern, und in jeder dieser Kammern lagern sich mehrere Kerne. Der vierte Stoff ist die Schale der Kerne, der fünfte der Inhalt der Kerne, der ‹Kernmehl› genannt wird.»

«Ich habe schon Falken gesehen, die ohne Fessel ein- und ausflogen, und wenn wir beim Essen waren, kamen sie an den Tisch und streckten sich in unserer Gegenwart in der Sonne aus, als wollten sie sich uns anbiedern; und wenn es auf die Jagd ging, saßen sie auf den Dächern und den Fenstern, stiegen in die Luft und flogen über den Jägern und den Hunden aufs Feld hinaus, und auf den Ruf des Falkners kehrten sie in den Käfig zurück. Sind sie aber nicht richtig gezähmt, so liegt der Grund, warum sie nicht zurückkommen, in der Scheu vor dem Menschen, und in diesem Fall sollen sie nur dann losgelassen werden, wenn sie hungrig sind, weil sie gewöhnt sind, aus Nahrungsbedürfnis zurückzukehren.»

«In manchen alchimistischen Schriften, die dem Platon zugeschrieben werden, wird die Zahl oder ein zahlenmäßig angebbares Verhältnis als die Form bezeichnet, die das Metall zu dem macht, was es ist. Er lässt ja alle Metalle aus der Beziehung der Erde zu den Gestirnen hervorgebracht werden ... Ist also die Kraft des Erdigen (kalt-trocken) im Verhältnis zu den drei anderen Kräften (des Feuers: trocken-warm; der Luft: warm-feucht; des Wassers: feucht-kalt) stärker als die Macht der Planeten bei der Einstrahlung des Hellen und des Edlen, so entsteht etwas Dunkles und Schweres und Kaltes, nämlich Blei ... Deshalb legten sie auch den sieben Metallarten die Namen der sieben Planeten bei, und zwar in dieser Zuordnung: Blei = Saturn; Zinn = Jupiter; Eisen = Mars; Gold = Sonne; Kupfer = Venus; Quecksilber = Merkur; Silber = Mond. Dabei behaupteten sie, durch die je andere Verhältniszahl ihrer Zusammensetzung (aus den vier Elementen) erhielten sie die Stoffmischung der sieben Planeten. Der Erfinder dieser Meinung ist wohl Hermes, dem dann Platon gefolgt ist. Von den beiden haben es anscheinend die Alchimisten übernommen. Sie behaupten ja, den Edelsteinen sei die Kraft der (Fix-)Sterne und ihrer Bildanordnungen eingegeben, und die sieben Arten der Metalle seien nach den sieben Planeten der (sieben) unteren (der Erde näheren, weniger edlen) Himmelssphären aufgebaut und geprägt ... Diese Ansicht bestätigt, wie es scheint, Vater Hermes Trismegistos (der ‹Allergrößte›). Er bezeichnet die Erde als die Mutter der Metalle, den Himmel als den Vater, und er nimmt an, die Erde werde überall – auf den Bergen, in den Ebenen, im Wasser und an allen anderen Stellen – mit den Metallen geschwängert.»[85]

Die Legende schreibt Albertus auch alchimistisch-magische Kräfte zu. Bei einem Besuch des holländischen Königs Wilhelm im Kloster zu Köln, der mitten im Winter stattfand, soll Albertus seinen Gast in den Klostergarten geführt haben, der sich ihm voll ergrünt und in voller Frühlingsblüte dargestellt haben soll. Auch der unbegrenzte, faustische Wissensdurst von Albertus hat immer wieder Legenden entstehen lassen:

«So erzählt man sich, Albert habe mit Alexander dem Großen die ganze Welt durchwandert, eine hübsche Parallele zu der Wanderung Dantes mit Virgil durch die Unterwelt. Man behauptete sogar, Albert habe sich die Gnade erfleht, zehn Tage das Fegefeuer zu besuchen. Einem Engel, der zu ihm gesandt war, erklärte er: ‹Alles habe ich erforscht, was diese Welt birgt; nun will ich auch das Fegefeuer kennen lernen.› Weniger sympathisch ist die Legende, er habe sich mehrere Jahre außerhalb des Klosters in Frauenkleidern aufgehalten, um Medizin zu studieren.»[86] Wie weit reichte das atavistische Wissen des Volkes in karmische Geheimnisse hinein?

Mit der Naturwissenschaft des Albertus, mit der er in seiner Zeit einzigartig dastand, geschah ein Vorgriff auf die bald einsetzende gigantische Naturforschung, die sich über die ganze Erde ausgebreitet und alle nationalen und religiösen Grenzen gesprengt hat. Betrachtet man den Gedankenweg dieser Indi-

Marie Steiner als Mönch in:
Die Prüfung der Seele

vidualität, der von dem orphischen Eingeweihten bis zu Hypatia führte, so blieb die Beobachtung der sinnlichen Natur bei ihr zunächst mehr im Hintergrund. Sie wurde aber auf dem Schulungsweg der orphischen Mysterien und im keltischen Druidentum in vollem Umfang, ja, bis zur Ekstase in dem Sich-Versenken in die sinnlichen Dinge ausgebildet. So tritt zu der Gedankenevolution, die von Hypatia zu Albertus neue Metamorphosen offenbart, die zeitweilig zurückgelassene Auseinandersetzung mit dem Materiell-Sinnlichen wieder hinzu. In dem Sinnlich-Materiellen aber wirken weiter die Geister der Form, die Elohim, während der Gedanke das göttliche Licht sucht, von dem Albertus immer wieder spricht und das von den Geistern der Persönlichkeit, den Archai, ausgeht: «Jene

Erkenntnis, in der ein Strahl göttlichen Lichtes den Geist mit einem rein-geistigen Gegenstand zusammenbringt.»

Als Albertus in seinen reifen Jahren einmal während eines Jahres am Hof des Papstes Urban IV. seine Lehren vorzutragen hatte, sagte einer der Anwesenden von ihm: hier spreche ein Mann, der, wenn alle Philosophie verloren ginge, diese neu und besser wieder erschaffen würde. Er charakterisierte, was im Grunde genommen stattgefunden hat. Was der Schüler der orphischen Mysterien initiierte, die Entfaltung der griechischen Philosophie und Naturwissenschaft bis zu Aristoteles hin, dieses und alles, was seit Aristoteles an Gedankenentwicklung sich vollzogen hatte, das fasste Albertus Magnus zur Universalität seines scholastischen und naturwissenschaftlichen Weltbildes zusammen und stellte es seinem Schüler Thomas von Aquino zur Verfügung. Das Lehrer-Schüler-Verhältnis, das sich zwischen dem Orphiker und Aristoteles über drei Jahrhunderte ausgespannt hatte, das rückte für Albertus und Thomas zusammen zum Bündnis einer Zeit-Geist-Genossenschaft.

Eine ergreifende Charakterisierung des Bündnisses dieser beiden Geistesheroen findet sich in der Schau der Mechthilde von Hackeborn (gest. 19.11.1299), die sich in ihrem *Liber spezialis gratiae* findet; abgedruckt in *Albertus Magnus* von Peter Dörfler, Verlag Schnell & Steiner, München 1942:

«Als Albertus starb, betete ich viel für diesen großen Mann, der mich mit so viel Klarheit erfüllt hatte. Da sah ich einmal in der Entrückung den König der Könige noch über dem blauen Himmel der Nacht und dem goldenen Flechtwerk der Sterne sitzend auf einem Thron. Und mit einem Male schritten in steilem Anstieg zwei erwürdige Väter empor; geheimnisvolle Buchstaben leuchteten golden auf ihren blauen Gewändern. Silbern aber vor ihnen her schwebten zwei Engel mit brennenden Kerzen. Als ich, die Magd Gottes, das sah, fragte ich den himmlischen Bräutigam: ‹Wer sind diese zwei ehrwürdigen Väter? Was bedeuten die Buchstaben, die ich nicht zu lesen vermag, und warum schreiten die Engel vor diesen Seligen her?› Der Bräutigam aber offenbarte: ‹Kennst du nicht beide? Hier ist Bruder Thomas und hier der andere Bruder, Albertus genannt. Die Buchstaben auf ihren Gewändern bedeuten, was sie makellos über die Dreifaltigkeit geschrieben haben. Die zwei gefiederten Engel begleiten sie, weil ihr Geist sie unter die Cherubim und Seraphim einreiht. Kerzen tragen die Engel, weil jenen Vätern das Licht der Gotteserkenntnis den Pfad erleuchtete. Und sieh, wie der Himmel duftet und aufflammt! Das kommt davon her, dass die Gesamtheit der Heiligen von ihnen angezogen wird und ihnen entgegenstürzt, denn es ist keiner oben, dessen Tugend nicht auch die ihrige gewesen wäre!›»

Die Individualität des Albertus sollte in ihrem nachtodlich- vorgeburtlichen Leben die geistige Richtung nach Osten einschlagen, wo sie dann im 19. Jahrhundert im slawischen Raum wiedergeboren wurde. Es ist das die Flussrichtung der Donau, an der sie ihr Albertus-Leben angetreten hatte. Es erscheint das als das Bild einer verborgenen Wirklichkeit: wie in dem karmischen Strom des einen Lebens die Schicksale des kommenden Lebens schon mitströmen.

6. Maria und Marie Steiner-von Sivers Mysteriendichtung und Karmaforschung

Rudolf Steiner hat für die Entstehung einiger Gestalten seiner vier *Mysteriendramen*[87] auf gewisse konkrete Urbilder hingewiesen; so bei Capesius auf seinen Lehrer Karl Julius Schröer; für Strader auf den Philosophen Gideon Spicker; hinter Felix Balde stand die Gestalt des Felix Koguzki, den er einen Vorboten des Meisters nannte, von dem er selbst seine esoterische Schulung erhalten hat.[88] Ein anderer urbildlicher Aspekt ist der, dass die im Sonnentempel der *Pforte der Einweihung* versammelten Gestalten als Ausdruck eines einzigen Menschen, Johannes Thomasius, erlebt werden können. Und wie man in der *Faust*-Dichtung ein Gesamtpanorama des Goetheschen Wesens sehen kann, so können auch die Mysteriendramen als ein karmisches Wesensgewebe und Wesensbild der Individualität Rudolf Steiners erscheinen. Als man Rudolf Steiner bei den Proben für die Uraufführung der Dramen fragte, wie alt Benedictus sei, antwortete er ohne Zögern: 49. Rudolf Steiner selbst war 1910 49 Jahre alt. Wenn Maria zu Johannes im 1. Bild der *Pforte* sagt: «Das schöne Band, das zehen Jahre uns vereint», so steht deutlich das Band der Freundschaft vor uns, das zwischen Rudolf Steiner und Marie von Sivers von 1900 bis 1910 bestanden hatte. Noch intimer wird der Zusammenhang zwischen den dichterischen Gestalten von Benedictus und Johannes berührt, wenn Maria in der Saturnzeit des Geistgebietes im 6. Bild von *Der Seelen Erwachen* ausspricht, dass die uralte, durch viele Leben bestehende Liebe zwischen der Entelechie des Benedictus und derjenigen der Maria für Johannes zum Ton seiner ganzen Inkarnation als Johannes Thomasius, zum Grundton seiner Persönlichkeit wird (Person = *per-sonare*).

Was mir in Seelentiefen teuer ist,
Ich will es schauen, will es schauend sprechen,
Dass dieser Seele sich's zum Tone bilde,
Den sie im Erdensein in ihrem Wesen
Erfühlen und ihn liebend leben mag.

Jetzt wird die Liebe, die zwischen Maria und Benedictus durch die Jahrtausende gewaltet hat, beschrieben:

Was schaue ich in Seelentiefen jetzt?
Es leuchtet mir erhab'ne Flammenschrift.
Die Liebe zu der Führerseele flammt,
Die mich im Erdensein, die mich im Geist
Durch langer Zeiten Folge hat geleitet;
Die mich stets fand, wenn meines Betens Inbrunst
In Erdgefahr sie sucht', auch wenn sie selbst
In Geisteshöhen weilte; leuchtend hell
Erscheint mir diese Liebe, töne mir
Du Wort der Liebe hin zur andern Seele. – –

Jetzt wird die Wesenheit des Benedictus im Bild der milde leuchtenden Flammen charakterisiert.

Doch welche Flammen weckt das Wort der Liebe?
Sie leuchten milde; und die Milde strahlet
Erhab'nen Ernst; es zucken gnadevoll
Der Weisheit Blitze durch den Weltenäther, – –
Und Seligkeit ergießt sich freudewebend
Durch alle Weiten meines Seelenkreises.
O Zeitendauer, ich erflehe mir:
Ergieße dich in diese Seligkeit,
Und lass den Führer, lass die andre Seele
Mit mir in dir jetzt friedevoll verweilen.

In einem Brief Rudolf Steiners an Marie von Sivers lesen wir: «Lieb war mir, wie Du unsere beiden letzten esoterischen Stunden hast auf Dich wirken lassen. Glaube mir, meine liebe Marie, Du kommst schneller vorwärts, als Du es vielleicht selbst nur irgend bemerken kannst. Ich denke in Liebe an Dich. ... Du bist mir die Priesterin, als die Du mir entgegenblicktest, als ich Deine Individualität erkannt hatte. Ich schätze Dich in der Reinheit Deiner Seele, und nur deshalb darf ich Dir zugetan sein. Wir leben miteinander, weil wir innerlich zueinander gehören, und wir werden immer ein Recht haben, so zueinander zu sein, wie wir sind, wenn wir uns klar sind, dass unser persönliches Verhältnis eingetaucht ist in den heiligen Dienst der Geistesevolution. Ich weiß, dass der Augenblick nicht kommen darf, wo diese Heiligkeit auch nur im Geringsten gestört würde.»[89]

Wie, wenn der gedichtete Johannes als eine Seelengestalt in Benedictus-Rudolf Steiner denkbar wäre – die Gestalt des Genies, des geborenen, elementaren Künstlers, der zu leidenschaftlicher Liebe glühend begabt ist, der Träumer alles Schönen –, wie, wenn diese Johannes-Gestalt möglich war, aber geopfert wurde, damit Rudolf Steiner und Marie Steiner die Mission durchführen und durchtragen konnten, die sie durchgeführt haben? Wenn Goethe, der einen ganzen Kosmos höchster Qualitäten dessen, was menschenmöglich ist, in sich trug, zugleich von sich sagte, dass er sich jedes Verbrechens für fähig halte, aber keines beging, darf man von Rudolf Steiner und seiner Universalität des Geistes und der Seele weniger groß denken? Und wenn Johannes Thomasius im dritten Drama ein Buch geschrieben hat, das den Brückenschlag bildet von der alten Denkungsart, die aus der Scholastik überkommen ist, zur neuen Denkungsart, der sich das exakte Hellsehen der Geisteswissenschaft erschließt, dann sind die Urbilder dieser Vorgänge ohne Zweifel in den Grundwerken Rudolf Steiners niedergelegt. Alle Gestalten in den Mysteriendramen können als wahre Kinder seiner umfassenden Wesenheit erlebt werden.

Das Urbild der Maria aber ist Marie Steiner-von Sivers. Auch das hat Rudolf Steiner deutlich ausgesprochen, wie gezeigt werden wird.

Aus dem folgenden Schema geht hervor, dass vier Inkarnationen der Maria in Zeiträumen liegen, die mehr oder weniger zwischen denen Marie Steiners erscheinen. Erst an fünfter Stelle, an der Wende vom 19. zum 20. Jahrhundert, münden sie in eine Gleichzeitigkeit ein. Ob das bedeutet, dass sie sich in Wahrheit zu einer einzigen Kette zusammenschließen oder aber, nach rückwärts gehend, sich ganz voneinander entfernen, wie es bei den beiden erstgenannten Personen und ihren Urbildern stattfindet, muss offenbleiben. Sicher aber stimmen beide Folgen in der seelisch-geistigen Richtung ihrer Evolutionen überein.

Maria in der Mysteriendichtung Rudolf Steiners	*Marie Steiner-von Sivers in der Karmaforschung Rudolf Steiners*
	1. Keltische Geheimschulung
	2. oder / und 3. Kulturepoche
1. Ägyptische Tempelszene Ende 3. Kulturepoche; Neophyt	
	2. Schüler der orphischen Mysterien, Wende 7. / 6. Jahrhundert v. Chr.
Mysterium von Golgatha	
2. 5. Mysteriendrama 4. Kulturepoche, Delphi	
	3. Hypatia, 370 ? – März 415

3. Christusbote aus Hybernia
   Iroschottische Mission
   6. / 7. Jahrhundert

4. Albertus Magnus
   1193 / 1200 – 1280

4. Dominikaner-Mönch / Abt
   zwischen 1300 und 1330

5. Maria in der Zeitdauer   5. Marie Steiner-von Sivers
   der vier Dramen 1910 – ca. 1928   1867 – 1948

Die früheste Erdenverkörperung Marias, die nach oder gleich-
zeitig mit der Epoche des keltischen Geheimschülers gedacht
werden könnte, fällt in die Niedergangszeit der ägyptischen
Mysterien, also in das letzte Jahrtausend vor 747 v. Chr., dem
Beginn der vierten, griechisch-lateinischen Kulturepoche.
Rudolf Steiner brachte diese Szene in Zusammenhang mit
Echnaton, also dem 14. Jahrhundert v. Chr.

Die dritte Inkarnation, die im siebten Bild der *Pforte* durch
Theodora offenbart wird – der Christusbote aus Hybernias geweihten Stätten –, liegt sicher nach dem Hypatia-Leben und
könnte in Verbindung mit der iro-schottischen Christianisierung der germanischen Stämme durch Columban, Beatus, Gallus und andere im 6. bis 7. Jahrhundert n. Chr. gesucht werden.

Für die Geschehnisse der Rückschau in das Mittelalter ist
als Zeitraum das erste Drittel des 14. Jahrhunderts angegeben.
Übereinstimmend mit der Historie befindet sich der Geist des
Benedictus, der Meister, der des Ordens Zierde war, wie er im
siebten Bild der *Prüfung der Seele* von dem Mönch in Domini-
kanertracht genannt wird, wie auch der Geist des Thomas von
Aquino, im Totenreich. Der Mönch-Maria ist demzufolge um

142

eine Generation jünger als dieser. Albertus aber war um etwa eine Generation älter als sein Schüler Thomas.

Die Rückschau in ihre früheren Erdenleben erfährt Maria im Verlauf des ersten, zweiten und vierten Dramas, geradezu entgegengesetzt zu den anderen Charakteren, unter einem ganz bestimmten Schicksal. Dieses wird ihr im dritten Bild der *Pforte* von Benedictus im Beisein von Johannes Thomasius mitgeteilt:

Es formt sich hier in diesem Kreise
Ein Knoten aus den Fäden,
Die Karma spinnt im Weltenwerden.
O Freundin, deine Leiden
Sind Glieder eines Schicksalsknotens,
In dem sich Göttertat verschlingt mit Menschenleben.
Als auf dem Pilgerpfad der Seele
Erreicht ich hatte jene Stufe,
Die mir die Würde gab,
Mit meinem Rat zu dienen in den Geistersphären,
Da trat zu mir ein Gotteswesen,
Das niedersteigen sollte in das Erdenreich,
Um eines Menschen Fleischeshülle zu bewohnen.
Es fordert dies das Menschenkarma
An dieser Zeiten Wende.
Ein großer Schritt im Weltengang
Ist möglich nur, wenn Götter
Sich binden an das Menschenlos.
Es können sich entfalten Geistesaugen,
Die keimen sollen in den Menschenseelen,
Erst wenn ein Gott das Samenkorn
Gelegt in eines Menschen Wesenheit.
Es wurde mir nun aufgegeben,
Zu finden jenen Menschen,
Der würdig war, des Gottes Samenkraft

In seine Seele aufzunehmen.
So musste ich verbinden Himmels-Tat
Mit einem Menschenschicksal.
Mein geistig Auge forschte.
Es fiel auf dich.

Es folgt nun eine wunderbare Schilderung von dem inneren Werdeweg der Maria. Ich hatte einmal das Glück, eine Ansprache Margarita Woloschins zu einem der Geburtstage Marie Steiners mitzuerleben. Sie las diese ganze Schilderung vor und zeigte dann, wie das Wesen von Marie von Sivers in ihren jungen Jahren nicht treffender wiedergegeben werden könnte. Die Rede des Benedictus endet mit den charakteristischen Worten:

Als reife Frucht von vielen Leben
Betritt das Erdensein die Seele,
Die solche Stimmung zeigt.
Und ihre Kindlichkeit ist Blüte,
Nicht Wurzel ihres Wesens.

Es folgt nun die hochdramatische Szene, die sich daraus ergibt, dass Marias Seele und Geist sich aus dem Leibe herausgelöst haben.

Wie Maria ihr Schicksal, Träger eines Gotteswesens zu werden, ergreift, beschreibt sie im siebten Bild der *Pforte der Einweihung*, leibfrei im Geistgebiet:

Ich bat den Führer, Benedictus,
Zu lösen mir
Das Rätsel meines Lebens,
Das grausam mir erschien.
Und Seligkeit entströmte seinen Worten,
Als er von seiner Sendung sprach und meiner.

Er sprach mir von dem Geiste, dessen Dienst
Die Kraft in mir gewidmet solle sein.
Es war bei seinen Worten mir, als ob
In einem Augenblicke mir das hellste Geisteslicht
Die Seele ganz durchstrahlte, und Leid
In Seligkeit beglückend sich gewandelt hätte.
Und ein Gedanke nur erfüllte mir die Seele:
Er gab mir Licht –
Ja, Licht, das mir die Kraft des Sehens schenkte.
Es war der Wille, der in dem Gedanken lebte:
Mich hinzugeben ganz dem Geist
Und fähig für das Opfer mich zu machen,
Das mich ihm nahebringen könnte.
Es hatte der Gedanke höchste Kraft.
Er gab der Seele Schwingen und entrückte mich
In dieses Reich, in dem du mich gefunden.

Hier wird in wunderbarer Weise klar geschildert, wie die
Hingabe Marias an das geistige Wesen auf absoluter Freiheit,
hellster Bewusstseinsklarheit, hohem Enthusiasmus und ganz
persönlicher Entschlossenheit basiert.

In jenem Augenblick, da ich mich frei
Vom Sinnenleibe fühlte, konnte ich
Das Geistesauge auf dich richten.

Nun folgt die Schilderung ihres sich Zusammenfindens mit
Johannes, leibfrei, im Geistgebiet. Dann schließt die Rede mit
den Worten:

Zu Benedictus sendend einen Strahl
Der höchsten Liebe, ging ich dir voran.
Und Er hat dir die Kraft verliehn,
Zu folgen mir in Geistersphären.

«Er» ist groß geschrieben. Maria ist befähigt zu erleben, wie «Er» – der Christus – durch Benedictus wirkt.

Die erste Rückschau in ihre vergangenen Verkörperungen weist sie dann auf den hybernischen Christusboten hin. Durch diese Erkenntnis wird ihr die Gewissheit, dass sie die Mission der Gottesträgerschaft auf dem Fundament eines ganz dem Christusdienst gewidmeten und durch ihn begnadeten Lebens antreten darf.

Die zweite Rückschau führt in das Mittelalter zu der Inkarnation als Mönch und veranlasst sie zu ihrem «heilig ernsten Gelöbnis», durch welches sie einerseits ihr Karma mit den beiden Menschen, Capesius und Johannes, denen sie verschuldet ist, ordnet; und andererseits sich dem Erkenntnis-Weihedienst gegenüber der geistigen Welt widmet.

Beides befähigt Maria im Tempelbild des *Hüters der Schwelle* dazu, als höchste Gnade zu erleben: «Nicht ich, der Christus lebt in meinem Sein.» Die Ordnung des Karma und der Erkenntnis-Weihedienst öffnen aber auch der ganzen Menschengemeinschaft des Tempels den inneren Raum, in dem der Christus wirken kann:

BENEDICTUS (zu Maria gewendet):
Wenn ihre Seele sich dem Geiste neigt,
Wie sie vor Lucifer zu tun gelobt,
So wird aus ihrer Kraft dem Tempel strahlen,
Was ihm des Erdenheiles Wege weist,
Und Christus wird am Weiheort der Weisheit
Mit Geistesliebesinn erwärmend leuchten.
Und was sie so der Welt erbringen kann,
Es ist durch einen jener Schicksalsknoten,
Die Karma formt aus Erden-Menschen-Leben,
An ihren eignen Daseinslauf gebunden.
Sie hat im langvergangnen Sein den Sohn

Dem Vater abgewendet; und zurück
Zum Vater lenkt sie wieder jetzt den Sohn.
Die Seele, die Thomasius belebt,
Sie war im frühern Leben jener andern,
Die in Capesius sich jetzt erfühlt,
Als Sohn dem Vater durch das Blut verbunden.
Der Vater wird Marias Schuld nun nicht
Durch Lucifers Gewalt von ihr noch fordern,
Da sie durch Christi Macht die Schuld vertilgt.

Die dritte Rückschau Marias auf die «von andern erschuldete Selbstheitschuld»[90] des Neophyten im ägyptischen Tempel offenbart sich ihr aus der geistigen Höhe der Weltenmitternacht heraus. Hier wird ihr bewusst, dass ihr Menschen-Ich der Diener ihres ewigen Selbstes ist, so, wie sie in ihrem Erdenleben als Maria Diener eines Gotteswesens ist. Indem sie in sich selbst ein Göttliches erfährt, kann sie erst wahrhaft frei und gottverwandt ihre Gottesträgerschaft antreten. Im neunten Bild des vierten Dramas sagt Maria:

Im Licht, das Weltenmitternacht erleuchtet,
Das Astrid mir aus Seelentrübnis schafft,
Vereint mein Ich sich jenem Selbst, das mich
Im Weltenwesen sich zum Dienst erschuf.

Aus der geschilderten Perspektive heraus, aus ihrer seelisch-geistigen und karmischen Läuterung, geht Marias Erkenntnisweg zu ihren früheren Erdenleben von der dritten zur vierten und zuletzt zur ersten Verkörperung, das heißt rückschauend zuerst vorwärts und dann rückwärts die Zeit durchwandernd. Diesem dramaturgischen Kompositionsgeheimnis folgend, lassen sich bestimmte Beziehungen zwischen den dichterischen und den karmisch-realen Ereignissen entdecken.

Wie schon erwähnt, tauchten im Übergang von Hypatia zu Albertus für diese Individualität Auseinandersetzungen mit der sinnenfälligen Natur auf, die auf eine spirituelle Weise in den orphischen, noch mehr in den keltischen Mysterien durchlebt worden waren. Das zwischen Hypatia und Albertus liegende Erdenleben der dichterischen Gestalt des Christusboten aus der Mysterienstätte von Hybernia (die als solche bis mindestens ins 9. Jahrhundert bestanden hat), es macht den Übergang von der heidnischen Philosophin, die von Christen hingeschlachtet wurde, zu dem christlichen Priester, Philosophen und Naturwissenschaftler erlebbar; ob diese Übergangsgestalt nur poetisch-motivisch oder karmisch-real aufzufassen ist, kann nicht beantwortet werden. Der Rückgriff auf das keltische Wissen von dem kosmischen Christus, der sich auch durch die heidnischen Götter Apollo, Dionysos, Helios oder Phönix angekündigt hatte, lässt den Betrachter mitempfinden, wie die Heidin nun auch zu einem Erdenchristen werden konnte, für den das Mysterium von Golgatha zum Zentrum seiner dreifachen Weltsicht wurde: Religion, Wissenschaft und brüderlich-sozialer Wirksamkeit.*

In dem Mönch-Maria in der Rückschau der *Prüfung der Seele* erleben wir nur den scholastischen Priester, nicht den Naturforscher. Der lebt im Juden Simon-Strader. Das alte Wissen von dem Sonnengeist Christus, von der Urgestalt des Menschen, tritt ihm nur von Seiten der Tempelritter entgegen, die er als seine Feinde betrachtet. Das hybernische Element ist von ihm abgetrennt. Seine tiefe Religiosität ruht ganz auf dem Dogma der katholischen Kirche, wie das auch bei Albertus der Fall war.

Eine große Frage stellt sich sowohl an die Dichtung wie auch an die Karmaforschung für den Zeitraum zwischen der orphischen bzw. delphischen Verkörperung und dem Leben als Hypatia bzw. als hybernischer Christusbote: Wo war diese Individualität, als der Jesus Christus in Palästina wirkte? Wo war

* Siehe Nachtrag am Ende der Anmerkungen (Seite 353).

sie während des Mysteriums von Golgatha? Sie, die auf sein Kommen durch hybernische, orphische, phönizische Mysterien und im Tempel von Delphi so intensiv vorbereitet war? Es gibt eine grundsätzliche Äußerung Rudolf Steiners hierzu, die aber für den konkreten, individuellen Fall trotzdem offengehalten werden muss:

«... diejenigen Wesen, die beteiligt waren an diesen irdischen Taten, die im Dienste des Michael geschahen, sie waren ja während der Zeit des Mysteriums von Golgatha nicht auf der Erde. Alle diejenigen Wesen, die in den Bereich des Michael gehörten, gleichgültig, ob es Menschenseelen waren, die nunmehr nach dem Ablauf des Michael-Zeitalters durch den Tod in die geistige Welt entrückt wurden, ob es also entkörperte Menschenseelen waren oder solche, die niemals auf der Erde sich verkörperten, sie alle waren verbunden miteinander in gemeinsamem Leben in der übersinnlichen Welt in der Zeit, in welcher auf Erden sich das Mysterium von Golgatha abspielte.

Man muss sich nur auch für das Gemüt recht gegenwärtig machen, was da eigentlich vorliegt. Wenn man den Aspekt von der Erde aus wählt, dann sagt man sich: Die Erdenmenschheit ist da an einem bestimmten Punkte der Erdenentwickelung angekommen. Der hohe Sonnengeist Christus kommt auf der Erde an, verkörpert sich in dem Menschen Jesus von Nazareth. Die Erdenbewohner haben das Erlebnis, dass Christus, der hohe Sonnengeist, bei ihnen ankommt. Sie wissen nicht viel, was sie veranlassen könnte, dieses Ereignis in der entsprechenden Weise zu schätzen.

Umso mehr wussten die entkörperten Seelen, die um Michael sind und die im Umkreise, im Bereich des Sonnendaseins leben in überirdischen Welten, zu schätzen, was für sie von dem andern Aspekt aus geschah. Sie erlebten das, was damals für die Welt geschah, von der Sonne aus. Und sie erlebten, wie der Christus, der bis dahin innerhalb des Sonnenbereiches gewirkt hatte, sodass er von den Mysterien aus nur zu erreichen war, wenn man sich in den Sonnenbereich erhob, Abschied nahm von der Sonne, um sich mit der Erdenmenschheit auf Erden zu vereinigen.»[91]

Die Verwandlung der kosmischen in eine menschliche Intelligenz vollzieht sich durch das Schaffen der Geister der Form, übergehend zu den Geistern der Persönlichkeit. Der diesen Prozess für die und mit den Menschen begleitet, ist der Erzengel Michael, der ursprüngliche Verwalter der kosmischen Intelligenz. Die Intelligenz wurde eine menschliche, Persönlichkeit bildende. Die Intellektualität wieder in das Geistige heraufzutragen, wie es von Albertus und Thomas erarbeitet wurde, bringt die Intelligenz zu Michael wieder zurück und mit ihr die geläuterte Persönlichkeit selbst. Menschen, die sich diesem ganzen Entwicklungsgang gewidmet haben und widmen, stehen im Dienste Michaels. Da Marie Steiners Entelechie in diesem Entwicklungsgang an hervorragender Stelle steht, muss man sie zum Kreis der oben genannten Wesen rechnen, die in den Bereich Michaels gehören. Wo sich aber ihre Individualität während des Mysteriums von Golgatha konkret befunden hat, kann nur durch geisteswissenschaftliche Forschung beantwortet werden. Wesentlich erscheint, dass diese *Frage als Keim* eine intensive Rolle spielt im Aufsuchen ihrer karmischen Lebensspuren.

Beiden Gestalten, der dichterischen des Neophyten im ägyptischen Tempelbild des vierten Dramas wie auch der historischen des Schülers der orphischen Mysterien, ist gemeinsam, dass sie zu denen gehören, die den Grund für das Heraufkommen des vierten griechischen Kulturzeitraums legen: der Neophyt für die griechische Kunst, der Orphiker für die Wissenschaft.

Über den Neophyten urteilt der Opferweise-Capesius, der zugleich der Pharao ist, im siebten Bild mit den Worten:

Ich weiß, dass er nicht würdig ist der Ehre,
Die ihm die Tempeldiener zugedacht.
Sein menschlich Wesen ist mir wohlbekannt.
Ihm ist die Mystik nicht der Herzenstrieb,

Der sich im Menschen regt, wenn geistig Licht
Von oben Seelen gnädig zu sich zieht.
Die Leidenschaft durchwühlt sein Innres stark;
Die Sinnestriebe schweigen ihm noch nicht.

Im zehnten Bild schaut Johannes zurück auf seine Verkörperung als junge ägyptische Frau, die außerhalb der Tempelmauern leidenschaftlich träumend dem Einweihungsvorgang ihres Geliebten folgt:

Ein junger Myste, – eine Opferflamme,
Des höchsten Opferweisen streng Gebot,
Der Flamme Inhalt sinngemäß zu künden. –
– –
Den jungen Mysten sucht die Frau, die sich
Mein Schauen bildhaft ohne Anteil schuf.

Und Maria antwortet erinnernd:

Wer dachte deiner vor der Opferflamme?
Wer fühlte dich in Weiheortes Nähe?

Während der junge Ägypter die kultischen Stufen hinaufgeführt wird, wo sich ihm zuletzt das Weltenwort, der schaffende Logos in der Opferflamme offenbaren soll, denkt er unablässig an die junge und schöne Geliebte, von der ihn die Tempelmauern trennen, und sucht sie mit allen Sinnen, mit leidenschaftlicher Liebe im Innern. Und im Traume innig umschlungen, ganz Herz zu Herz gewandt, dringt sein Blick in die heilige Flamme, dem das fühlende Auge der Geliebten folgt:

DER NEOPHYT:
Gehorchend eurem strengen Opferworte,
Versenkt' ich mich in dieses Flammenwesen,
Erwartend hoher Weltenworte Tönen.

Ich fühlte, wie ich mich vom Erdgewicht
Mit Lüfteleichtigkeit befreien konnte. – –
Vom Weltenfeuer liebend hingenommen,
Erfühlt' ich mich in Geisteswellenströmen.
Ich sah, wie meine Erdenlebensform
Sich außer mir als andres Wesen hielt. –
Von Seligkeit umhüllt, im Geisteslicht
Mich fühlend, konnt' ich doch die Erdenhülle
Mit Anteil nur betrachten, wunscherfüllt. – –
Ihr strahlten Geister hoher Welten Licht – –;
Es nahten ihr wie Falter, glitzernd hell,
Die Wesen, die ihr Leben regsam pflegten.
Von dieser Wesen Lichtgeflimmer strahlte
Erfunkelnd Farbenspiel der Leib zurück,
Das glänzend nah, erglimmend fern sich zeigt';
Zuletzt im Raum zerstiebend sich verlor.

Es keimte mir im Geistesseelensein
Der Wunsch, das Erdgewicht versenke mich
In meine Hülle, dass ich Freudesinn
In Lebenswärme fühlend pflegen könne. – –
In meine Hülle fröhlich untertauchend,
Empfand ich euren strengen Weckeruf.

Nur ein einziger Wunsch lebt in dem jungen Menschen: in
den von Göttern gebildeten, von Geistwesen gepflegten Wun-
derbau seines Leibes unterzutauchen, in Begeisterung, nicht
traurig, sondern fröhlich, um Freudesinn in Lebenswärme
fühlend pflegen zu können. Das hohe Schönheitsempfinden,
das der Grieche am menschlichen Leibesbau empfinden sollte,
bis zum Entzücken, bis zu Trunkenheit und Ekstase, in der
Plastik, in der Malerei, im Mythos und in der Dichtung bis in
die Philosophie hinein, das erlebte der liebende Neophyt von
außerhalb des Leibes, wie aus prophetischer Vogelperspektive

oder aus engelhafter Vorschau. Statt des Weltenwortes, das in ihm durch uralte Mysterienmagie von dem Opferweisen hätte erweckt werden sollen, sprach er – weil der Opferweise den Anbruch einer neuen Zeit erkannte – sich selber aus, sich als Erdenpersönlichkeit. Die Wahrheit hatte gesiegt: die Wahrheit der freigegebenen Ich-Werdung. Das Weltenwort ertönte zum ersten Mal als ein individuelles Menschenschicksal: Dionysos-Zagreus. Und am Horizont einer weiten Zukunft näherte sich der Christus-Logos als der kommende Herr des Karma. Der Opferweise war der Wissende, der Prophet, so berichtet Benedictus im neunten Bild:

Was wir als mystisch Weihewerk vollbringen,
Bedeutung hat es doch nicht hier allein;
Es geht des Weltgeschehens Schicksalsstrom
Durch Wort und Tat des ernsten Opferdienstes.

Und Maria antwortet:

Nicht *du* sprachst *dieses* Wort an jenem Orte;
Der Opferweise sprach's, der dir Gefährte
In jenem alten Mystenbunde war.
Dass dieses Bundes Ende Schicksalsmacht
In jener Zeit schon vorgesehn, war ihm
Bekannt. – Des schönen Scheines Morgenröte
Erschaut' der Opferweise unbewusst,
Die über Hellas eine neue Sonne
Dem Geistesstrom der Erde vorverkündet'.
So unterdrückte er Gedankenmacht,
Die er in meine Seele lenken sollte.
Er diente als des Weltengeistes Werkzeug
Bei jenem Weihewerk, durch welches er
Des Weltgeschehens Strömung raunen hörte.

Maria-Neophyt erscheint als der erste Grieche, der den schönen Schein des eigenen Leibes entzückt erleben darf. Was in den phönizischen Mysterien in Herakles als der kosmische Mensch in seiner Urgestalt geschaut wurde, erscheint ihm im Übergang zu der sich zusammenziehenden individuellen Leibesgestalt. Und als ein solcher kosmisch-embryonaler Grieche sollte der Neophyt im Heiligtum von Delphi wiedererscheinen, dem Tempel des Apollo und seinem sonneerstrahlenden, belebenden, bildenden, sinnerhellenden Licht, verinnerlicht in der Weisheit seines Orakels; dem Tempel aber auch des Gottes, der im Innersten der Seele das Feuer der einzelnen Ichheit entflammt, Dionysos, der das Lied, den Gesang, den Tanz und zuletzt die Kraft des Denkens entzündet. Beide Götter, ineinander verschlungen wie das Gold ins Morgenrot, den zur Erde niedersteigenden Christus verkündend. – Diese Szene, wie das ganze fünfte Drama (im Ganzen sollten es zwölf Dramen werden[92]), muss auch, wie eine zweite, in den nicht vorstellbaren Samen zurückgenommene Frage, ihren Platz in der Folge der Inkarnationen Marias einnehmen. In der *Dynamik* dieser Folge aber spricht sie sich unüberhörbar aus.

Wie intensiv die Geistigkeit des Griechentums gerade als Kunst in Marie Steiners Seele lebte, geht aus ihrem Hinweis auf das nicht geschriebene fünfte Mysteriendrama hervor:

«Das neue Drama, das nicht niedergeschriebene Drama, wie oft gehen meine Gedanken zu ihm zurück. Am Kastalischen Quell sollte es sein, im Tempel von Delphi. Griechenland sollte wieder erklingen in seiner Blütezeit, seiner Werdezeit innerhalb der Mysterien, die seine Größe geschaffen haben: das ganze, lichte, tiefe, dunkle, emporstrebende Griechenland, hinaufstrahlend aus dem Reiche von unten, dem Reiche der Mütter, empor zur Sonne, zu Helios, zu Phöbus Apollo, durch ihn – zu Christus. Von einem Wissenden im Wort gestaltet. Es ist nicht geworden ...»[93]

In diesen Sätzen bebt die Stimmung eines ganzen Dramas

nach; und der tiefe Schmerz darüber, dass es nicht entstehen durfte. Von frühester Kindheit an lebte, wie schon berichtet, diese Seelenverwandtschaft mit dem Griechentum wie eine verzehrende Sehnsucht in ihr. Zum zweiten Mal musste sie es verlieren. Das Schicksal hatte gesprochen.

«Griechenland, der Traum, der in ihrer Seele erstand, erfüllte sie ... mit Sehnsucht. Das Studium des Griechischen wurde ihr ... verweigert. ... – ein ungeheurer Schmerz in der Jugend. Im Alter aber sagte sie: ‹Es war doch vom Schicksal richtig geführt; so sehnsüchtig ich mich nach Griechenland sehnte, und so schwer es mir fiel zu ertragen, dass ich die griechische Sprache nicht lernen und beherrschen durfte, so würde ich vielleicht in dieser Sehnsucht nach Griechenland untergegangen sein und den Weg zu der Geistigkeit der Zukunft nicht gefunden haben.›»[94]

Unvergesslich ist mir, wie Dora Gutbrod im Unterricht beim Erüben von C. F. Meyers Ballade «Pentheus», in der ein bacchantischer Zug hochdramatisch dargestellt wird, bemerkte (und aus ihrem Blick sah man, wie gegenwärtig ihr Marie Steiners Rezitation und die ganze Atmosphäre vor der Seele stand): «Da war sie ganz drin. Das war ihr voll vertraut.» Ohne vollste Durchdringung mit allem, was das alte Hellas dem schönen Scheine einverwoben hat, ist die edle und schöne Hypatia nicht zu begreifen.

Das Problem muss unaufgelöst bleiben, ob die ägyptische Szene auch für die karmische Erkenntnis Gültigkeit hat oder ob sie nur den Ausdruck einer seelisch-geistigen Qualität in der realen Biographie bildet.

Überleitend zu dem letzten Kapitel sei hier noch auf eine frühere Fassung der Verse aus dem dritten Bild der *Pforte der Einweihung* hingewiesen, die in der Endfassung bereits zitiert wurden.[95] Im ersten Entwurf wird vom Ende einer alten Zeit und ihrem Glück gesprochen und dem Beginn einer neuen Zeit und einem zukünftigen Glück. Der Riss zwischen beiden

Epochen ist Schmerz, ist schwerstes Leid, ist schauervolles Weh, das Millionen durcherleben und leiden, aber unbewusst. Maria ist ausersehen, diese Schmerzgeburt voll bewusst zu ertragen.

Stets wird dein Geist dich tragen
Ins Licht der Ewigkeiten.
Die Schrecken der Finsternis
Sind dir erspart.
Doch nicht die Wunden der Seele.
...
Fühlen musst du,
Was in dieser Weltenstunde
Als Weh durch alle Wesen
Schauervoll zittern wird.
Wie sterben muss der Mensch,
Um wieder zu erstehen
Mit den Früchte-Kräften
Verbrauchten Lebensganges,
So müssen zerreißen
Die alten Glückesbande,
Die tausendjährig
Gebunden haben an den Geist
Das dumpfe Stoffesleben,
Auf dass ein neues Glück
Erblühen könne im Staube des Alten.
Es spiegelt sich in deiner Seele,
Was wehvoll erlebt
An der Jahrtausend Wende
Die altgewordne Welt.
...
Du fühlst, was Millionen erleben,
Aber um es zu empfinden
Nicht Geistesfühlen haben.

Es wird aber aus schwerstem Leid
Geboren werden des neuen Alters Glück.
...
Im Entstehn ist die Epoche,
Da in die Geisterwelt zu schauen
Wird möglich sein
Der Seele auch,
Die nur im Alltag wächst.

Eine alte Epoche geht mit dem Jahrtausend zu Ende, in der
alles Stoffliche von Geist durchdrungen, belebt und getragen
war. Schmerz ist die Wende. Eine neue Epoche wird angekündigt, in der auch der Alltagsmensch, der heute noch ganz
normale Materialist unserer Zeit, wieder mit einem übersinnlichen Schauen begnadet sein wird. In der zweiten Fassung
wird gesagt, dass die Geister die Zukunft der Menschheit nur
schmieden können, wenn es Menschen gibt, die ihnen beides,
Glück und Leid, hinopfern.

Ein Knoten hat sich hier geformt
Aus Fäden, die geheimnisvoll
Im Weltenwerden Karma schafft.
Es lenken hohe Geister
In Lichtesreichen
Die Ziele alles Seins.
Sie können schmieden
Die Weltenziele nur,
Wenn ihnen opfern
Die Menschen Glück und Leid,
Erlebt in Erdenreichen.

Im dritten und ausführlichsten Entwurf wird Maria als der
Mensch dargestellt, «der in der eigenen Wesenheit des Gottes
Träger sollte sein», wie es in einem vierten Fragment heißt.

Dieses Maria-Leben gehört nicht ihr und ihrer persönlichen karmischen Entwicklung, «es gehört dem Werden der Welt». Es ist ein Ausnahme-Leben in der Kette ihrer übrigen Erdenleben.

Du leidest nicht,
Um eigenes Geschick zu erfüllen.
Was sich in deiner Seele vollzieht,
Ist nicht bloß Wirkung deines eignen Lebens.
Du bist ausersehen, dem Plan der
Welt zu dienen. ...
Du hast Leben gelebt, die deine eignen waren;
In ihnen erfüllte sich dein Schicksal
Nach deiner eignen Taten Gewicht.
Du wirst wieder Leben leben,
Die solchen Verlauf dir weisen.
Doch dieses gehört dir nicht selbst.
Es gehört den Menschen selbst nicht allein;
Es gehört dem Werden der Welt.
Und was von dir in der Erdenwelt
Zu sehen ist,
Ist Wirklichkeit nicht wie bei andern Menschen.
Es ist Sinnbild nur deines höhern Berufs.

Das Maria-Leben ist also nur ein einmaliges, eine Ausnahme unter den übrigen Inkarnationen. Darum bildet ihre Biographie keine volle Wirklichkeit, sondern nur Lebensspuren eines übermenschlichen Lebens.

Als ich zum ersten Male dich sah,
Erschienst du mir nicht wie ein menschlich Wesen.
Du gehörtest den Geisterwelten an
Wie andre Geister.
Und ein Leib ist dir nicht,

158

Um in ihm auszuleben,
Was in deinem Geiste ist.
Ein Gefäß nur ist dein Leib,
Damit du schöpfen kannst
Aus Erdenmächten,
Was den Himmeln nötig ist.
Und es ward mir Beruf,
Den Göttern zu überbringen,
Was du im Menschensein geschöpft.

Erdenkräfte sollen in einer solchen Art geschöpft werden, dass sie erfüllen, was den Himmeln nottut. Die gesamte Inkarnation Marias dient also mehr einer Lebensnotwendigkeit der Welt der Geister als einer solchen in der Welt der Menschen.

Wer sich die Mühe macht, diese Vorfassungen der endgültigen dichterischen Ausgestaltung des dritten Bildes der *Pforte der Einweihung* wirklich gründlich zu lesen – gerade weil sich die Sprache poetisch noch nicht abgerundet hat, noch mit verschiedenen Möglichkeiten des rein Stofflich-Inhaltlichen ringt –, für den wird der biographische Bezug von Maria zu Marie von Sivers-Steiner viel deutlicher werden; ja, beide Gestalten werden eins, weil die wenigen Hinweise, die es biographisch zu dem hier angedeuteten Mysterium gibt, fassbare Konturen erhalten.[96]

7. Ein kosmisches Wesen

Suche nach dem Licht des Weges!
Doch suchst du vergebens, so du
Nicht selbst Licht wirst.

Es ist dies das erste einer Anzahl von Wahrspruchworten, die Rudolf Steiner im Verlauf der 23-jährigen gemeinsamen Arbeit Marie Steiner-von Sivers persönlich gewidmet hat; wohl 1904.[97] Diese persönlich gewidmeten Wahrspruchworte erscheinen wie Marksteine des gemeinsamen Lebensganges und -gesprächs. Dieser erste Spruch kann wie ein Prolog oder auch Grundmotiv sowohl für die weiteren Wahrspruchworte als auch für das ganze weitere Streben ihres Lebens angesehen werden: selber Wesensausdruck des geistigen Lichtes zu werden. Die Absolutheit dieses Ringens und die Verwandlung ihrer gesamten Existenz trat unmittelbar nach der Begegnung mit der Anthroposophie in Erscheinung.

Die Veränderung, welche sich in der gesamten Persönlichkeit Marie von Sivers' zwischen der Begegnung mit Rudolf Steiner im Herbst 1900 und dem Aufnehmen der gemeinsamen Arbeit am 20. September 1902 vollzogen hat, ahnen wir aus einem Brief der Freundin Maria von Strauch-Spettini, den sie an Marie von Sivers schrieb, nachdem sie zwei eben hergestellte Fotografien und eine eingehende Charakterisierung derselben durch Schuré erhalten hatte.[98]

«... Schurés Brief habe ich eingehend gelesen, fast durchstudiert, so sehr hat er mich gefesselt. Es muss doch einen hohen

Reiz für Dich haben, Dich so geistvoll analysiert zu sehen. Alle immer wechselnden Einzelzüge, die mich von jeher so frappiert haben, weiß er mit echt dichterischer Sehergabe zu einem charakteristischen Gesamtbilde zu vereinigen. Was mir im ersten Moment entgegenschlug, warum ich mich erst langsam an die neuen Bilder gewöhnen musste, war: Das Fremde, das Ferne, das Entrückte, das Gewordene, während auf dem Petersburger Bilde das Weiche, Sehnende, Suchende vorherrscht, die noch ungepanzerte, zuckende, verwundbare Seele verlangt nach einer Stütze. Mein zartes Prinzesschen, meine Märchenfee! Menschlich steht mir dieses näher, sosehr ich das Gesammelte, das Geklärte, Konzentrierte im neuen Bilde bewundere und mich daran erfreue. Interessant wäre es doch, wenn Schuré vergleichen könnte, er würde noch andere Charakterzüge finden, die sich nicht so leicht zu einem Bilde zusammenschließen lassen – Rätsel über Rätsel! – Selten hat sich eines Menschen körperliche Erscheinung in wenigen Jahren so verändert, und nur wenn Du im gewohnten Familienkreis wieder lebst, treten auch die unbestimmten wechselnden Linien mit ihrem weichen Liebreiz bisweilen wieder auf. Auch kennt er nicht das Madonnenhaft-Mütterliche, das ich erst aus den Untergründen heraufgezaubert habe ...»

Die Bedeutung des Zusammen-Wollens und -Wirkens von Rudolf Steiner und Marie Steiner wird im *Lebensgang* geschildert.[99] «Marie von Sivers war *die* Persönlichkeit, die durch ihr ganzes Wesen die Möglichkeit brachte, dem, was durch uns entstand, jeden sektiererischen Charakter fernzuhalten und der Sache einen Charakter zu geben, der sie in das allgemeine Geistes- und Bildungsleben hineinstellt. Sie war tief interessiert für dramatische und deklamatorisch-rezitatorische Kunst und hatte nach dieser Richtung eine Schulung, namentlich an den besten Lehrstätten in Paris, durchgemacht, die ihrem Können eine schöne Vollendung gegeben hatte. Sie setzte die Schulung noch zu der Zeit fort, als ich sie in Berlin kennen lernte, um die verschiedenen Methoden des künstlerischen Sprechens kennen zu lernen.

Marie von Sivers und ich wurden bald tief befreundet. Und auf der Grundlage dieser Freundschaft entfaltete sich ein Zusammenarbeiten auf den verschiedensten geistigen Gebieten im weitesten Umkreis. Anthroposophie, aber auch dichterische und rezitatorische Kunst gemeinsam zu pflegen war uns bald Lebensinhalt geworden.

In diesem gemeinsam gepflegten geistigen Leben konnte allein der Mittelpunkt liegen, von dem aus Anthroposophie zunächst im Rahmen der Theosophischen Gesellschaft in die Welt getragen wurde. ...

Das ‹Wort› ist nach zwei Richtungen der Gefahr ausgesetzt, die aus der Entwicklung der Bewusstseinsseele kommen kann. Es dient der Verständigung im sozialen Leben, und es dient der Mitteilung des logisch-intellektuell Erkannten. Nach beiden Seiten hin verliert das ‹Wort› seine Eigengeltung. Es muss sich dem ‹Sinn› anpassen, den es ausdrücken soll. Es muss vergessen lassen, wie im Ton, im Laut und in der Lautgestaltung selbst eine Wirklichkeit liegt. Die Schönheit, das Leuchtende des Vokals, das Charakteristische des Konsonanten verliert sich aus der Sprache. Der Vokal wird *seelen-,* der Konsonant *geistlos.* Und so tritt die Sprache aus der Sphäre ganz heraus, aus der sie stammt, aus der Sphäre des Geistigen. Sie wird Dienerin des intellektuell-erkenntnismäßigen und des geistfliehenden sozialen Lebens. Sie wird aus dem Gebiet der Kunst ganz herausgerissen.

Wahre Geistanschauung fällt ganz wie instinktiv in das ‹Erleben des Wortes›. Sie lernt auf das seelengetragene Ertönen des Vokals und das geistdurchkraftete Malen des Konsonanten *hin-empfinden.* Sie bekommt Verständnis für das Geheimnis der Sprach-Entwicklung. Dieses Geheimnis besteht darin, dass einst durch das Wort göttlich-geistige Wesen zu der Menschenseele haben sprechen können, während jetzt dieses Wort nur der Verständigung in der physischen Welt dient.

Man braucht einen an *dieser Geisteinsicht* entzündeten Enthusiasmus, um das Wort wieder in seine Sphäre zurückzuführen. Marie von Sivers entfaltete diesen Enthusiasmus. Und so brachte ihre Persönlichkeit der anthroposophischen Bewegung die Möglichkeit, Wort und Wortgestaltung künstlerisch zu pflegen. Es wuchs zu der Betätigung für Mitteilung aus der Geistwelt hinzu die Pflege der Rezitations- und Deklamationskunst, die nun immer mehr einen in Betracht kommenden Anteil an den Veranstaltungen bildete, die innerhalb des anthroposophischen Wirkens stattfanden.

Marie von Sivers' Rezitation bei diesen Veranstaltungen war der Ausgangspunkt für den künstlerischen Einschlag in die anthroposophische Bewegung. Denn es führt eine gerade Linie der Entwicklung von diesen ‹Rezitationsbeigaben› zu den dramatischen Darstellungen, die dann in München sich neben die anthroposophischen Kurse hinstellten.

Wir wuchsen dadurch, dass wir mit der Geist-Erkenntnis Kunst entfalten durften, immer mehr in die Wahrheit des modernen Geist-Erlebens hinein. Denn Kunst ist ja aus dem ursprünglichen traum-bildhaften Geisterleben herausgewachsen. Sie musste in der Zeit, als in der Menschheitsentwicklung das Geist-Erleben zurücktrat, ihre Wege sich suchen; sie muss sich mit diesem Erleben wieder zusammenfinden, wenn dieses in neuer Gestalt in die Kulturentfaltung eintritt.»

«Die zentralen Träger der Bewegung», «weil sie deren Begründer sind» (*Lebensgang*, 37. Kapitel), repräsentierten somit jeder ein Gebiet: Wissenschaft und Kunst. Wie in den alten Mysterien, am Ausgang unserer Menschheitskultur, die beiden Säulen, Kunst und Wissenschaft, links und rechts des Einweihungsweges standen, der in die beides umfassende Geist-Wirklichkeit führte, so war Anthroposophie der gemeinsame

Quell, aus dem die neuen Kräfte in die beiden Tätigkeitsfelder einströmten.

1902 begann Marie Steiner mit der sozialen Gestaltung der Gesellschaft. «Ich hatte die Dinge zu schreiben, die Vorträge zu halten, und Frau Doktor organisierte die ganze Anthroposophische Gesellschaft.»[100] Mitglied um Mitglied, Zweig um Zweig wurde von ihr eine Gemeinschaft aufgebaut, die sich einem neuen «Erkenne-dich-selbst» in Welt- und Menschheitsevolution widmen wollte, einem neuen Christus-Verständnis; nicht anders, als Albertus Magnus höchste Wissenschaft und innerste Glaubenskraft deshalb entwickelte, um der einzelnen Seele wie der Gemeinschaft, klein oder groß, Seelsorge, Beistand und moralische Zielsetzung und Stärke vermitteln zu können. In späteren Jahren, nach Rudolf Steiners Tod, bezeichnete sich Marie Steiner einmal lachend als die Mutter der Anthroposophischen Gesellschaft. Sie war es wirklich.

Bereits im Herbst 1901, nach den ersten Vorträgen Rudolf Steiners über die ägyptischen und griechischen Mysterien, stellte Marie Steiner die Frage, die für die gesamte Entfaltung der Geisteswissenschaft in diesem Jahrhundert ausschlaggebend wurde. Darüber berichtet die langjährige Leiterin des Philosophisch-Anthroposophischen Verlages, Johanna Mücke:

«Bei einem Gespräch im Garten von Haus Hansi, wo nur Herr Doktor und Frau Dr. Steiner und ich anwesend waren, erinnerte Herr Dr. Steiner an jene Zeit, damals, ganz im Anfang, als sich aus den Interessenten für die theosophische Bewegung eine Anzahl von Menschen fand, die *das* hören wollten, was Herr Dr. Steiner selbst zu sagen hatte. Er erklärte, dass Frau Dr. Steiner damals an ihn selbst die Frage gestellt habe, ob es nicht möglich sein könnte, diese Weisheiten auf eine mehr dem europäischen Geistesleben entsprechende Art zu geben und unter Berücksichtigung des Christus-Impulses. Dieser Erinnerung fügte Herr Dr. Steiner die Worte bei, die ich nie vergessen werde: *Damit war mir die Möglichkeit ge-*

Gesang liegt in der Tonbildung
Sprache „   „   Lautbildung

Der Laut kann eigentlich nicht
gesungen werden, man kann
ihn nur benutzen um einen
Ton hervorzubringen. Das Ideal
des Sängers besteht darin die
Sprache zu verwischen u. zur
Nachtigall zu werden, die
nicht spricht, sondern singt
    Das Künstlerische Sprechen
besteht darin die Nachtigall
auszutilgen u. in dem Ton
die Bewegungsgeberde walten
zu lassen
Die Musik lässt alles in der
Tonebene liegen u. formt
den Ton in der Willenssphäre
Die Sprache ist nach dem
Gedanken geformt

geben, dort in dem Sinne zu wirken, der mir vorschwebte. Die Frage war mir gestellt, und ich konnte, nach den geistigen Gesetzen, beginnen, auf eine solche Frage die Antwort zu geben.»[101]

Nur wem ein souveränes Wissen östlicher und westlicher Weltanschauungen, deren gedankliche Durchdringung und damit Urteil und Überblick des Geisteslebens der Gegenwart zur Verfügung stand, konnte eine solche Frage stellen. In Schurés Brief über die oben erwähnte Fotografie finden sich die folgenden charakteristischen Sätze: «... wenn es vielleicht auch Träume in diesen Augen gibt: das exakte Denken herrscht vor. Und ich bin beeindruckt von dem Durchdringenden und Treffenden in Ihrem Blick, wie auch von der Willenskraft und Festigkeit Ihres feinen Mundes. ...

Die Meister des Ostens und ihre Gesandten im Abendland müssen in Ihnen die außergewöhnliche Klarheit des Geistes und die Willenskraft schätzen, die Ihrer inneren Empfindsamkeit und Ihrer feinen Wahrnehmungsfähigkeit, die ich aber kaum auf Ihrem Antlitz errate, als Schild dienen.»[102]

Wenn man sich die beiden Charakterisierungen dieses gedankenmächtigen Menschen vor Augen stellt, zusammen mit Fotografien aus den jüngeren Jahren, die Zeugnis ablegen von der strahlend-schönen Bildung ihrer Erscheinung und der Grazie ihrer Gestalt und Bewegung, wenn berichtet wird, wie die Menschen oft stehen blieben vor so viel Schönheit, wenn Rudolf Steiner mit Marie von Sivers durch die Straßen Berlins ging; und wenn Menschen immer wieder gesprochen haben von ihren wunderbaren, saphirblauen Augen, die gerade durch ihre Kurzsichtigkeit so groß, so intensiv, so ganz aus dem Inneren ihrer Seele, wie es nur kleinen Kindern eigen ist, in die Welt schauten – dann steht Hypatia, die Verkörperung der Weisheit und Schönheit, wieder vor uns auf, in anderer Zeit und in anderer Bewusstseins- und Schicksalslage.

Bald nach Übernahme des Amtes der Sekretärin der Deutschen Sektion der Theosophischen Gesellschaft begann die gemeinsame Arbeit an der dichterischen und rezitatorischen Kunst. «Dieses Geheimnis der Sprachentwicklung ... besteht darin, dass einst durch das Wort göttlich-geistige Wesen zu der Menschenseele haben sprechen können, während jetzt dieses Wort nur der Verständigung in der physischen Welt dient.»[103] Pherekydes von Syros war der Erste, der sein Wissen in Prosa niederschrieb; anders als zum Beispiel Hesiod, der sein Wissen noch durch den Hexameter mitteilte. Sodass wir in der Sprachentwicklung den Brückenschlag über den Strom, der das imaginativ erschaute Reich der Geister von der physischen Welt trennt, im Wirken des Schülers der orphischen Mysterien wiedererkennen. Den Weg des Wortes zu gehen von der Verständigung im Sinnesbereich durch den Verstand hin zu dem auferstandenen Wort der Geisterfüllung war Marie Steiners sprachkünstlerische Lebensarbeit. Sie nahm das Karma des Orphikers wieder auf und wendete es um, vorwärts-zurück zu seinem Urstand in den Mysterien. Und Aristoteles-Thomas, ihre damaligen Nachfolger und Schüler, wiesen ihr in Rudolf Steiner den Weg.

Marie Steiner, Notizblatt-Aufzeichnung:

«Das Erleben des Wortes führt zu Intimitäten des geistigen Erkennens, die wie eine Entsiegelung wirken der im Menschen verborgenen Geheimnisse. Der Mensch tritt uns hier entgegen seinem innersten Wesen nach, aus den Urgründen des ihn erschaffenden Seins heraus, so wie ihn zusammengefügt haben die richtunggebenden Kräfte der Wandelsterne, der Planeten, der Ruhesterne, des Tierkreises, die in den Lauten ihre Zeichen, in den Zeichen ihre Siegel haben. Ergreifen wir ihr zusammenfassendes Erklingen innerhalb der dem Menschen durch die Götter gegebenen Sprache, so erleben wir neue Bewusstseinszustände. Und diese Bewusstseinszustände entreißen uns der Erstarrung durch übermäßige Intellektualisierung, bringen uns dem Urquell des Seins näher. Tauchen wir unter in die Laute, so befreien wir auch den Gedanken aus seiner Umkapselung durch das graue Gehirn, das ihm sein Leben aussaugt, das aus dem gefügigen, bildsamen Werkzeug, das es bleiben sollte, ein Vampir geworden ist, der den Gedanken ertötet. *Bringen wir wieder den Gedanken in die Sprache zurück, die ihn geboren hat,* in ihre Laute, ihre Lichter und Schatten, ihre Farben, ihre Bilder, ihren Pulsschlag, ihre Klanghebungen und -senkungen, ihre Bewegungstendenzen, ihre Tiefen-, Weiten- und Höhenrichtungen, ihre Zonen, ihre plastische, elastische, ballende, schnellende Kraft –, ja dann erlebt man Welten, die umso schöner und reicher sind, als wir in der Lage sind, sie zu trennen von unserem subjektiven Erleben und unterzutauchen in das Leben des Weltenalls. Wie arm erscheinen wir uns selbst mit unserem engen Gefühlsleben, verglichen mit dem Reichtum, den wir erfassen durch das Untertauchen im objektiven Weltenleben. Und Wege zu diesem Erfassen weist uns die Sprache. Denn in ihr berühren wir die göttlichen Kräfte, die uns erschaffen haben und die unsere Meister und Führer sind. Schaffende Mächte berühren wir, die sich im Menschen ein Gebild erschaffen haben.»[104]

In diesen Worten lebt der Neubeginn einer ganzen Evolution! Wie aber muss das Wesen beschaffen sein, das den ersten «Anhub» zu dieser Evolution geleistet hat?

Tatjana Kisseleff berichtet in ihren Erinnerungen das Folgende über Marie Steiner: «Als ich einmal Fräulein Johanna Mücke, die Marie von Sivers seit 1902 kannte, fragte, ob sie vielleicht etwas aus deren Leben aufgeschrieben hätte, sagte sie mir, dies sei nicht möglich gewesen. Rudolf Steiner habe einmal gesagt: ‹Marie von Sivers ist kosmisch.›»[105]

Dieselbe Charakterisierung wird von Lisa Dreher Monges wiedergegeben,[106] der Nichte von Emil und Berta Molt; Emil Molt war der Stifter und Begründer der ersten Waldorfschule in Stuttgart.

Memoiritis

«Als leuchtende Erinnerungsbilder stehen vor der Seele die Mahlzeiten im Hause meines Onkels und meiner Tante, Emil und Berta Molt, an denen Dr. Steiner und Frau Marie Steiner teilnahmen. Auch ich durfte dabeisein.

Es herrschte eine frohe Stimmung während dieser Mahlzeiten. Als Rudolf Steiner einmal ein sogenannter ‹gemischter Salat› angeboten wurde, lehnte er ihn ab mit den Worten: ‹Das kann ich ja nicht in meinem Magen unterscheiden.›

Des Öfteren, während der Nachtisch aufgetragen wurde, erzählte Dr. Steiner Witze.

Bei der letzten Anwesenheit von Herrn und Frau Dr. Steiner beim Mittagsmahl im Hause Molt – es war im Februar 1924 – befasste sich die lebhafte Unterhaltung mit Henry Ford, und Dr. Steiner sagte, dass er gerne in einem Ford-Automobil fahre. (Das war dazumal das sogenannte ‹Modell T›.) Henry Ford hatte gerade seine Autobiographie veröffentlicht, und Dr. Steiner bemerkte: ‹Viele Leute haben jetzt memoiritis›, worauf Frau Doktor entgegnete: ‹Das kann man auch von Ihnen sagen ...› (Rudolf Steiner schrieb zu jener Zeit seinen ‹Lebensgang›, der in kurzen Abschnitten jede Woche in ‹Das Goetheanum› erschien.) Als Frau Doktor diese Bemerkung machte, änderte sich Dr. Steiners Gesichtsausdruck zu tiefem Ernst. Wie in weite Fernen schauend, sagte er mit seiner tiefen, wohlklingenden Stimme: ‹Ja, es soll nur schlicht und wahr sein.›

Nach einer kurzen Pause meinte Emil Molt: ‹Man sollte auch Frau Doktors Biographie schreiben›, worauf Rudolf Steiner erwiderte: ‹Das kann man ja nicht, Frau Doktor ist ein kosmisches Wesen.›»

Lisa Dreher Monges (Spring Valley)

Rudolf Grosse, ehemals erster Vorsitzender der Allgemeinen Anthroposophischen Gesellschaft, war als Pensions-Gast und Waldorfschüler der 12. Klasse bei diesem Gespräch ebenfalls anwesend. Er hat die Begebenheit in einem Vortrag im Goetheanum wiedergegeben, wovon zunächst meine Mutter mir detailliert berichtet hatte. Auf meine Bitte hat Rudolf Grosse die Begebenheit mir persönlich nochmals berichtet. Sein Bericht stimmte mit dem mir vorher schon bekannten von Lisa Dreher Monges, bis in den Wortgebrauch, genau überein. – Wie kann man sich dem Verständnis dieser Charakterisierung nähern?

Für den allgemein-menschlichen Lebenslauf ist der Mensch zwischen Geburt und Tod ein menschliches Erdenwesen, zwischen Tod und Geburt aber ein kosmisches Wesen. Für den nachtodlichen und vorgeburtlichen Bewusstseinszustand wird die persönliche Innenwelt der Erdenzeit kosmische Außenwelt, die kosmischen Wesen der Hierarchien aber bilden die Innenwelt von Seele und Ichheit. Im Wachen und Schlafen wiederholen sich beide Zustände, wenn auch in abgeminderter Form. Denkt man aus diesem Zusammenhang heraus den Begriff einer Menschen-Wesenheit, die innerhalb ihrer Erdenverkörperung kosmisch, oder gesteigert, ein kosmisches Wesen ist, so erscheint ein Menschtum, das in seinem Erden-Menschenwesen zwischen Geburt und Tod zugleich kosmisches Geistwesen zwischen Tod und Geburt ist. Prä- und Postexistenz sind präsent in jedem Erdenaugenblick. – Die Tatsache der Inkorporation eines göttlich-kosmischen Wesens in der menschlichen Wesenheit wird mit der Bezeichnung «kosmisch» oder «kosmisches Wesen» zunächst noch gar nicht berührt.[107] Das geht erst aus den im vorigen Kapitel angeführten Entwürfen zum dritten Bild der *Pforte der Einweihung* klar hervor.

Als ich zum ersten Male dich sah,
Erschienst du mir nicht wie ein menschlich Wesen.
Du gehörtest den Geisterwelten an
Wie andre Geister.

Wie J. S. Bach, wenn er seine Fugen schrieb, nicht mehr Kantor oder Familienvater war, sondern nurmehr Sphärenwelt der Polyphonie, sodass Goethe an seiner Musik erleben konnte, «als wenn die ewige Harmonie sich mit sich selbst unterhielte, wie sich's etwa in Gottes Busen, kurz vor der Weltschöpfung, möchte zugetragen haben» (an Zelter, 17.7.1827); oder wie Henri Dunant, alles Persönliche hinter sich lassend, nach der Schlacht von Solferino ganz nur Leid und Mitleiden mit den verwundeten Soldaten war und das Rote Kreuz begründete; oder wie die Geschwister Scholl ihr Leben hingegeben haben für den Geist des Menschtums, für menschliche Moralität und Freiheit: So wird von Maria gesagt, dass sie sich selber ganz dem Reich der Geister und deren Lebensnotwendigkeiten dienend aufopfert. Wobei das Opfer-Feuer-Fühlen in seinem Kern immer höchster Enthusiasmus ist.

Ein Gefäß nur ist dein Leib,
Damit du schöpfen kannst
Aus Erdenmächten,
Was den Himmeln nötig ist.
Und es ward mir Beruf,
Den Göttern zu überbringen,
Was du im Menschensein geschöpft.
...

Ein wunderbares Beispiel dafür, wie in Marie von Sivers kosmische Fähigkeiten lebten, die Rudolf Steiner in sich aufnahm, um sie in schöpferischer Weise der geistigen Welt entgegenzutragen, war dieses:

Ende Januar bis Anfang Februar arbeitet Rudolf Steiner in Dornach für den Bau und an seinem Modell für die Innengestaltung. Marie von Sivers berichtet darüber in ihrem Brief vom 2. Februar 1914 an Mieta Waller nach Berlin:

«... Jetzt muss ich Inspiratrice sein, wie es der Doktor nennt, das heißt stumme Figur neben ihm, wenn er schafft. Ich kann nicht gut meine Schreibereien mitnehmen an all die entlegenen Orte, Korrekturen konnte ich diesmal in der Eile mir nicht schaffen, so muss ich mich eben mit der Rolle der stummen Inspiratrice bescheiden. Es war schon hübsch, die paar Stunden, in denen man alleine saß, aber meistens ists doch ein Geschwirre in der Werkstatt, dass einem der Kopf mitschwirrt, und eine Dampfheizungsglut, die recht unerträglich ist. Die andern Inspirationsstunden verbringe ich im Modell drin; da ists wie in einem Keller. Unter der einen Kuppel schafft der Doktor emsig. In Wachs verdichtete Lebenswellen gehen aus einer Form in die andere über; unter der andern Kuppel sitze ich recht unbequem mit Hamerlings Hymnen und inspiriere, bis ich steif werde. Heute habe ich mich etwas davon emanzipiert und einige Briefe geschrieben. Gestern saßen wir unter den Kuppeln bis 12 Uhr nachts.»[108]

Es ist erstaunlich zu erleben, mit welcher distanzierten Sachlichkeit diese kosmischen Pflichten absolviert wurden. Rudolf Steiner plastizierte in die «Lebenswellen» des Architravs, der Säulensockel und Kapitelle des ersten Goetheanum die ganze Kosmologie hinein. Er beanspruchte dabei nicht Marie Steiners künstlerisches Mitdenken und Mitempfinden. Er brauchte ihre gesamte Wesenheit und Verkörperung – in einem «zu kleinen» physischen Leibe und in einem gigantischen Ätherleib –, um aus Erdenmächten zu schöpfen, was den Himmeln nottat. «Auf Marie Steiner deutend, sagte einmal Doktor Steiner zu Roman Boos: ‹Sehen Sie, alle ihre Spitzen sind zu klein, zu kleine Hände und Füße, zu kleine Nase. In dieser Verinnerlichung liegt Frau Doktors Künstlertum.›»[109] Diese «Verinnerlichung» barg einen ganzen Kosmos in sich, der ihre hohe Befähigung zur Kunst als eine zweite Natur erscheinen ließ. Diese Natur stand ihr zur Verfügung wie eine Elementargewalt.

Dieses Einzigartige der kosmischen Eigenschaften Marie Steiners, ihres kosmischen Wesens, ist nun verknüpft mit dem Mysterium, das zunächst an der dichterischen Gestalt Marias geschildert wird (siehe die S. 143 wiedergegebene Endfassung der Rede des Benedictus im 3. Bild der *Pforte*). Ein Gotteswesen sucht ein menschliches Wesen, das ihm dienen soll: Der Same künftiger Hellsichtigkeit soll in einen Menschen eingepflanzt werden. Aus diesem Samen können sich dann die Geistesaugen für die ganze Menschheit nach und nach bilden. Benedictus erwählt Maria für diese Mission.

Es gab einen Brief Rudolf Steiners an Marie Steiner, den diese testamentarisch angeordnet hatte zu verbrennen; den sie aber zwei ihr nahestehenden Menschen vorgelesen hat in einer Zeit, als nach dem Tode Rudolf Steiners das Verhältnis zwischen ihm und ihr in seiner Bedeutung in Frage gestellt worden war. Das mündliche Zeugnis der beiden alten Mitglieder, Clara Walther und Anna Samweber, war: Rudolf Steiner habe darin noch einmal an ihrer beider Zusammengehen erinnert, in welchem karmisch das gelebt habe und lebe, was in dem 3. Bild der *Pforte der Einweihung* dramatisiert ist. Anna Samweber war der Auffassung, dass die Veröffentlichung dieses Briefes volle Klarheit bringen würde gegenüber Unwissenheit und Anfeindung. Aber Marie Steiner lehnte es ab, die geistige Intimität des Briefes preiszugeben, und ließ ihn verbrennen.[110] Aus diesem Bericht geht somit hervor, dass Marie Steiner-von Sivers' kosmisches Wesen mit einer Gottesträgerschaft verbunden war.

Eine Bestätigung dieses Tatbestandes findet sich auch in der Bemerkung Rudolf Steiners auf der Probe in München, wie sie überliefert ist durch Max Gümbel-Seiling in seinen *Erinnerungen an Rudolf Steiner* in den *Mitteilungen aus der Anthroposophischen Arbeit in Deutschland*, Ostern 1962, Seite 88:

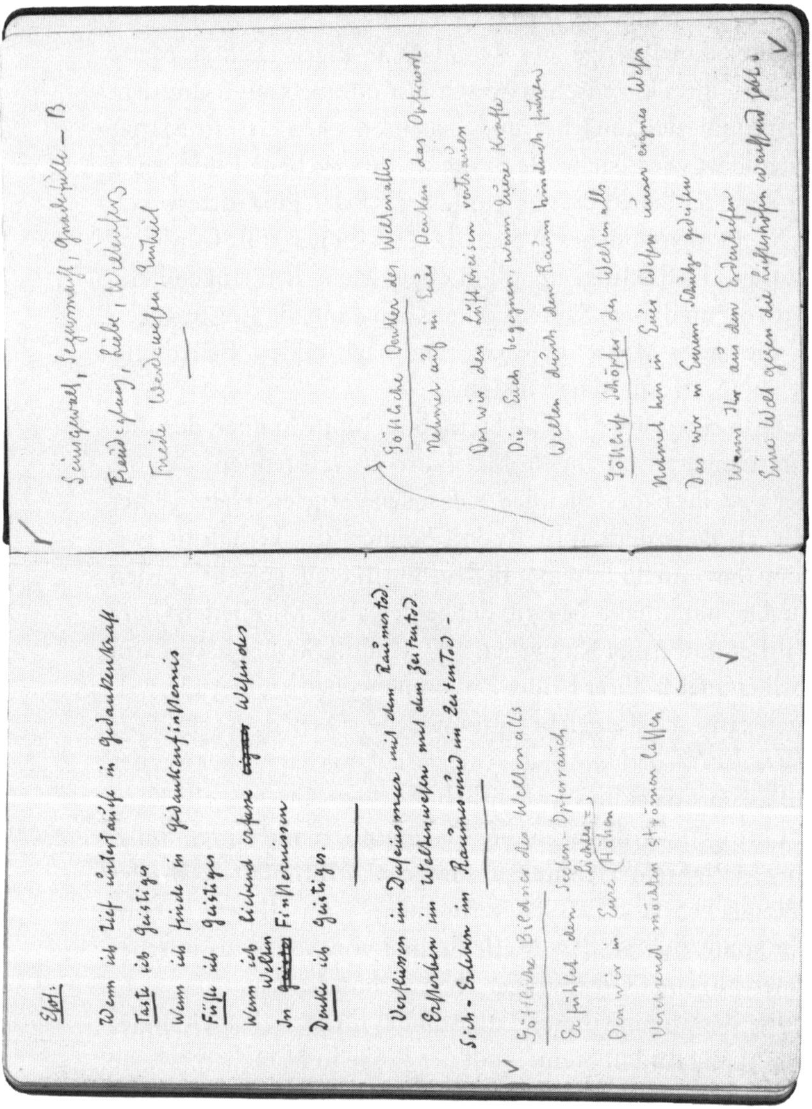
Ernst:
Wenn ich tief untertauche in Gedankenkraft
Taste ich Geistiges
Wenn ich finde in Gedankenfinsternis
Fühle ich Geistiges
Wenn ich liebend erfasse eigenes Wesendes
In geistig Welten Finsternissen
Denke ich Geistiges.
Verfließen im Daseinsmeer mit dem Raumestod.
Ersterben im Weltenwesen mit dem Zeitentod
Sich-Erleben im Raumeswind im Zeitentod -
Göttliche Bildner des Weltenalls
Erfühlet den Seelen-Opferrauch
Den wir in Eure Lichtes= Höhen
Verehrend möchten strömen lassen
Seinsgewalt, Gegenwart, Gnadefülle — B
Freudeglanz, Liebe, Weltenkraft
Freie Weltenwesen, Urteil
Göttliche Denker des Weltenalls
Nehmet auf in Euer Denken das Opferwort
Das wir den Luftkreisen vertrauen
Die Euch begegnen, wenn Eure Kräfte
Wellen durch den Raum hindurch führen
Göttliche Schöpfer des Weltenalls
Nehmet hin in Euer Wesen unser eignes Wesen
Das wir in Eurem Schutze gießen
Wenn Ihr aus den Erdentiefen
Eine Welt gegen die Luftestiefen wachsend schafft.

[M.D.481]

Göttliche Bildner des Welten alls
Erzeichnet der irdischen Opfers auch
Von uns in eure Lichtes-Höhen
Verehrend möchten strömen Leben.

Göttliche Lenker des Welten alls
Nehmet auf in euer Herzen das Opferwort
Das wir den Luft Wesen vertrauen
Die Euch begegnen, wenn Eure Kräfte
Welten durch den Raum hindurchziehen

Göttliche Schöpfer des Welten alls
Nehmet hin in Euer Wesen unser eignes Wesen
Das wir in neuem Schutze gedeihen
Wenn Wir aus den Erdenthfern
Eine Weltbegegnende Lichtes höhen strebend habt.

«‹Im dritten Bilde der *Pforte der Einweihung*›, sagte Rudolf Steiner, ‹habe ich die von Luzifer gesprochenen Worte fast wortwörtlich in das Mysteriendrama aufnehmen können. Ich habe Fräulein von Sivers die geringfügigen Änderungen gezeigt, die ich angebracht habe.›»

Es handelt sich bei einer solchen Inkorporation eines göttlichen Wesens in einen Menschen um eine Tatsache, die sich im Verlauf der Menschheitsgeschichte viele Male ereignet hat, wie Rudolf Steiner ausführt.[111] «Wovon ich Ihnen gerne Vorstellungen hervorrufen möchte, das ist, dass in dem ganzen auch geschichtlichen Werdeprozess der Menschheit durch die verschiedenen Jahrtausende hindurch bis in unsere Tage hinein hinter allem Menschenwerden und menschlichen Geschehen geistige Wesenheiten, geistige Individualitäten als Leiter, als Führer stehen, und dass für die größten, für die wichtigsten Tatsachen des historischen Verlaufes dieser oder jener Mensch mit seiner ganzen Seele, mit seinem ganzen Wesen wie ein Werkzeug von dahinterstehenden, planvoll wirkenden Individualitäten erscheint.»

Als ein geschichtliches Beispiel führt Rudolf Steiner Abraham an. «So ist Abraham derjenige, der zuerst den inneren Abglanz der göttlichen Weisheit, des göttlichen Schauens, in so recht menschlicher Weise als menschliches Denken über das Göttliche entwickelt. Abram oder Abraham, wie er später genannt wurde, hatte tatsächlich, was die okkulte Forschung immer zu betonen hat, eine andere physische Organisation als alles, was sonst an Menschen um ihn herum lebte. Die Menschen ringsherum waren damals in ihrer Organisation nicht so, dass sie inneres Denken durch ein besonderes Werkzeug hätten ausbilden können. Sie konnten Denken ausbilden, wenn sie leibfrei wurden, wenn sie sozusagen in ihrem Ätherleib Kräfte entwickelten; wenn sie aber im physischen Leibe darinnensteckten, hatten sie noch nicht ausgebildet das Werkzeug des Denkens. Abraham ist in der Tat der Erste, der in vorzüglicher Weise das physische Werkzeug des Denkens ausgebildet hatte. ... Um so etwas zu verstehen, wie durch eine Persönlichkeit wie Abraham etwas Wichtiges für die ganze Menschheitsevolution geschehen kann, müssen Sie einen Satz, eine wichtige Wahrheit ganz genau ins Auge fassen: dass immer, wo eine Persönlichkeit zu einem besonderen Instrument für die Menschheitsevolution ausersehen wird, bei einer solchen Persönlichkeit ein unmittelbares Eingreifen einer göttlich-geistigen Wesenheit notwendig ist.

Diejenigen von Ihnen, welche an der Münchener Aufführung des ‹Rosenkreuzermysteriums› teilgenommen haben oder es gelesen haben, werden wissen, dass eine der wichtigsten dramatischen Verwicklungen darauf beruht: Der Hierophant macht die Maria darauf aufmerksam, wie sie ihre Mission nur dadurch erfüllen kann, dass in der Tat ein solcher Einfluss einer höheren Wesenheit stattgefunden hat; und bei ihr wird dadurch wirklich so etwas hervorgerufen, was man nennen kann eine Trennung der höheren Glieder von den niederen, sodass die Letzteren dann besessen werden können von einem untergeordneten Geist. – *Alles, was in dem ‹Rosenkreuzermysterium› zu finden ist, kann Sie, wenn Sie es auf Ihre Seele wirken lassen und nicht leicht hinnehmen, auf große Geheimnisse der Menschheitsevolution aufmerksam machen.*

Da nun Abraham ausersehen war, eine solche wichtige Rolle in der Menschheitsevolution zu spielen, war es bei ihm notwendig, dass hineindrang in das Innere seiner Organisation, was die Menschheit früher in den atlantischen Zeiten wahrgenommen hatte als den Geist, der durchwebt und durchlebt die Außenwelt. Das geschah zum ersten Male bei Abraham, und damit war es zum ersten Male möglich, dass eine Veränderung des geistigen Anschauens stattfinden konnte. Allerdings, damit das geschehen konnte, war notwendig der Einfluss einer göttlich-geistigen Wesenheit. *Es legte gleichsam eine göttlich-geistige Wesenheit in die Organisation des Abraham hinein, den Keim für alle die Organisationen, die von ihm in der Generationenfolge abstammen sollten.»*[112]

Indem also die Gottesträgerschaft Abrahams mit derjenigen Marias im Rosenkreuzermysterium in Beziehung gebracht wird, kann dadurch «auf große Geheimnisse der Menschheitsevolution aufmerksam» gemacht werden. Das heißt, das Maria-Mysterium weist über die Grenzen der Dichtung hinaus auf Realitäten.

Ein weiteres Beispiel wird in Zarathustra gegeben. «Auf ganz anderem Wege erlangen solche Persönlichkeiten wie zum Beispiel der ursprüngliche Zarathustra die Möglichkeit, Menschheitsführer zu werden. ... Ich spreche ... von der Persönlichkeit des ursprünglichen Zarathustra, dem Verkünder des Ahura Mazdao. Wenn wir eine solche Persönlichkeit an dem Platze, wo sie uns in der Welt entgegentritt, studieren, so ist zunächst in ihr keine Individualität, welche durch eigene Verdienste besonders hoch gestiegen wäre, sondern eine solche Persönlichkeit wird ausersehen, Träger zu sein, Hülle zu sein für eine geistige Wesenheit, für eine geistige Individualität, die sich nicht selber in der Welt fleischlich inkarnieren kann, die nur in eine menschliche Hülle hineinleuchten und innerhalb derselben wirken kann.

Ich habe in meinem Rosenkreuzermysterium ‹Die Pforte der Einweihung› darauf aufmerksam gemacht, wie eine menschliche Wesenheit durchgeistet wird in einem bestimmten Zeitpunkt, wenn es notwendig ist für die Weltentwickelung, von einer höheren Wesenheit. *Das ist nicht bloß als ein poetisches Bild gemeint, sondern als poetische Repräsentation einer okkulten Wirklichkeit. ...*

Etwa in folgender Weise war die Zarathustra-Persönlichkeit dazu ausersehen, Träger zu sein einer höheren Wesenheit, die sich nicht selbst inkarnieren sollte. Es war gleichsam bestimmt von den geistigen Welten: In dieses Kind soll hineinversenkt werden eine göttlich-geistige Wesenheit, die in diesem Menschen wirken kann, sich seines Gehirns, seiner Werkzeuge und seines Willens bedienen kann, wenn dieses Kind herangewachsen ist. Dazu muss allerdings von vornherein etwas ganz anderes mit dem Menschen geschehen, als sonst in der menschlichen individuellen Entwickelung geschieht. Nun spielen sich ja allerdings die Vorgänge, welche jetzt ein wenig beschrieben werden sollen, nicht so sehr physisch-sinnlich ab, als vielmehr in dem ganzen Leben eines solchen heranwachsenden Menschen, obwohl natürlich ein anderer, der mit groben Sinnen ein solches Kind verfolgen würde, es nicht beobachten könnte. Wer es aber beobachten kann, der sieht, dass da von vornherein zwischen den Seelenkräften eines solchen Kindes und der äußeren Welt Konflikte spielen, dass dieses Kind ein Wollen, eine Impulsivität hat, die gleichsam im Widerspruch steht mit dem, was sich ringsherum abspielt. Das ist ja der göttlichen, der geisterfüllten Persönlichkeiten Schicksal, dass sie als Fremdlinge heranwachsen, dass ihre Umgebung keinen Sinn und keine Empfindung hat, um sie recht zu verstehen. Gewöhnlich sind nur ganz wenige, vielleicht ist sogar nur eine Persönlichkeit vorhanden, die eine Ahnung davon haben kann, was mit einem solchen Menschen heranwächst.» [113] Eine zweite Bestätigung der Tatsache, dass Marie Steiner-von Sivers Träger einer geistigen Wesenheit war, findet sich demnach in dem Hinweis, dass das 3. Bild der *Pforte der Einweihung* «als poetische Repräsentation einer okkulten Wahrheit» aufzufassen ist.

Im 12. Vortrag desselben Zyklus wird das Schicksal Johannes des Täufers geschildert. «Auf dem alten Monde gab es auch Wesenheiten mit der Menschennatur, auch auf Sonne und Saturn. Auf der Erde ist der Mensch Mensch. Der Engel war auf dem Monde Mensch, und der Erdenmensch ist der Nachfolger der Engel im Menschentum, sodass der Vorgänger des Menschen auf der Erde vorbereiten muss dasjenige, was mit dem Menschen geschehen soll. Das Engelhafte muss in den Astralleib hineinwirken, bevor das Ich hineinwirken kann. Soll die

Erdenmission des Menschen vorbereitet werden, so muss das geschehen durch den Vorgänger des Menschen, den Engel. Daher griff zu einer gewissen Zeit ein Angelos in eine Menschennatur ein. Der Erdenmensch kann, wenn so etwas stattfindet, eine Maya sein. Seiner Seele bedient sich ein höheres Wesen. Der Mensch ist in Wahrheit das, als was er vor uns steht, und er kann doch Hülle sein für eine andere Wesenheit. Und so kam es denn, dass dieselbe Individualität, die einstmals als Elias lebte und bei der Wiederverkörperung als Johannes erschien, in sich aufnahm eine Engelnatur, die sich durch ihn ausdrückte. In meinem Mysteriendrama ‹Die Pforte der Einweihung› findet ein solcher Vorgang statt. Da ist es so, dass durch die Maria hindurchwirkt eine andere Wesenheit:

Es formt sich hier in diesem Kreise
Ein Knoten aus den Fäden,
Die Karma spinnt im Weltenwerden.
O Freundin, deine Leiden
Sind Glieder eines Schicksalsknotens,
In dem sich Göttertat verschlingt mit Menschenleben.

Göttertat verschlingt sich mit Menschenleben und formt Menschenschicksal.

So war Himmelstat mit Menschenschicksal verbunden in Johannes dem Täufer. Ein göttliches Wesen, ein Engelwesen wirkte durch ihn. Was er tat, konnte nur dadurch geschehen, dass der Mensch Johannes eine Maya war, dass in ihm innerlich ein Wesen lebte, das vorherverkünden sollte dasjenige, was den Menschen auf der Erde werden sollte. Und nun müssen wir übersetzen, wenn wir sachgemäß übersetzen wollen, so, dass wir uns hineinfühlen in dasjenige, was wirklich in diesen Worten ausgedrückt werden soll: Nehmet wahr: Das Ich, das erscheinen soll in der Menschenwesenheit, sendet vor dem Ich her den vorbereitenden Engel.

Gemeint ist der Engel, der in der Persönlichkeit Johannes des Täufers lebte. Der ist gemeint, und die ganze Lehre, die wir in der Theosophie kennen lernen vom Engel, liegt in diesem Satz: dass Mondeneingeweihte die Erdeneinweihungen vorbereiten müssen.»

Es liegt nahe, die Beziehung einer Engelwesenheit zu Johannes dem Täufer auf Maria, die «poetische Repräsentation einer okkulten Wirklichkeit», zu übertragen. Doch spricht Rudolf Steiner lediglich von einer «anderen Wesenheit», sodass die Bestimmung, um *was* für ein göttliches Wesen es sich bei Maria wie bei Marie Steiner-von Sivers handelt, hier nicht getroffen werden kann. Mir ist auch sonst kein anderer Hinweis bekannt, der dazu berechtigen würde, eine solche Bestimmung vorzunehmen. Jede Spekulation verbietet sich aber von selbst. – Nimmt man diese Aussage mit den beiden vorigen zusammen und denkt sie im Verhältnis zu dem Zeugnis von Samweber und Walther durch, so ist auch sie eine Bestätigung der Gottesträgerschaft Marie Steiner-von Sivers'. Wesentlich erscheint auch: Diese drei geistesgeschichtlichen Tatsachen werden zusammen mit der *Okkulten Geschichte* in den Jahren 1910/11 von Rudolf Steiner dargestellt, also im zeitlich nahen Umkreis der Entstehung der *Pforte der Einweihung*. Und alle drei exemplifizieren geschichtliche «okkulte Wirklichkeiten» im Vergleich mit dem 3. Bild.

Der Beziehung zwischen Marie Steiner-von Sivers und der Individualität Johannes des Täufers – Raphael – Novalis liegt aber noch eine ganz andere Verwandtschaft zugrunde, die wir im 1. Kapitel schon berührt haben und noch vertieft betrachten werden. Diese Verwandtschaft erscheint als eine sehr geheimnisvolle und intime. Nach meiner persönlichen Auffassung liegt sie in dem gemeinsamen Schicksal einer kosmischen Seelenhaftigkeit und der Geistesträgerschaft verborgen; eine Übereinstimmung auf kosmischer Ebene, wie zwischen Geist-Geschwistern.

Nicht über die Individualität, wohl aber über Herkunft und Wesensart des Gotteswesens gibt Rudolf Steiner den folgenden Hinweis:

«Wenn wir die Entwickelung der Menschheit ins Auge fassen, wie sie im Sinne unserer Geisteswissenschaft fortschreitet von Stufe zu Stufe, so muss uns als das Bedeutsamste innerhalb der menschlichen Evolution erscheinen, dass der Mensch, durch die einzelnen Epochen hindurch sich immer wieder verkörpernd, aufsteigt, gewisse höhere Vollkommenheitsgrade erreicht, um endlich nach und nach jene Ziele zu Wirkenskräften in seinem Innersten zu machen, die für die einzelnen planetarischen Entwicklungsstufen eben die angemessenen sind. So sehen wir auf der einen Seite den hinaufsteigenden Menschen, der im Auge hat bei dieser Hinaufentwicklung sein Gottesziel. Aber der Mensch würde sich zu solchen Höhen, zu denen er sich entwickeln soll, niemals entwickeln können, wenn ihm nicht gewissermaßen zu Hilfe kämen Wesenheiten, welche im Weltganzen andere Wege der Entwickelung durchgemacht haben als der Mensch. Von Zeit zu Zeit, so können wir es etwa ausdrücken, kommen Wesen aus anderen Sphären in unsere Erdenevolution herein und verbinden sich mit der menschlichen Entwickelung, um den Menschen zu ihren eigenen Höhen hinaufzuheben.

... sodass ein solches Menschenwesen, das von einem Gott durchseelt ist, innerhalb der menschlichen Evolution mehr wirken kann als sonst ein Mensch.

Solche Dinge hört unsere alles nivellierende, alles mit materialistischen Vorstellungen durchdringende Zeit nicht gern. ... Aber ein Rudiment davon hat sich der Mensch wenigstens erhalten ... er hat sich bewahrt, an das Auftreten von genialen Persönlichkeiten, von Genies, hie und da zu glauben. Aus der großen Masse der Menschen ragen auch für das gewöhnliche moderne Bewusstsein Genies hervor, von denen man sagt: In ihrer Seele keimen andere Fähigkeiten als sonst in der menschlichen Natur hervor ... Würde man allerdings auf diejenigen Lehren sehen, die den wahren Tatbestand solcher Genies kennen, so würde man in einem solchen Falle, wo ein derartiger Mensch auftritt, der plötzlich wie besessen ist von etwas außerordentlich Gutem, Großem und Gewaltigem, sich klar darüber sein, dass eine geistige Kraft herabgestiegen ist und gleichsam Besitz ergriffen hat von dem Ort, wo nun einmal solche Wesenheiten wirken müssen, nämlich vom Inneren des Menschen selber.

Dem anthroposophisch Denkenden sollte es von vornherein einleuchtend sein, dass diese zwei Dinge möglich sind, das Hinaufentwickeln des Menschen der Gotteshöhe entgegen und das Heruntersteigen göttlich-geistiger Wesenheiten in menschliche Leiber oder menschliche Seelen. In dem ‹Rosenkreuzermysterium› ist an einer Stelle darauf aufmerksam gemacht worden, dass, wenn irgendetwas Bedeutungsvolles in der Menschheitsevolution geschehen soll, sich sozusagen ein Gotteswesen mit einer Menschenseele verbinden muss und sie durchdringen muss. Das ist ein Erfordernis der Menschheitsevolution.

Um dies in Bezug auf unsere irdische Geistesentwicklung zu verstehen, wollen wir uns erinnern, wie die Erde in den Zeiten ihres Anfanges noch mit der Sonne verbunden war, die heute von ihr abgetrennt ist. Später haben sich dann in einem Zeitpunkt urfernster Vergangenheit Sonne und Erde einmal getrennt ... Nach der Trennung der Erde von der Sonne blieben mit der Erde gewisse geistige Wesenheiten verbunden, während mit der Sonne andere geistige Wesenheiten verbunden blieben, die, weil sie über die Erdenverhältnisse hinausgewachsen waren, ihre weitere kosmische Entwickelung nicht auf der Erde vollenden konnten ... Diejenigen geistigen Wesenheiten nun, die dem Menschen aus einer höheren Sphäre her dienen können, das sind eben die, welche mit der Sonne außerhalb der Erde ihren Schauplatz verlegt haben. Und aus dem Bereich der Wesenheiten, die zum Sonnenschauplatz gehören, kommen diejenigen Wesen, die sich von Zeit zu Zeit verbinden mit dem Menschentum der Erde, um die Erdenevolution und Menschheitsentwickelung weiterzuführen.

In den Mythen der Völker finden wir immer wieder und wieder solche ‹Sonnenhelden›, solche aus der geistigen Sphäre in die Evolution der Menschheit hereinwirkende Wesenheiten. Und ein Mensch, der durchsetzt, durchdrungen ist von einer solchen Sonnenwesenheit, ist in Bezug auf das, als was er uns zunächst äußerlich entgegentritt, eine Wesenheit, die eigentlich viel mehr ist, als sie uns zeigt. Das Äußere ist eine Täuschung, eine Maja, und hinter der Maja ist das eigentliche Wesen, das nur der ahnen kann, der hineinschauen kann in die tiefsten Tiefen einer solchen Natur.

In den Mysterien wusste und weiß man immer von dieser zweifachen Tatsache in Bezug auf den Entwickelungsgang der Menschheit. Man unterschied und unterscheidet sozusagen aus der geistigen Sphäre heruntersteigende göttliche Geister und von der Erde hinaufsteigende, zur Einweihung in die geistigen Geheimnisse strebende Menschen.»[114]

Der Hinweis auf die Sonnenabkunft des Gotteswesens betrifft demnach auch Maria im 3. Bild der *Pforte*, als einem «Erfordernis der Menschheitsevolution». Und als solchem hat es auch für Marie Steiners Schicksal Gültigkeit.

*

Um sich dem Verständnis der Problematik nähern zu können, die mit dem Mysterium einer Gottesträgerschaft verbunden ist, muss von jeglicher Vorstellung einer Auslöschung der Persönlichkeit, einer Lenkung, die die innere Freiheit antasten würde, oder irgendeiner Abdämpfung des Bewusstseins, wodurch die volle Verantwortlichkeit beeinträchtigt würde, energisch Abstand genommen werden. Hilfreich dagegen kann, wie soeben erwähnt, die Vorstellung sein von dem Genie, das sein Werk auf der Grundlage höchster Meisterschaft, in absoluter Hingabe an die Inspiration zu schaffen vermag, wie etwa Mozart, Richard Wagner, Michelangelo und andere es geleistet haben. Die Persönlichkeit wird gleichsam *ganz* Musik oder *ganz* Plastik und wächst damit über die Grenzen des Persönlichen weit hinaus, gerade *weil die persönlichen Kräfte* sich in das Werk hingebend heraufsteigern. Die Stimmung vollkommener Aufopferung alles Menschlich-Persönlichen in die Kunst hinein findet sich in erschütternder Weise bei Beethoven in einer Tagebuchnotiz von 1812: «Du darfst nicht Mensch sein, für dich nicht, nur für andere, für dich gibt's kein Glück mehr als in dir selbst, in deiner Kunst – o Gott, gib mir Kraft, mich zu besiegen: Mich darf ja nichts an das Leben fesseln!»

Assja Turgenieff, die Eurythmistin und bildende Künstlerin, welche die farbigen Glasfenster des Goetheanums hergestellt hat, erzählte einmal in einer Gedenkstunde für Marie Steiner, sie sei in jeder Lebenssituation der verkörperte Mut gewesen. Nur in einem habe sie wirkliche Ängstlichkeit gezeigt, nämlich darin, in ein Geistiges, künstlerisch oder gedanklich, eine Subjektivität hineinzutragen. Das aber ist die Haltung eines Menschen, der in nie aussetzender Überprüfung seines Bewusstseins lebt, in jedem Augenblick für den Geistesdienst bereit zu sein. Tatsache ist, dass Marie Steiner-von Sivers ab dem Jahre 1902 bis in ihre letzten Lebensstunden hinein restlos dem Werk Rudolf Steiners, der Anthroposophie gedient und alles, aber auch alles Persönliche immer zurückgestellt hat, worin sich aber gerade die Einmaligkeit ihrer Individualität frei und absolut offenbarte.

Ihre Originalität, ihre Ursprünglichkeit und auch ihr Geheimnis hat Andrej Belyj mit einmaligem Talent geschildert. Ich möchte ihn deshalb ausführlich zu Wort kommen lassen.

(Marie von Sivers wurde von den Russen immer Marija Jakovlevna genannt.)

«Ich halte mich bei der Beschreibung der Wohnung Steiners auf, weil eine Wohnung der Abdruck der Person ist, die in ihr wohnt; der Stil der Zimmer von Steiner, die ich gesehen habe, wies dieses unsichtbare Siegel auf: Anspruchslosigkeit, rasendes Arbeitstempo, ständiges Unterwegssein; und trotzdem ein Hauch Fröhlichkeit, bis zur Möglichkeit eines homerischen Gelächters in diesen Räumen. Und ich spürte ganz deutlich: Würde der Doktor in fest verwurzelte Lebensformen kommen, er würde alles umkrempeln; und sogar in seinem eigenen beflügelten Zuhause musste es jemand geben, der für ihn sorgte und ihn ... mäßigte. Es wird erzählt, dass er manchmal ... zurechtgewiesen wurde von Marija Jakovlevna; sie soll bei einer solchen Gelegenheit (wie mir berichtet wurde) laut ausgerufen haben: ‹Ach, was sind Sie für ein ...!› Das von ihr gebrauchte Wort war grotesk: aber Marija Jakovlevna war eine stürmische, explosive Natur; ihr Wirken hatte seinen Anfang auf der Bühne genommen; unter der Selbstbeherrschung, die in manchen Augenblicken als kalter Stolz erscheinen konnte, glühte das Feuer eines echten Vulkans; sie konnte mit heißer, unaufhaltsam strömender Liebe überschütten, sie konnte mit einem unangenehmen Gesichtsausdruck jemand wegen einer Kleinigkeit schikanieren, sie konnte ein eisbedeckter Ätna sein; wenn manchmal das ‹Fräulein von Sivers› erschien – nur Eis, reserviert, Siverko (nicht umsonst hieß sie Sivers!). Aber unter dem Eis funkelten die großen Augen: in Zorn oder Liebe.

Ich gebe folgenden Vorfall wieder, wie er mir erzählt wurde: Außer sich vor Zorn über eine ihrer Verehrerinnen, die ihr eine Szene machte – bei aller Reserve war sie so, dass man ihr Szenen machen konnte –, warf Marija Jakovlevna irgendeinen Gegenstand nach ihr, den sie in die Hand bekam; die Verehrerin stürzte aus der Wohnung, Marija Jakovlevna hinter ihr her, laut rufend: ‹Bringen Sie mir diese Frau zurück, sie wird sich sonst noch etwas antun!›

Viele ‹Tanten› konnten diese Verbindung von stürmischer Hingabe und verschlossener Förmlichkeit nicht begreifen: Der ‹eisbedeckte Ätna› forderte eine Unzahl unwürdiger Vorwürfe heraus; und Marija Jakovlevna war auch nicht immer im Recht; aber dies alles wurde durch ihren herrlichen Schwung und die geistige Höhe, die Hingabe an die Sache und die Liebe zum Doktor kompensiert; wenn man diese Liebe zum Doktor und die Bereitschaft, mit der sie ihr Leben seiner Aufgabe opferte, im Auge behält, dann, nur dann, begreift man ihren Ausruf: ‹Ach, Sie sind ein ...›

... als er in Dornach an dem Modell arbeitete, verlangte er, dass Marija Jakovlevna beim Modellieren immer dabeisaß, und begründete dies so: ‹Sie sind meine Inspiratorin.› Als Marija Jakovlevna einmal verreiste, brachte der Doktor sie an die Bahn; man überreichte ihr Blumen; sie hielt den Strauß wie einen Säugling im Arm und betrachtete ihn mit gesenkten Augen; die Blumen gefielen ihr, und auf ihrem Gesicht lag kindliche Freude; der Doktor stützte sie am Ellenbogen und wollte beim Einsteigen helfen; auf seinem Gesicht spiegelte sich ihre Freude wider; er war offensichtlich glücklich; wer war in diesem Moment das größere Kind? Sie, die ihre Blumen zurechtlegte, oder er, der darüber so in Entzücken geriet, dass er (Verzeihung!) bereit schien, vor diesem Strauß einen Diener zu machen. ...

Spricht man von den Berlinern, so muss auch der Mensch erwähnt werden, der eigentlich weder nach Berlin, nach Stuttgart, nicht einmal nach Dornach gehörte, der aber lange mit Steiner in Berlin gelebt und gearbeitet hat: seine treue Schülerin, seine langjährige Sekretärin, seine Freundin, seine Beschützerin und später seine Frau, Frau Dr. Steiner, geborene von Sivers, für die Russen ‹Marija Jakovlevna›.

Sie ist mit keinem geographischen Zentrum verbunden, denn sie ist selbst ein Zentrum, ein großes Zentrum.

In der ‹Größe› dieses schwer überschaubaren Zentrums, das zuweilen nicht nur Mittelpunkt, sondern Mittelpunkt und Peripherie zugleich ist – das bedeutet fünfundneunzig über die ganze Welt verteilte Zweige, einschließlich Kairo und Australien, liegen auch seine Probleme. Vor Jahren beschrieb ich in ‹Erste Begegnung›, wie wir, noch ganz grüne Jungen, auf dem Arbat herumliefen, um uns zu unterhalten

Über Brahma,
Über die Ewigkeit, die große Dame, –

und plötzlich vom Arbat in die Ewigkeit starteten: Marija Jakovlevna erschien manchmal als Große Dame, das heißt eine Dame mit einer riesigen Aura, einer Art Sonnenscheibe, sodass die Menschen mit zusammengekniffenen Augen herumliefen, mit den Händen fuchtelnd, und stöhnten. ‹Was haben Sie?› – ‹Oh, Oh! Marija Jakovlevna!› Ich kannte diese ‹Ohs›. Sie blendete, sie versengte einen mit einer Sonnenatmosphäre von vielen tausend Grad, ohne dass die Umherstehenden es merkten. Und so blieb die ‹Große Dame› das Schwert, das von Anfang an in zwei Parteien trennte: die, welche Marija Jakovlevna nie im Strahlenglanz, verklärt, in ihrer Aura gesehen, und die anderen, die sie so gesehen hatten oder von der Pfauenfeder ihrer sonnenhaften Ausstrahlung berührt worden waren, wenn sie, einen Rosen- oder Maiglöckchenstrauß in der Hand, mit leuchtend blauen Augen und leuchtend goldenem Haar vorüberging und huldvoll lächelte, ein Lächeln, das manchmal wie die Sonne selbst war. So war sie für die ‹Sehenden›. Die ‹Nichtsehenden› jedoch sahen zuweilen ganz andere Seiten an Marija Jakovlevna: ‹Eine trockene, pedantische, ungerechte Deutsche!› Das sagten Russen. Die Deutschen sagten etwas anderes: ‹Eine trockene, pedantische, ungerechte Russin!›

Der Streit zwischen diesen ‹Parteien› hielt jahrelang an!

Der Doktor liebte sie vorbehaltlos (duschi v nej ne tschajal). Und sie liebte ihn, den wir alle mit höchster Hingabe liebten, mehr als wir alle: als ihren ‹inneren› Lehrer, als eine außerordentliche Welterscheinung; diese weißglühende Liebe wurde manchmal zu sengendem Eis, sobald sie vermutete, diese Erscheinung werde nicht in der rechten Weise gewürdigt. ‹So ist es, sie überbrühen den Doktor mit ihrer Liebe, um ihn dann im Stich zu lassen!›, pflegte sie zu sagen, wenn sie unsere vor Begeisterung funkelnden Augen sah: Sie hat in ihrem Leben vieles gesehen.

Rudolf Steiner schreibt in seinem Buch ‹Wie erlangt man Erkenntnisse der höheren Welten?›, dass die dort vorgeschlagenen instruktiven ‹Wegzeichen› als ‹Wegzeichen› für einen normalen, durchschnittlichen Menschen taugen könnten, dass es selbstverständlich auch andere Wege gebe, die als seltene Ausnahme jedoch unerwähnt bleiben sollten. Manchmal denke ich, Marija Jakovlevna war eine solche Ausnahme, die sich überhaupt nicht erfassen ließ, nicht einmal vom anthroposophischen Standpunkt aus – in ihren strahlenden Vorzügen ebensowenig wie in ihren scharf konturierten Mängeln.» [115]

Ein wunderbares Porträt von Marie von Sivers hat die russische Malerin Margarita Woloschin entworfen. «Vor mir in dem großen Saal sah ich zwei Damen, die sich sehr lebhaft unterhielten. Eine von ihnen, deren feines Profil ich von Zeit zu Zeit zu sehen bekam, hatte goldene Haare und einen Teint, so blühend und zart, wie ihn sonst nur kleine Kinder haben. Als sie sich zur Türe drehte, sah ich unglaubliche Augen, blau und feurig wie Saphire; der Mund war zart, aber fest, das Kinn ausgeprägt. Mir fielen auch ihre sehr schönen, kleinen Hände auf. Bald lachte sie herzlich, bald schien sie sich zu empören, wobei ihr das Blut leicht ins Gesicht stieg. Ich beobachtete sie mit Interesse, weil sie den anderen Frauen im Saal so wenig glich. Ein älterer Herr mit weißem Bart, eine ehrwürdige Erscheinung, stand neben dem Pult. Das muss wohl Steiner sein, dachte ich; dann aber, dem Blick der Dame folgend, sah ich einen schlanken Mann eintreten, in einem schwarzen Gehrock. Ganz schwarzes Haar lag schräg auf seiner schön gewölbten Stirn, darunter tiefliegende Augen. Was war es, das mich an dieser Gestalt ergriff? Es war die Aufrichtekraft, durch die der ganze Mensch getragen wurde. Als er das Auditorium mit federndem Schritte durchquerte, blieb sein Kopf in der Bewegung ruhig. Der Hals war zurückgeneigt wie bei einem Adler. Wie kann man nur einem Adler so verblüffend ähnlich sein, dachte ich. ‹Sieh›, sagte ich zu meinem Bruder, ‹das muss ein Yogi sein.› Es war Rudolf Steiner ...

Neben Rudolf Steiner aber, im Zentrum des Kreises, stand Marie von Sivers, die spätere Frau Dr. Steiners. Ihr Äußeres habe ich schon beschrieben. Jedesmal, wenn man sie sah, war man aufs Neue von ihrer Schönheit ergriffen. Ihre Augen waren wie Saphire – bis zu ihrem Tode im hohen Alter behielten sie ihr Leuchten. Nur im Hochgebirge kann man diese Bläue erleben. Um sie war Hochgebirgsluft. Die Kälte und Reinheit eines Kristalls vereinigte sich mit dem Feuer der Begeisterung. Sie war königlich unnahbar, obgleich sie selbst sich gar nicht über die anderen stellte. Sie besaß eine kindliche Unmittelbarkeit und sprühenden Humor. Sie war vor allem Künstlerin. Nachdem sie ihre Ausbildung in Deutschland und Paris beendet hatte, wollte sie Schauspielerin werden. Zunächst opferte sie ihre Kunst der theosophischen Arbeit, aber nur, um nach einiger Zeit unter der Führung von Rudolf Steiner den Weg zu einer neuen Sprachgestaltung zu finden, die dem Worte sein ursprüngliches, schöpferisches Leben wiederzugeben sucht.

Niemand war sich der Größe Steiners mehr bewusst als sie. Und doch stand sie neben ihm, frei im Urteil und voll eigener Initiative im Handeln. Darum war sie wohl bis zuletzt der einzige Mensch geblieben, dessen Urteil er sich gegenüber eine innere Kompetenz zugestand.»[116]

Von der Eurythmistin Lea van der Pals, die Marie Steiner schon als Kind erlebte, sind uns Schilderungen ihrer künstlerischen Arbeitsweise überliefert. «Es war die Zeit des Bauens am ersten Goetheanum. Es herrschte eine Stimmung freudigen Beginnens und Schaffens. Von überall her kamen die Mitglieder nach Dornach, um wenigstens eine Zeit lang mitzuarbeiten am ‹Bau›, trotzdem der Erste Weltkrieg schon begonnen hatte. Ich war selber noch ein Kind, als ich Anfang 1915 nach Dornach kam, und erlebte dies ganze Schaffen und Entstehen aus der Kinderperspektive mit, das heißt mit einer problemlosen Selbstverständlichkeit. ‹Frau Doktor› erschien dem Kinde als ein erhabenes riesengroßes Wesen (obwohl sie in Wirklichkeit gar nicht so groß von Wuchs war), sehr würdevoll und respektgebietend. Am eindrucksvollsten die sehr großen blauen Augen, die so mächtig strahlen konnten, und die kleinen, doch kräftigen Hände. Oft konnte man ihr auf dem Baugelände begegnen, wenn sie in ihrem Rollstuhl hinaufgeschoben wurde zur ‹Schreinerei›, da sie damals, eines Beinleidens wegen, kaum gehen konnte. Das hinderte aber keineswegs ihre Schaffenskraft.

Wenn Frau Doktor zum Üben der Eurythmisten rezitierte, oder später mit den Rezitatoren die Eurythmiegedichte arbeitete und dabei oft ganze Passagen immer wieder selber sprach, gewöhnlich dann zum Schluss einmal das ganze Gedicht, weil sie selbst so davon begeistert war – da konnte einem aufgehen, wie im *Zusammenwirken* von Rezitation und Eurythmie das neue Kunstwerk entsteht. Von ihrer Rezitation fühlte man sich in der Bewegung getragen, man hatte immer genügend Zeit, trotz oftmals sehr schnellem Tempo, und man entdeckte neue Bewegungsmöglichkeiten. Die Glieder selber schienen eine Art Phantasie zu entwickeln, im Üben kamen einem neue cha-

rakteristische Gebärden, und viele technische Schwierigkeiten
ließen sich auf einmal bewältigen. ... wohl niemand, der die
wunderbaren ersten Dornacher Jahre, die Epoche des Werdens
und Aufbauens, miterleben durfte, wird diese Zeit jemals vergessen können. Denn es ist ein einzigartig glückliches Schicksal, dabeisein zu dürfen, wenn eine neue Kunst geboren wird,
und mitarbeiten zu dürfen an der Pflege und dem Wachstum
dieses Göttergeschenkes; teilzuhaben am Entstehen einer neu-
en Kulturströmung ist zugleich Glück und tiefe Verpflichtung.
Und man möchte allen davon erzählen. Doch wird einem dann
plötzlich zumute, als reiche man den Menschen statt einer
wunderbaren Blume nur eine dürftige, farblose Abbildung.
Wie könnte man den Duft, den Schmelz, den Zauberhauch
vermitteln? Doch ist ja die Frucht jener intensiven Schöpfer-
arbeit da. Die Eurythmie als Kunst muss nun selber zeugen
für ihren Schöpfer Rudolf Steiner und für ihre große Pflegerin
Frau Marie Steiner, deren Name mit der Entwicklung und Ausgestaltung der Eurythmie immer verbunden bleiben wird.»[117]

Abschließend noch eine Charakterisierung von Tatjana Kisseleff, die sich, wie schon erwähnt, in ihren Erinnerungen vor-
nehmlich mit dem kosmischen Element in Marie Steiner auseinandergesetzt hat. «Als Grundzug ihres Wesens erlebte ich
Selbstlosigkeit: Träger für die höchsten geistigen überpersön-
lichen Ziele zu sein. Wo andere manchmal Willkür, Subjektivität, Ungerechtigkeit, Mangel an Sach- oder Menschenkenntnis
empfanden, konnte ich das Erlebnis haben, dass durch Marie
Steiners Vermittlung wie ein kosmisches Urteil spreche, eine
Art kosmisches Gericht stattfand. Dies gerade auch dort, wo
es mich persönlich traf.
    Rudolf Steiner schildert, wie die Menschen von der nächst-
höheren geistigen Hierarchie erfahren, was der Wert für das
ganze Weltenall dessen sei, was sie auf der Erde gedacht, gefühlt und gewollt hätten: ‹Unser ganzes irdisches Leben wird

gewissermaßen in das Licht des *kosmischen Urteils* gestellt. ...
Besonders die Urteile der Angeloi sind für den Wert der Taten
der einzelnen Menschen wichtig.› Jede Nacht würden wir es
erleben, doch bliebe es uns unbewusst. Man müsse *es ertragen
lernen, dieses ganz andere Urteil,* als es die Erdenbevölkerung
habe!»[118]

Wenn man diese verschiedenen Impressionen vom Wesen
Marie Steiners innerlich zusammenführt, so ergibt sich ein
Bild, das jeglicher Form von begrifflicher Einengung wider-
strebt. Der von ihr so geliebte Dichter Conrad Ferdinand
Meyer – sie nannte ihn zärtlich Cordinand –, dessen hunderts-
ten Todestag (28.11.1898) wir mit Marie Steiners fünfzigstem
Todestag in diesem selben Jahr begehen, ließ seinen Hutten
das schöne Wort sagen, das auch ihre Wesensart so treffend
zeichnet:

Ich bin kein ausgeklügelt Buch,
Ich bin ein Mensch mit seinem Widerspruch.

*

Die Lebens-Jahres-Rhythmen der Jahrsiebente, in denen sich
Schicksal und Tätigkeit Marie Steiner-von Sivers' dargelebt
haben, und die Akzente, welche durch die ihr von Rudolf
Steiner gewidmeten Wahrspruchworte gesetzt wurden, sollen
in der Überschau an den Anfang der weiteren Schilderung gestellt werden. Die Jahrsiebte werden im Zusammenhang mit
den menschenkundlichen Ergebnissen der Geisteswissenschaft
angeführt: den neun Wesensgliedern und den Siebenerrhyth-
men der Planeteneinflüsse. Die Jahrsiebte stehen in römischen
Zahlen zwischen den Jahreszahlen; die Zahlen des Lebens-
alters stehen in Klammern.

Im 1. Jahrsiebt tritt die Ausbildung des physischen Leibes unter der planetarischen Wirkung des Mondes hervor; im 2. der ätherische Leib und Merkur; im 3. der Astralleib mit Venus; im 4. die Empfindungsseele unter dem ersten Drittel des Sonneneinflusses.

1895	(28)	
V	Gemüts-Verstandesseele	
	Sonne	
		1900 (33) Erste Begegnung
		mit Rudolf Steiner
1902	(35)	Beginn der Zusammenarbeit
VI	Bewusstseinsseele	1904 Suche nach dem Licht ...
	Sonne	Weihnachten 1906
		Die Sonne schaue ...
1909	(42)	15.3.1911
VII	Geistselbst	Die Welt im Ich erbauen ...
	Mars	
1916	(49)	15.3.1916 Ein Atemzug ...
VIII	Lebensgeist	Weihnachten 1920 Isis Sophia
	Jupiter	15.3.1922 Sprechend lebt der
		Mensch ...
		25.12.1922 Sterne sprachen
		einst ...
1923	(56)	15.3.1923 In gegenwärtiger
IX	Geistesmensch	Erdenzeit ...
	Saturn	14.3.1924 Wer im rechten Sinne
		...
		15.3.1924 Weltenlicht ...
		Weihnachten 1924
		In Sternenweiten ...
		30.3.1925 Rudolf Steiners Tod
1928/30		Vier Mysteriendramen zur Ein-
		weihung des zweiten Goetheanum

1930	(63)	
X		
1937	(70)	
XI		1938 Faust I / II
1944	(77)	
XII		27.12.1948 Marie Steiners Tod

Marie von Sivers stand in ihrem vierzigsten Lebensjahr, als im Spätherbst 1906 eine große Wende, nach innen und nach außen, für ihr Leben und Wesen eintrat. Rudolf Steiner gab ihr seinen ersten gedichteten Wahrspruch, um ihn für die Rezitation vorzubereiten.

«Es gehört zu den Wendepunkten, zu den Merksteinen meines Lebens die Stunde, da er mir zu Weihnachten seinen ersten gedichteten Wahrspruch gab: ‹Die Sonne schaue zur mitternächtigen Stunde› und ich die Kraft finden musste, diese Fülle des Erlebens, diese Wucht des wie in Quadern gemeißelten Wortes in den tönenden Laut zu formen. – *Ein Wendepunkt nach innen.* Denn außen hatte ja das Leben seinen ruhig oder bewegt fortschreitenden Gang im Dienst der Geisteswissenschaft genommen. Bevor dies geschehen war, hatte er einst als Einleitung zu den Vorträgen über das ‹Christentum als mystische Tatsache› so über die orphischen Mysterien gesprochen: so anklingend – weckend, dass die Schatten sich lösten und Lichtspuren wurden. Jetzt geschah es wieder in diesen wie in Granit gehauenen Worten, die zur Pyramide wurden, in deren dunkle Tiefen durch das nach oben gewendete Auge Osiris' Glanz und Isis' Schimmer fiel. – Lag nicht wie Hammerschlag in diesen Worten der klopfende Puls, die wogende Bildkraft des kosmischen Meeres? Werden und Vergehen, der Tod durch den Stoff, das Lebenswort? Es sprachen aus diesen Weltenworten Typhon und Osiris und der zum Leben erwachte Horus – es regte sich Isis-Sophia –, es antworteten Ahriman und Christus. – Das materielle Weltenall konnte sich in Geist verwandeln vor dem Seelenblick, der Mensch das überirdische Christuswesen wieder wahrnehmen.

Dass wir mit vollem Bewusstsein wieder aufnehmen, was in den alten Mysterien instinktiv erklungen ist, das war die Arbeit Rudolf Steiners an uns.»[119]

In einer etwas anderen Fassung heißt dieser Schluss: «Dass mit vollem Bewusstsein wieder aufgenommen würde, was in den alten Mysterien einst in unsere träumenden Seelen gesenkt worden ist, das war das Ziel der Arbeit Rudolf Steiners an uns.»

Über zwei Wendepunkte nach innen wird hier gesprochen, «dass die Schatten sich lösten und Lichtspuren wurden». Die Lebensspuren zurück in die Vergangenheit hellten sich auf. «Anklingend-weckend» stieg ein erinnerndes Bewusstsein an die *orphische Vergangenheit* auf. Das war 1901 im Frühherbst. Jetzt, 1906, wurden die Lebensspuren erleuchtet, die in die *dritte, ägyptische* bis hin zur *zweiten, persischen Kulturepoche* zurückführten, während der auch das *Keltentum* und seine Geheimschulung mit ihren mächtigen Steinsetzungen wirksam waren. Zugleich eröffneten sich die *neuen Mysterien unseres fünften nachatlantischen Kulturzeitraums,* mit seiner Kulmination der Intellektualität in Naturwissenschaft und Technik und seinem Tiefpunkt, den der Materialismus in der Menschheitsgeschichte erreicht hatte. – Ein zweites Mal spricht sie in einem Nachruf über diesen Wahrspruch:

«‹Mit Steinen baue im leblosen Grunde›: dieser Aufgabe unserer fünften nachatlantischen Kulturepoche haben jene beiden Geistesarbeiter gelebt, die nun von uns gegangen sind.[120] In der Nacht der materialistischen Weltanschauung haben sie aus ihrem Durchdringen der Kräfte des Mineralreichs, des einzigen Reichs, das wir als Menschen unserer Zeit durchdringen können, im Zeichen der Erweckung zu einer höheren Bewusstseinsstufe gewirkt. In der Tiefe des Niedergangs gaben sie sich selbstlos hin der Pflege neu erwachender Lebenskeime.

Und aus der lebendig erfühlten Wesensverbindung mit dem Kosmos, dem All-Selbst, ergab sich ihnen inmitten der Widerstände die Tragkraft des eigenen Selbstes.»

Rezitationen waren vorausgegangen: im Oktober 1902 (Titel nicht bekannt) und im Herbst 1904 Goethes «Geheimnisse».[121] Mit «Eleusis» von Hegel an Hölderlin hatte «unsere» Rezitationskunst ihren Anfang genommen am 7. Mai 1906. Am 17. Dezember 1906 in Berlin (wo auch die vorhergehenden Rezitationen stattgefunden hatten) wurde der «Lebensinhalt» der «Freundschaft» zwischen Rudolf Steiner und Marie von Sivers, nämlich «Anthroposophie, aber auch dichterische und rezitatorische Kunst gemeinsam zu pflegen», zum ersten Mal «in die Welt getragen», die kleine Welt des Berliner Zweiges. Es fand eine Begründung statt: «In diesem gemeinsam gepflegten geistigen Leben konnte allein der Mittelpunkt liegen, von dem aus Anthroposophie ... in die Welt getragen wurde.»[122]

Rudolf Steiner begann seinen Vortrag mit dem folgenden Hinweis: «Im geistigen Sinne ist das Weihnachtsfest ein Sonnenfest.» Darum wurde an den Anfang «die schönste Apostrophe an die Sonne» gestellt, der Faust-Monolog aus der Ariel-Szene am Beginn von Goethes Faust, 2. Teil. Er stellt dar den großen Verzicht, unmittelbar in die Sonne zu schauen, in die unverhüllte Geisterwelt:

«Am farbigen Abglanz haben wir das Leben.»

Das Leben der Erde, in deren Umkreis der Christus waltet; auf welcher der Mensch seine Pilgerfahrt vollbringt, um sein Ich für den erneuerten Anblick der Geistessonne stark zu machen.

Dann erfolgte das Sonnen-Wort, das die von dem Zeitgeist Michael geforderten Mysterien der Gegenwart und Zukunft aufschließen sollte. Marie von Sivers sprach zum ersten Mal diese jungen, eben geborenen, morgendlichen Strophen in ihrer ganz neuen sprachlichen Gestaltung. Rudolf Steiner leitete sie mit wenigen Worten ein.[123] «Wir werden jetzt jene Worte hören, die den tiefsten Sinn des Weihnachtsmysteriums widerspiegeln.» Diese Worte ertönten vor den andachtsvoll lauschenden Schülern der Mysterien aller Zeiten, bevor sie in die Mysterien selbst eintreten durften:

WINTERSONNENWENDE[124]

Die Sonne schaue
Um mitternächtige Stunde.
Mit Steinen baue
Im leblosen Grunde.

So finde im Niedergang
Und in des Todes Nacht
Der Schöpfung neuen Anfang,
Des Morgens junge Macht.

Die Höhen lass offenbaren
Der Götter ewiges Wort;
Die Tiefen sollen bewahren
Den friedevollen Hort.

Im Dunkel lebend
Erschaffe eine Sonne.
Im Stoffe webend
Erkenne Geistes Wonne.

Anschließend schilderte Rudolf Steiner, wie durch die Jahrtausende hin die alten Eingeweihten aller Mysterienstätten ihre Schüler zu der Erkenntnis führten, dass einmal, in hyperboräischer Zeit, Erde und Mond, aufgesogen vom Licht, mit

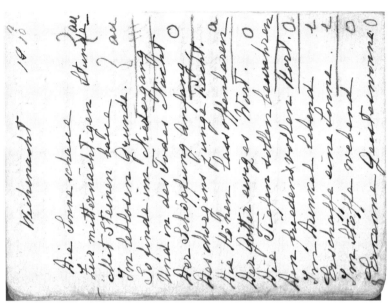

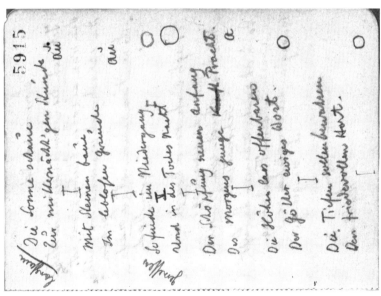

Wahrspruch von Rudolf Steiner (links), mit Vokalstimmungen in der Handschrift Marie Steiners (rechts)

199

der Sonne noch einen Weltkörper bildeten, den Menschen als ein geistiges Lichtwesen in sich bergend; wie sich dann die Erde mit dem Mond herauslöste, verdichtete, verdunkelte und der Mensch auf ihr seinen Weg fand, um ein inneres Licht in sich zu entzünden. Wie aber in den Mysterien der Blick der Auserwählten durch die Materie hindurchdrang. «Dann bildete sich um die Erdscheibe, nach außen verlaufend, Kreis um Kreis in Regenbogenfarben. Diejenigen, die das sahen, wussten: Das ist die Iris. Dann erhob sich um Mitternacht allmählich, anstelle des schwarzen Erdkreises, ein violett-rötlich leuchtender Kreis; auf dem stand ein Wort. Dies Wort war verschieden, je nach den Völkern, deren Glieder dies Mysterium erleben durften. In unserer heutigen Sprache würde das Wort lauten ‹Christos›. Diejenigen, die das sahen, wussten: Das ist die Sonne. Sie erschien ihnen in der mitternächtigen Stunde, wenn die Welt ringsum im tiefsten Dunkel ruht. Den Schülern wurde klargemacht, dass sie jetzt in Bildern erlebt hätten das, was man in den Mysterien nennt: die Sonne um Mitternacht schauen.»[125]

Und weitere Schritte führten die Erleuchteten zu der Gewissheit, dass durch allen Tod und Niedergang hindurch der Menschengeist befähigt und begnadet ist, aufzuerstehen und sich als Geist unter Geistern, als Licht im Lichte zu wissen. «Vom Lichte durch die Finsternis zum Lichte – das ist der Gang der Entwicklung der Menschheit.»

Der 17. Dezember 1906 in Berlin ist die Geburtsstunde der Realisierung dessen, was Rudolf Steiner rückblickend festhielt in den Worten: «Wir wuchsen dadurch, dass wir mit der Geist-Erkenntnis Kunst entfalten durften, immer mehr in die *Wahrheit* des modernen Geist-Erlebens hinein.» Strenge und Unnahbarkeit der hybernischen Mysterienstätte stellen sich vor die Seele, wo die Säule der Wissenschaft und die Säule der Kunst unerbittlich forderten, was dann allein in die Wahrheit der ihnen beiden übergeordneten geistigen Anschauung hin-

Marie von Sivers 1906

einführen konnte. 1906 basierte die Erfüllung dieser Forderung auf einer Freundschaft und ihrem karmischen Fundament. Unmittelbar klingt das Wort der Mysteriendichtung auf:

«O Schicksal, du ertönst als Weltenwort!»[126]

Rudolf Steiner hat Marie Steiner-von Sivers jeweils zu ihrem Geburtstag sechs Wahrspruchworte gewidmet. Den ersten aus dieser Reihe erhielt sie am 15. März 1911. Er war überschrieben: «Für die liebe Marie von Sivers».[127]

Die Welt im Ich erbauen,
Das Ich in Welten schauen
Ist Seelenatem.

Erleben des All
In Selbst-Erfühlung
Ist Weisheitpuls.

Und Wege des Geistes
Im eignen Ziel beschreiben
Ist Wahrheitsprache.

Und Seelenatem dringe
In Weisheitpuls, erlösend
Aus Menschengründen
Die Wahrheitsprache
In Lebens-Jahres-Rhythmen.

Marie Steiner sagte von diesem Gedicht: «Es spricht das aus, was ihm (Rudolf Steiner) das Ich gewesen ist: die Zusammenfassung des Weltalls, sein Urgrund und auch sein letztes Ziel als Durchchristung, wie es ja schon geistgemäß und schicksalwaltend ausgesprochen ist durch die Laute selbst, die die Initialen sind des Gottessohnes:

ICH. Jesus. Christus
Den Namen seines Gottes hat
Rudolf Steiner nie unnütz geführt.

Sein eigenes menschliches Ich war ihm nur Werkzeug. Es war ihm deshalb ganz natürlich, sich nicht innerhalb der Grenzen des persönlichen Ich zu bewegen. Er hat von sich selbst nur gesprochen, wenn zwingende Gründe dafür vorlagen.

‹Die Welt im Ich erbauen,
Das Ich in Welten schauen ...›

das war ihm Lebensinhalt und Seelenatem ...»[128]
   Der Schluss dieses Gedichtes fordert dazu auf, ihm eine Zeile der «Grundsteinlegung»[129] hinzuzufügen, als Zielrichtung der «Lebens-Jahres-Rhythmen»:

Denn es waltet der Christus-Wille im Umkreis,
In den Weltenrhythmen seelenbegnadend.

Dieser 44. Geburtstag fiel in die Krisenzeit einer schweren Erkrankung. Von dem Sturz auf dem Landgut ihres Bruders – er fand am Tag der Enthauptung Johannes des Täufers statt, einem im damaligen Russland hohen Feiertag – war eine innere Verletzung zurückgeblieben, die sich zu einem Abszess ausgewachsen hatte. Das führte zunächst zu großer Ermüdung, bis zu dem Punkt, dass unmittelbar nach den Vorträgen in Stuttgart über *Okkulte Geschichte* keine weitere Arbeit mehr möglich war. Sie musste in Berlin das Zimmer hüten. Der Abszess wollte auch nach zweimaligem Öffnen nicht heilen. Es bestand die allergrößte Sorge um ihr Befinden, als man über Prag, wo

Rudolf Steiner in den zwei Wochen unmittelbar nach dem Geburtstag Vorträge über *Okkulte Physiologie*[130] hielt, in Portorose bei Triest ankam. Die erschreckte Besitzerin der Pension, wo die Erholung stattfinden sollte, sah sie für eine Sterbende an. Rudolf Steiner wollte an ihrer Seite bleiben, um die täglichen Verbände und Behandlungen der Wunde vornehmen zu können (zur Pflege war außerdem ihre Freundin Mieta Waller-Pyle mitgereist), und so fuhr man nach wenigen Tagen schon wieder ab nach Bologna, wo Rudolf Steiner am 8. April 1911 auf dem 4. Internationalen Philosophenkongress einen Vortrag über das Wesen des Ich zu halten hatte. In Bologna geschah die Wende: Der Abszess öffnete sich von selbst, und sehr bald wurde das Befinden um vieles besser. Später erzählte Marie Steiner, selber darüber herzlich lachend, von dem «Wunder» und wie diese kritische Episode von zwei Kirchenmännern eingerahmt worden sei, Johannes dem Täufer und Thomas von Aquino, dessen Reliquien in Bologna begraben liegen.[131] Erleichtert und wieder um vieles beweglicher, reiste man über Padua zurück nach Portorose. Padua war der Ort, an dem im 13. Jahrhundert der junge Albertus studiert hatte und dem Dominikanerorden beigetreten war. Nach noch einem weiteren Aufenthalt, höher hinauf im Gebirge, war die Gesundheit völlig wiederhergestellt. Die Proben für die Uraufführung des zweiten Mysteriendramas in München konnten Anfang Juli aufgenommen werden.

Wie schon erwähnt: Diese Krankheit, die durch einen Sturz, der nah am Tod vorbeiführte, im 4. Jahrsiebt ihre Verursachung hatte und im 7. Jahrsiebt in diese lebensbedrohende Krise einmündete, dieser tiefe Eingriff in die Lebenskräfte unmittelbar nach den Vorträgen über ihre vergangenen Leben, in deren Zentrum und Wendepunkt das Hypatia-Schicksal steht, weckt Fragen, die nicht beantwortet werden können ohne geisteswissenschaftliche Forschung, die aber in ihrem Gewicht als Frage durchaus stehen bleiben müssen. – Es gibt ein Zeugnis dafür, dass die Schatten des Hypatia-Schicksals in Marie

Steiners Leben immer wieder auftauchten und Rudolf Steiner darüber in tiefster Sorge war. Das Zeugnis stammt von Ilona Schubert, einer der ersten Eurythmistinnen, der Marie Steiner und Rudolf Steiner von ihrer frühesten Jugend an in mütterlicher und väterlicher Freundschaft verbunden waren.

«Es war einige Zeit nach der Weihnachtstagung 1923/24, da begab es sich einmal, dass ich in der Schreinerei auf dem Weg war aus der Garderobe zur Bühne. Da kam Dr. Steiner mir entgegen. Ich wollte ehrerbietig grüßend vorbeigehen, doch blieb er vor mir stehen, legte seine Hand auf meine Schulter, blickte mich eindringlich an und sagte: ‹Ilona, halten Sie immer fest zu Frau Doktor.› Sehr erstaunt erwiderte ich: ‹Aber Herr Doktor, das ist doch selbstverständlich, wie könnte ich je anderes tun?› – Da nickte Herr Doktor mit einer etwas traurigen Miene und sagte: ‹O, Frau Doktor wird es einmal sehr, sehr schwer haben, viele werden sie nicht verstehen, werden sich von ihr abwenden und sie verlassen.› Er sprach dann davon, dass man ihr einstmals (in früheren Zeiten?) schweres physisches Leiden zufügte, sie misshandelt habe und dass man ihr bald einmal seelisch und geistig das Gleiche antun werde. Sie habe dann Hilfe von ihr wohlgesinnten Menschen sehr nötig. – Ziemlich fassungslos stand ich vor ihm, und er sagte – fast bittend: ‹Bleiben Sie ihr treu!› Er nahm meine Hände, drückte sie fest, und ich dachte, was kann ich mit meinen schwachen Kräften denn tun? Aber sein Wunsch war mir zeit meines Lebens heilig. – Damals konnte ich nicht ganz begreifen, warum Herr Doktor mich so nachdrücklich bat – später habe ich ja dann erleben müssen, was er gemeint hat! – Dr. Steiner hat immer wieder gesagt, dass er ohne Fr. Doktors Hilfe und Mitarbeit weder die Anthroposophie noch die Gesellschaft hätte ins Leben rufen können. Wir hätten keine Bücher, keine Eurythmie und Sprachgestaltung, keine Mysterienspiele, keine Faustaufführungen und vieles andere auch nicht.»[132] – Meine ganz persönliche Empfindung ist, dass diese schwerste Gesundheitskrise in den zweimal 23 Jahren anthroposophischer Tätigkeit von 1911, auch wenn man die äußeren Anlässe voll in Rechnung setzt, unter dem Schatten des Hypatia-Schicksals stand.

Das 7. Jahrsiebt von 42 bis 49 tritt aus der drei Jahrsiebte währenden Mitte- und Sonnenzeit der menschlichen Biographie, während der die drei Seelenkräfte der Empfindungs-, Gemüts-Verstandes- und Bewusstseinsseele (Philia, Astrid, Luna in der Mysteriendichtung) sich entfalten, in die erste Epoche der drei geistigen Siebenjahresrhythmen ein. Es ist die Marszeit des Geist-Selbstes. Dichtung und Poesie entstehen, wenn das Ich vom Geist-Selbst inspiriert wird.

Die Jahre von 1909 bis 1916 sind die Epoche in der Biographie Marie Steiner-von Sivers', in welcher ihr die größten eigenen rezitatorischen und darstellerischen Leistungen abverlangt wurden. Nach dem sprachgestalterischen Beginn 1906 folgte 1907 die Aufführung von Schurés *Heiligem Drama von Eleusis*, in dem sie die Demeter spielte, die göttliche Äther-Erden-Mutter Persephones. Sie schrieb darüber an Schuré, «dass Doktor Steiner mir die Rolle der Demeter geben will, und das hat mich erschreckt. Ich hätte eher Persephone gewählt als die Göttermutter. Nur sagt Dr. Steiner, dass diese Mutter etwas von einer Nonne haben muss und dass sogar mein Mund für diese Rolle besonders geeignet ist, nicht jedoch für die der Persephone.»[133] Einige Zeilen aus dem homerischen Hymnus über Demeter, den Schuré seinem Drama zugrunde gelegt hat, mögen die Gestalt aufleuchten lassen.

«‹Demeter bin ich, an Ehren reich, vor allen Wesen todlosen Göttern und sterblichen Menschen geschaffen zu Wonne und Labsal. Aber wohlan, einen großmächtigen Tempel und drunter den Altar baue das ganze Volk mir auf unten am Grunde der Burg und dem jähen Gewände der Mauer über Kallichoros Quell auf ragendem Hügel. Heilige Weihen werde ich selber alsdann Euch lehren, auf dass Ihr auch

Marie von Sivers in Söcking, Oberbayern, 1910/11

künftig, heiligen Brauchs sie verrichtend, mir Sinn und Seele besänftigt.› Sprach es die Göttin und wandelte Größe und Aussehen. Ab warf sie ihr Alter, und rings umwehte sie Atem der Schönheit. Und ein lieblicher Ruch dem dufterfüllten Gewande entsprühte, und weithin ein leuchtender Schein vom unsterblichen Leibe der Göttin erglänzte, und das blonde Gelock wallte herab ihr vom Scheitel zur Schulter. Strahlend erfüllte ein Glanz das Haus, festen Gefüges gebaut, dem blinkenden Blitzstrahl vergleichbar. Und durch die Mitte der Halle entschritt die Göttin feinknöchligen Fußes dem Hause.»[134]

Was Rudolf Steiner über die dichterische Gestalt der Demeter ausgeführt hat, darf sicher voll und ganz der Bühnengestaltung durch Marie von Sivers zugeschrieben werden.

«So ist aber das ganze Wunder der menschlichen Natur sogleich vor unsere Seele hingezaubert, wenn Demeter vor uns steht mit der ernsten Mahnung einer Urgewalt, die zauberhaft hindurchzieht urewig durch alles menschliche Fühlen. Wenn Demeter vor uns steht, da steht etwas vor uns, was durch die Ewigkeiten der Zeiten als ein Impuls der menschlichen Natur spricht. Das fühlen wir herunterströmen von der Bühne, wenn Demeter vor uns steht: der größte Repräsentant jener Urgewalt, die wir heute nur mit dem abstrakten Namen der menschlichen Keuschheit bezeichnen, mit all ihrer fruchtbaren Wirklichkeit, wo sie nicht Askese ist, wo sie einschließt die Urliebe der Menschheit zugleich.»[135]

Es geht aus den Worten hervor, dass hier eine kosmische Wesenheit voll und ganz zur Darstellung kam.

Rätselvoll bleibt Marie Steiners karmische Beziehung aus alter Zeit zu Edouard Schuré und zu den Mysterien von Eleusis selbst. Denn Eleusis steht am Anfang der rezitatorischen wie auch der dramatischen Arbeit. Anstelle einer Antwort, die es nicht gibt, soll deshalb hier Marie Steiners eigene Schilderung der Mysterien von Eleusis eingefügt werden.

Demeter von Knidos. Um 350 v. Chr. London, British Museum 209

«Die Mysterien von Eleusis waren im griechischen und lateinischen Altertum der Gegenstand einer besonderen Verehrung. In Zeiten, die dem Menschengedenken entschwunden sind, hatte eine aus Ägypten kommende griechische Kolonie in die stille Bucht von Eleusis den Kultus der großen Isis gebracht, unter dem Namen der Demeter oder der Welten-Mutter. Seit jener Zeit war Eleusis ein Zentrum der Initiation geblieben.

Die Eingeweihten sahen in ihr das himmlische Licht und die göttliche Vernunft, die Mutter der Götter. Das Volk verehrte in Ceres-Demeter die Mutter Erde und die Göttin des Ackerbaues. Ihr Kultus wurde von Priestern ausgeübt, die den ältesten geistlichen Familien von Attika angehörten. Sie nannten sich Söhne des Mondes, das heißt Mittler zwischen der Erde und dem Himmel, verbindend beide Regionen durch die Macht ihrer geistlichen Gesänge, die von den Freuden des himmlischen Aufenthalts kündeten und die Mittel lehrten, um den Weg dahin wieder zu finden. Daher ihr Name ‹Eumolpiden› oder ‹Sänger der wohltätigen Melodien›. Sie stammten aus Thrakien und hatten während mehr als tausend Jahren die Leitung der Mysterien inne. Die Priester von Eleusis verkündeten immer die tiefe esoterische Lehre, die von Ägypten kam; doch wiesen sie auf Thrakien als auf die Ursprungsstätte des griechisch-dorischen Einschlags ihrer Mysterien und verbanden ihn mit dem großen Namen des Orpheus, dem Begründer der Lehre und des Kultus von Dionysos. Im Laufe der Jahre umkleideten sie den esoterischen Gehalt mit dem ganzen Zauber einer plastischen und dramatisch bewegten Mythologie. Die eleusinische Einweihung vollzieht sich innerhalb des Kreises jener lichtvollen Göttergestalten. Den Mittelpunkt des Kultus von Eleusis bildet der Mythos der Ceres und ihrer Tochter Persephone. Im sogenannten homerischen Hymnus auf Demeter ist uns das älteste Denkmal der Mysterien von Eleusis erhalten. Hier wird im exoterischen Gewande der Mythos wiedergegeben, der die äußere Umhüllung ist einer tiefen kosmogonischen Wahrheit, die erst allmählich und nach schweren Prüfungen den Einzuweihenden offenbart wurde. Das Drama von Eleusis ist das Drama des Falles und der Erlösung in seiner hellenischen Form. Es ist die Darstellung der Geschichte der Seele, ihres Niederstiegs in die Materie, ihrer Leiden in der Nacht der Unwissenheit, ihres Aufstiegs und ihrer Rückkehr zum göttlichen Leben. Die Einweihung führte den Menschen dazu, seinen göttlichen Ursprung zu erkennen. Das Leben wurde erklärlich als eine Sühne oder eine Prüfung. Auf den Wegen der Läuterung und des Ringens um die innere Freiheit durfte der Mensch einer Zukunft entgegensehen, deren Ziel die Wiedervereinigung mit dem göttlichen Geiste ist.»[136]

1908 erfolgten die bereits erwähnten Rezitationen einiger Dichtungen von Novalis. 1909 kam Schurés Drama *Die Kinder des Luzifer* zur Aufführung, worin Marie Steiner die Hauptrolle spielte. Und von 1910 bis 1913 gelangten die vier Mysteriendramen in München zur Aufführung, in denen sie die Maria verkörperte: Maria und die Geister ihrer Seelenkräfte, Philia, Astrid, Luna, «die wahren Töchter der Demeter».[137] Viele Male hat Rudolf Steiner die Szene mit diesen vier Gestalten, das siebte Bild der *Pforte der Einweihung* von Marie Steiner rezitieren lassen und daran gezeigt, wie hier der *Gedanke* bis zum *Laut* zurückgeführt worden ist.[138] Es gibt kaum etwas, das von Mitspielern oder Zuschauern über die Darstellung der Maria durch Marie von Sivers bemerkt worden ist. Ihre Darstellung war wohl zu neuartig, zu grandios und zu selbstverständlich zugleich, als dass sie bewusst erfasst worden wäre. Eines der wenigen Zeugnisse haben wir von ihrem Mitspieler, dem Arzt Dr. Peipers, Darsteller des Benedictus, der beschrieben hat, wie einmalig, großartig ihr Spiel und ihre sprachliche Gestaltung war; wie hoch diese Gestaltung über allem stand, was die anderen Spieler zu leisten vermochten. Von der «Wahrheit des modernen Geist-Erlebens» aber spricht, auf seine Weise, ein Einziger, der große anthroposophische Denker Carl Unger: «Wer in den Aufführungen der Mysteriendichtungen vor dem Weltkrieg die Gestalt der Maria in der Darstellung durch Frau Marie Steiner erlebt hat, wird ihr unbegrenzte Dankbarkeit bewahren, denn er konnte durch ihre wahrhaft kongeniale Wiedergabe echte Wahrheitsimpulse fürs Leben gewinnen.»[139]

*

Ab 1914 nahm sich Marie Steiner energisch der im Winter 1911/12 entstandenen jungen Kunst der Eurythmie an und entwickelte sie in fünf Jahren dahin, dass große Gastspielreisen unternommen werden konnten. Da die erste Gruppe junger Eurythmistinnen wie jedermann in Dornach ab Herbst 1913 am Aufbau des ersten Goetheanum mitarbeitete, fanden die Proben vor allem nachts statt, stundenlang, auf der kleinen Bühne der Schreinerei, nachdem die Baumaschinen abgestellt worden waren. Eine entscheidende Rolle spielten dabei die Gedichte und Balladen von Conrad Ferdinand Meyer, «denn wir Eurythmisten sind an ihm gereift in unserer Kunst und sind ihm viel Dank schuldig. Unser Herz ist mit ihm verwachsen. Als wir das erste Material zu unserer Kunst von Rudolf Steiner erhalten hatten, da waren es zum größten Teil Conrad Ferdinand Meyers Gedichte, an denen wir unsere Ausdrucksmöglichkeiten in der eurythmischen Gebärde herangestalteten. Wir lernten an ihm Objektivierung, Stil, Linie, Geschlossenheit, dramatische Gebärde, Stimmung. Ich prüfte die bei seinen Gedichten aus der dramatischen Empfindung sich naturgemäß heraus ergebende Gebärde an der Gesetzmäßigkeit der Eurythmie und fand, dass sich beide deckten. Ich freute mich an dieser mir im Spiegel der Eurythmie zurückstrahlenden Gebärde und erkannte in ihr eine Quelle der Wiedererneuerung dramatischer Kunst.»[140] Mit diesem Satz bezeichnete Marie Steiner die Basis, auf der sie ab 1926 ihre ganze Inszenierungstätigkeit aufgebaut hat: das aus der Gebärde geborene Wort.

«Rudolf Steiner schrieb einst in einen Band der Gedichte Conrad Ferdinand Meyers die Worte:

Weil er den lebensvoll
ergriffnen Stoff
in reinstes Formensein
zu wandeln wusst',
ergab sich seiner Form
des Geistes Sein
in voller Lebenskraft.»[141]

Der Spruch drückt zugleich aus, was auch Marie Steiner selbst sprachgestalterisch zu leisten vermochte. Später wurde Conrad Ferdinand Meyers Dichtung ebenfalls für die auszubildenden Schauspieler Schulungsstoff an erster Stelle.

Ein anderer Schweizer Dichter spielte ebenfalls eine entscheidende Rolle für die Entwicklung der Eurythmie: Albert Steffen. «Was uns in dieser Lyrik geboten wird, ist geistige Anschauung, in Farben erglühend, gelöste, bewegte Plastik, in strengen und edlen Lautklängen. Hinter den Worten steht das für die physischen Sinne Unbetretbare, nie zu Betretende, als ein Reich der Realität, der wahren Wirklichkeit.»[142] Es folgten ab 1915 sämtliche Szenen aus *Faust* I und II, die eurythmisch, nach den regielichen Anweisungen Rudolf Steiners, gelöst werden konnten; ebenso Szenen aus den Mysteriendramen. – Man kann sagen, dass die Eurythmie aus der Sprachgestaltung Marie Steiners erst wirklich hervorgegangen ist. Denn sie rezitierte alles selbst, bei den stundenlangen Proben wie bei den Aufführungen. Dabei korrigierte sie unentwegt den eurythmischen Ausdruck, ihn immer wieder ausgestaltend und weiterentwickelnd. Sie hat ihre regielichen Fähigkeiten, die ab 1925 dann für das Schauspiel gefordert waren, ganz und gar an der Eurythmie geschult und ausgebildet. Später, in der Zeit der Vorbereitungen für die Uraufführung der ungekürzten *Faust*-Dichtung, schrieb sie:

«Durch Rudolf Steiner ist uns das künstlerische Ausdrucksmittel der Eurythmie gegeben worden, welche es möglich macht, an die Darstellung jener Szenen heranzutreten, die in der geistigen und der elementarischen Welt sich abspielen; denn diese neue Kunst kann die Sprache des Übersinnlichen unmittelbarer vermitteln als die uns sonst zu Gebote stehenden Ausdrucksformen. Auf den ganzen menschlichen Körper überträgt sie, zum Werkzeug ihn gestaltend, jene Bewegungen, die der menschlichen Sprache als ihr Lebenselement zugrunde liegen. Die so geschaute sinnlich-sichtbare Sprache ist gleicher Natur mit den Wachstumskräften, welche auf Erden die Formen der Pflanzen hervorbringen und in den sphärischen Bahnen der im Kosmos kreisenden Planeten ihren Ursprung haben. Es sind die ätherischen Bildekräfte der Welt, jene in unendlicher Mannigfaltigkeit ausstrahlenden Bewegungsimpulse, für welche Seele und Leib des Menschen ein sie spiegelndes Ausdrucksmittel werden können. So entsteht eine neue Kunst dadurch, dass diese verborgenen Naturgesetze sich in ihr offenbaren. Die Laute, die Töne, die Rhythmen, die Seelenstimmungen im Worte und im Aufbau eines Gedichts gewinnen ein neues, unpersönliches, inneres Leben: denn geistige Gesetzmäßigkeit liegt der Eurythmie zugrunde, durchpulst das gesprochene Wort und gibt ihm die schöpferische Kraft wieder, die Seele des verloren gegangenen Wortes.»[143]

Die Anschauung von der qualitativen Gleichheit der Gedankensubstanz mit den ätherischen Bildekräften des Leibes, wie sie Albertus und Thomas von Aquino vor siebenhundert Jahren, basierend auf den aristotelischen Begriffen des *nous pathe-tikos* und des *nous poetikos*, denkend erarbeitet hatten, bildet die Grundlage der Eurythmie; denn sie bringt das sinntragen-de Wort zum Ausdruck, indem mit dem physischen Leib die Bewegungen der ätherischen Lautformen abgebildet werden. Das ganze Alphabet wiederum, gleichzeitig, als polyphoner Ge-samtstrom, bewirkt Wachstum, Erhaltung und Fortpflanzung des physischen Leibes. – Man schaut in den folgenden Ausfüh-rungen Marie Steiners in die Werkstatt ihres Ringens hinein, wie sie dem *nous pathetikos* die Steigerung in den Kräftebereich des *nous poetikos* abzuringen bemüht ist. Der Zauberschlüssel dazu ist die Aktivierung des Willens an dem rhythmischen Strom der Silbenfolge. Ein alter Eurythmist, Lothar Linde, der Darsteller der Phorkias, köstlicher Humoresken und vieles anderen, sagte einmal lächelnd zu mir: «Sie war klein» – und er deutete mit der Hand ihre physische Größe an –, «aber ein geistiger Wil-lensriese.»

«Die Gesichtspunkte für eine in höherem Sinne wahre Kunst dürfen nicht auf Nachahmung dessen beruhen, was im täglichen Leben geschieht, dürfen auch nicht innerhalb des Vorstellungslebens verbleiben, das zwar reflektieren kann, was der Mensch wahrnimmt – also Spiegelbilder vermittelt, nicht aber zu wesenhafter Wahrheit durchstoßen kann, da es kein selbsteigenes Leben hat. Die Vorstellung als ein Ergebnis des Kopfdenkens ergreift nicht den ganzen Menschen; sie kann nur zum Abstrakt-Schattenhaften, zum Dozieren oder zur Sentimentalität führen. Die *Vorstellung muss* über den bloß reflektierten Zustand einer in das Gehirn zurückgeworfenen Wahrnehmung oder Empfindung hinauskommen, muss, *von den Willenskräften ergriffen, in dynamisch vorwärts eilende Bewegung übergehen, sich von kosmischen Kräften erfassen lassen,* durch die sie bewusst auch den Umlauf der eigenen Herz- und Lungentätigkeit erlebt und ihn der künstlerischen Gestaltung gefügig macht. Das Erleben der Rhythmenkreisläufe ist für den künstlerischen Schwung im Gestalten ein Maßgebendes. Herz und Lunge sind die physischen Organe, die Weltenpulsschlag und Sternenkräfteweben nicht nur reflektieren, sondern wesenhaft, wenn auch traumhaft miterleben. Das Feuer des Herzens und der den Atemstrom in Wachheit handhabende Luftmensch müssen deshalb zum Instrument des vom Ich aus die Seelenkräfte dirigierenden Sprachkünstlers werden. Und wird die Herzkraft von der Ichkraft erfasst, so dringt sie auch hinein in das sonst schlafende Bewusstsein des Gliedmaßenmenschen, der in der Schwere seine Wesenseinheit mit den Tiefenmächten erfühlt. Indem er in sie untertaucht, gewinnt er die Fähigkeit, sie zum Licht emporzuheben. In unsern vom Bewusstsein ergriffenen, schwingenden, formenden, tragend-lastenden, lösenden, befeuernden, den Seelenraum durchdringenden Kräften stoßen wir durch zum Wesen der Dinge. Wir werden eins mit dem Weltenall und machen uns zum Instrument des Weltenlebens, das tausendstimmig durch uns erklingen kann.

So aus dem Innern heraus die Welt- und Wesensmächte erfassen, und durch sie auch die im Menschen wirkenden Schaffenskräfte erkennend ergreifen, ist ein anderes, als aus einem abstrakten Vorstellungskreise an den Inhalt der Dichtungen herantreten.»[144]

Sich hinzugeben, «eins mit dem Weltall» in allen seinen einzelnen Erscheinungen zu werden und dadurch die Sprache des eigenen Ichs «zum Instrument des Weltenlebens» zu machen, das heißt aber, die orphischen Schulungswege von vor zweieinhalbtausend Jahren zum sprachgestalterischen Handwerkszeug, zur Meisterschaft in der Wortkunst auszugestalten. In dem Wahrspruch zum 15. März 1911 sind diese orphischen Mysterienwege zum Menschsein, zum Ich-Antlitz geworden. Marie Steiner in ihrer unendlichen Bescheidenheit und ihrem demütigen Dienst für Rudolf Steiner sieht sein Wesen in diesen Zeilen. Es ist aber auch das Wesensbild dessen, was sich ihr Genius in ihrem 7. Jahrsiebt errungen hat.

An der Schwelle vom 7. in das 8. Jahrsiebt der Lebensgeistigkeit, der biographischen Jupiter-Zeus-Zeit, widmet Rudolf Steiner Marie Steiner zu ihrem 49. Geburtstag am 15. März 1916 wieder einen Wahrspruch.[145]

Ein Atemzug aus der Geisterwelt ist
Was im Erwachen in den Leib
Was im Einschlafen aus dem Leib
Als wesendes Licht entströmend
Erlebt sich im Wechselsinn des Daseins.
   Im Atem des Geisteswebens bin ich
   Wie Luft im Lungenleibe.
   Nicht Lunge bin ich,
   Nein, Atemluft.
   Doch Lunge ist, was weiß von mir!
   Erfass ich dies, erkenne ich
   Mich im Geiste der Welt.

Lebensgeist bildet sich im Menschen aus, wenn das Ich die aus dem Kosmos herandringenden Sonnen-Ätherkräfte in der eigenen Leibes- und Temperamentsbildung durchdringt. Religion und Kunst geben die Mittel der Umwandlung in die Hand.[146] Beide Elemente leben in dem Spruch. Marie Steiner nennt den Atem den Meißel der Sprache: Er plastiziert den Laut in den umgebenden Luftraum hinein. So strömt aber auch die Geisterwelt mit jeder Geburt, mit jedem morgendlichen Erwachen die geistige Licht-Gestalt unserer Ichheit in unsere Verkörperung hinein aus. Sie plastiziert den Atemzug unserer Seele, unseres Geistes in die Leiblichkeit hinein aus. Das zu empfinden ist Religion; das sprachlich zu handhaben – höchste Kunst. Denn «Poesie ist ein Schattenbild dessen, was die geistige Seele während der Nacht erlebt», so Rudolf

Steiner. Das wirklich existenziell zu erfassen heißt, sich wesend «im Geiste der Welt» zu erfahren. Für Marie Steiner bedeutete das, sich als kosmisches Wesen zu erleben.

Ein Leben zu leben für den Geist
Ist solchen Menschen beschieden ...
Es gehört dem Werden der Welt.[147]

Im 8. Jahrsiebt, nach Ende des Krieges, begann Marie Steiner damit, Sprachgestaltung zu unterrichten: Ihre ersten Schüler für die Sprachübungen waren die rede-ungewohnten oder durch das Reden überanstrengten Redner der Dreigliederung. Die nächsten Lehrlinge waren die Lehrer der neu gegründeten Waldorfschule. Hierfür wurden die von Rudolf Steiner gegebenen Sprachübungen auf das dichterische Gebiet hinaus erweitert. Und erst ab 1922/24 konnte sie den inzwischen herangebildeten methodischen Übungsweg an die Sprachgestalter und Schauspieler weitergeben. Ab 1928 unterrichtete sie nicht mehr. Die Grundelemente wurden von ihren Schülern weitervermittelt.

Um das Jahr 1920 war der erste Goetheanum-Bau so weit vollendet, dass Vorträge, Eurythmie-Aufführungen und Proben in ihm stattfinden konnten. Die Eurythmie und das gestaltete Wort zogen damit ein in ihren ureigensten Lebensraum, in das Haus des Wortes. Der Sternenkosmos der Laute begegnete den Sterngestaltungen der Architektur: beide zu einem Hymnus vereint, der sich zu den Geistern der Sterne erhob. Zur Eröffnung des ersten Hochschulkurses an Michaeli 1920, der als erste große Veranstaltung in dem noch immer unvollendeten Bau stattfand, sprach Marie Steiner von der Orgelempore aus die Worte des Großmeisters aus dem dritten Mysteriendrama. Rudolf Steiner hatte zu diesem Anlass die Worte des Hilarius aus der Wir-Form in die Ich-Form umgeschrieben. Nicht er selbst, sondern Marie Steiner sprach sie in der Ich-Form: Sie sprach von der Mysteriengeschichte der Menschheit, die von ihr durch Jahrtausende mitgetragen worden war. Ihr wurde die Autorität dieser Anrede an die Versammelten überlassen, ihr, dem kosmischen Wesen. Rudolf Steiner gab bei dieser Veranstaltung neben anderem einen Vortragskurs, gemeinsam mit Marie Steiner: *Die Kunst der Rezitation und Deklamation*.[148] Sonst hörte er den vielen anthroposophischen und naturwissenschaftlichen Vorträgen der hervorragendsten Vertreter der von der Geisteswissenschaft impulsierten Naturwissenschaft, Philosophie, Pädagogik und vielem anderen zu. Nachträglich bemerkte er, dass alles, was sich in den Vorträgen als bloße Intellektualität dargestellt hatte, von den kosmischen Formen des Baues abgeprallt und als Dissonanz verhallt sei. Das Maß «der Wahrheit des modernen Geist-Erlebens» wurde jetzt in monumentaler Größe angelegt; ihr Gericht war unerbittlich. Und schmerzhaft. Schmerzhaft für Rudolf Steiner.

Am 24. Dezember 1920 sprach Rudolf Steiner in Dornach über «Die Suche nach der neuen Isis, der göttlichen Sophia». Er schilderte, wie die alte, spirituelle Isis-Weisheit in dem Mechanismus des astronomischen Weltsystems, wie Kopernikus und Newton es in Gedanken erschaffen haben, zu Grabe getragen worden ist; und wie durch geisteswissenschaftliche Erkenntnis von der planetarischen Evolution die Anschauung von der Geistwirklichkeit des planetarischen und Sternen-Kosmos und seiner aurischen Erscheinung wieder auferweckt werden muss: Isis-Sophia, die kosmische Weisheit. Zu dem Thema gibt es auch einen Spruch, unterschrieben «Weihnacht 1920 Rudolf Steiner». Wie Hella Wiesberger annimmt, war auch er Marie Steiner zugedacht. Das erscheint durchaus einleuchtend. Alles, was Marie Steiner sprachlich erarbeitet hat im Beleben der Kräfte von Planeten und Tierkreis in den Vokalen und Konsonanten, kann ohne Aufnahme von Isis-Sophia in das eigene Innere nicht geleistet werden. Ja, das Kosmische in der Sprache ist ganz und gar ein Ausdruck von Isis-Sophia.

Isis Sophia,
Des Gottes Weisheit,
Sie hat Lucifer getötet
Und auf der Weltenkräfte Schwingen
In Raumesweiten fortgetragen.
Christus-Wollen
In Menschen wirkend,
Es wird Lucifer entreißen
Und auf des Geisteswissens Booten
In Menschenseelen auferwecken
Isis Sophia,
Des Gottes Weisheit.

Zu dem letzten Geburtstag vor Ablauf des 8. Jupiter-Jahrsieb-
tes, zum 15. März 1922, fasste Rudolf Steiner alles zusammen,
was er eineinhalb Jahre zuvor im Kurs über Rezitation und
Deklamation gedanklich entwickelt hatte und was von Marie
Steiner künstlerisch verwirklicht worden war; und zugleich
erweiterte er es um eine ganze Dimension.[149]

Sprechend lebt der Mensch
Den Geist, der aus Seelentiefen
Sich holt die Kräfte,
Um aus Weltgedanken,
Wie aus dem Gotteslicht,
Zu bilden Menschenfarben.
Im Declamieren lebt
Des Lichtes Weltenkraft,
Im Recitieren pulst
Der Seele Farbenmacht.

Wir gebrauchen den Ausdruck: Der Mensch lebt eine Weltanschauung dar, eine Religion, ein bestimmtes Ideal, mit dem
er sich in allen Situationen identifiziert. Einem Wesen, zum

Beispiel einem Lehrer gegenüber, würde man sagen: Ich lebe ihm nach, nicht aber: Ich lebe ihn. Das wird aber hier gesagt: «Sprechend lebt der Mensch den Geist ...», nämlich einen aktiven, handelnden, bildenden Geist. Kein Geist-Abstraktum. Ja, dieser Geist, dieser Genius der Sprache greift in die Seele des sprechenden Menschen ein, um in dieser Seele, wie in einem chemischen Reagens, seine Weltgedanken in Menschenfarben alchimistisch zu verwandeln. Ein makrokosmischer Geist braucht für sich und seine Bedürfnisse mikrokosmische Gaben. Genau das aber wird in dem Entwurf für das dritte Bild der *Pforte der Einweihung* ausgesprochen.[150]

Und ein Leib ist dir nicht,
Um in ihm auszuleben,
Was in deinem Geiste ist.
Ein Gefäß nur ist dein Leib,
Damit du schöpfen kannst
Aus Erdenmächten,
Was den Himmeln nötig ist.

Im Deklamieren trägt der Geist, den Enthusiasmus zur Tat entfachend, das Licht der Weltgedanken in die Seele herunter. Im Rezitieren pulsiert, was aus der Erden-Seele geschöpft wurde, um es dem Geist verwandelt zurückzugeben. Sprechen ist ein Spielen mit den Kräften der Weltevolution und Weltinvolution. Das Genie, welches Sprachkunst in diesem Sinne zum ersten Mal zu praktizieren hatte, *musste* kosmisch sein. Wer sonst hätte das gefasst?

Gegen Ende dieses an Arbeit und Ereignissen überreichen Jahrsiebtes erhielt Marie Steiner als Weihnachtsgabe eine Spruchdichtung zum 25. Dezember 1922, sechs Tage vor der Silvesternacht, in welcher das Goetheanum von gegnerischer Hand angezündet wurde und in Flammen aufging.[151]

Sterne sprachen einst zu Menschen,
Ihr Verstummen ist Weltenschicksal;
Des Verstummens Wahrnehmung
Kann Leid sein des Erdenmenschen;

In der stummen Stille aber reift,
Was Menschen sprechen zu Sternen;
Ihres Sprechens Wahrnehmung
Kann Kraft werden des Geistesmenschen.

In diesen zwei Strophen wird das Karma der Menschheit zusammengefasst: In der ersten Strophe lebt das Wirken der Evolution, der Geister der Form bis zum 4. Jahrhundert, dem Jahrhundert Hypatias; in der zweiten Strophe offenbart sich das Walten der Archai, der Geister der Persönlichkeit und der neuen Diener des Christus-Logos, welche des Menschen Selbstfindung in Freiheit und eigener Verantwortung wartend begleiten. Erst wenn der Mensch seine Frage an sie stellt – seine Parzival-Frage –, antworten sie ihm. Was Menschen so sprechen, fragend den Sternen zugewandt, sich ihres fragenden Sprechens wahrnehmend bewusst, wird zugleich wahrnehmender Sinn für die Offenbarungen der Urbeginne, der Archai. Und in diesem hinauf- und herabströmenden Wechselgespräch, Wechselgesang baut sich der Geistesmensch auf, in dem der Mensch sich seiner Urgestalt, seines Urbildes bewusst wird, die nach dem Abbild Gottes geschaffen wurde – weit, weit zurück in der Vergangenheit des alten Saturn.

Die Keimkraft zu dem Geistesmenschen lebt in dem biographischen 9. Jahrsiebt, dem Saturnalter zwischen 56 und 63 Jahren, in welches Marie Steiner dann im Jahre der Weihnachtstagung von 1923 eintrat. Was in dieser Spruchdichtung schwingt als das Gesamtkarma des Menschen, darin strömen mit die karmischen Stationen der keltischen Geheimschulung, des Schülers der orphischen Mysterien und der aus dieser hervorgehenden Gedankenentwicklung bis hin zu der Todeswende, die sich in dem Opfer der Hypatia vollzieht; und dann der Umkehr in Albertus, der mit Thomas alles Wissen dem Christus und der ihm dienenden hierarchischen Welt zurück entgegenträgt. Und das alles kommt im Erdenleben Marie Steiners zum Erwachen, wird in Freiheit eigenste Verantwortung. Durch Rudolf Steiner erwacht das Menschheitskarma zu sich selbst. Dadurch zwingt er die Widersachermächte zur Offenbarung im menschlichen Bewusstsein. Den Abstieg in die Materie hat Luzifer beflügelt und befeuert. Den Aufstieg zum Geist hemmt Ahriman, der Erzverderber, indem er die Materie allerorts verriegelt. Es ist aber gerade die Kunst alles menschlichen Strebens, am Widerstand zu gewinnen. Diese Lehre leuchtet aus allen Lebensspuren der Individualität Marie Steiners. Von diesem Erkenntnisringen spricht sie in den folgenden Zeilen:

«Der Denker in Rudolf Steiner, der scharfe, unentrinnbar klare und logische Denker, prädestinierte ihn zu jener Weltenaufgabe, die einen Umwandlungsprozess, *eine Alchimie des menschlichen Seelenwesens* darstellt, indem dieses Seelenwesen, das die Vermittlung zwischen Geist und Leib herstellt, nun, nachdem es vom Leibe wie verfinstert und seiner edelsten Organe beraubt war, diese aus den Erdenkräften heraus durch Transsubstantiation des Erdenhaften wieder neu erschafft. Metamorphose auch hier, von den Ichkräften vollzogen, die sich im Gefängnis des physischen Leibes erst fühlend ertasteten. Verankert in seinem Eigenheitsbewusstsein will das Ich zunächst von sich nicht los, ergibt sich dem Wahn, dass es in seiner Eigenheit beschlossen ist. Aus dieser Eigenheit erwächst ihm all sein Leid, die Not und auch die Qual, die es nun nicht mehr gefühlsmäßig durchkostet, um zur Wahrnehmung seiner selbst zu kommen, sondern durch die es, im Kampfe mit den Weltenrätseln denkerisch ringend, faustisch klimmend so weit kommt, dass es die Sinnesschranken durchbricht und aus den

Tiefen des Weltengrundes den ihm entgegentönenden Widerhall vernimmt. Nun steht es vor dem Tor, noch erdbelastet, noch leidenschaftsdurchsetzt, noch ungeklärt, unrein im Denken und im Fühlen. Und jetzt naht der Versucher, naht sich jedem Menschen von Neuem, immer wieder ähnlich und doch verschieden. ... Im Menschen liegt der Funke, der ihn dem Sternensein zurück wird geben.

Der Funke ist sein Ich, und Welt und Unterwelt muss ihn aus seiner Seele zündend schlagen, leidvoll und neidvoll mit scharfen Stößen schlagen, bis der Strahlenherd, der seine Quelle ist, von ihm erkannt wird und er aus erkenntnisdurchhärtetem Willen, aus willensdurchpulstem Bewusstsein sich selbst die Stufenleiter baut, die ihn zurück in jene Lichtwelt führt.

Erkenntnisstufen sind die Sprossen dieser Leiter. Bewusstsein fügt sie zusammen. Den Weg dazu muss ihm ein Führer weisen, einer, der diesen Weg vorausgegangen, ihn für die andern bahnte.

Der diese Stufenleiter baute, deren Gestaltungskräfte sich nun wesenhaft und lebensvoll ergießen können in alles Menschen-Geistesstreben und Ringen, er musste durch viele Leben hindurch die Verbindung mit dem Göttlichen in sich so herstellen, dass er dem göttlichen Willen als Werkzeug dienen konnte für die neue Phase der menschlichen Geistesentwickelung, und dann die Menschheit ihrer Freiheit übergeben.»[152]

Während die sieben Jahre der Marszeit Marie von Sivers das Schicksal beschert hatten, selber ihre Sprech- und Schauspielkunst zu ergreifen und zur Meisterschaft auszubilden, forderte das 8. Jupiter-Jahrsiebt die Hingabe ihrer Sprachkunst an die Eurythmie, an das erste Goetheanum, an ihre sich bildende Schülerschaft. Wie ein Gegenspruch zu dem, den sie zu ihrem 55. Geburtstag erhalten hatte, erscheint das Wahrspruchwort zu ihrem 56. Geburtstag am 15. März 1923. Sie trat damit in das Jahrsiebt des Geistesmenschen und in die Lebensepoche des Saturn ein.[153]

In gegenwärtiger Erdenzeit
Braucht der Mensch erneut
Geistigen Inhalt für die Worte seiner Rede;
Denn von der Sprache behalten Seele und Geist
Für die Zeit des schlafenden Weilens außer dem Leibe
Das vom Wort, was auf Geistiges weist.
Denn es müssen schlafende Menschen
Bis zur Verständigung mit den Archangeloi kommen.
Die aber nehmen nur *Geist*-Inhalt,
Nicht Materien-Inhalt der Worte auf.
Fehlt dem Menschen diese Verständigung,
Nimmt er Schaden an seinem ganzen Wesen.[154]

Während in dem Geburtstagsspruch des Vorjahrs die Seele sich dem Geist hingibt, ihn lebt mit allen ihren Fasern, wird hier ins Bewusstsein gerufen, was der Mensch als Erdenmensch in seiner Seele geistig zu entwickeln hat, um mit den kosmischen Geistern, den Genien der Sprache in der Nacht – eingeatmet von der geistigen Welt – in Beziehung treten zu können. Während der Vollbringer des ersten Spruches ganz kosmisches Wesen *ist,* führt der letzte Spruch dahin, immer wahrhaftiger kosmisch zu werden. Aber auch ein Rückblicken auf die vergangenen neun Jahre Arbeit an der Eurythmie spricht aus dem zweiten Spruch. Die Kunst der Eurythmierezitation besteht darin, die eurythmisch-ätherische Bewegung im eigenen Sprechen voll zu aktivieren. Das beherrschte Marie Steiner meisterhaft. Eurythmistinnen beschrieben, wie sie sich in ihre sprachliche Gestaltung hineinlegen konnten, wie man schwimmend Stromschnellen, -windungen oder Wirbeln folgt. Die Sprache der Eurythmie, *so* aufgefasst, mit allem elementaren Aufgehen der Seele im Erlebnis der Dichtung, alle intellektuellen oder formal-eurythmischen Nivellierungen sprengend, ist ein Abbild der Sprache der Erzengel, welche der Mensch im Schlaf berühren kann.[155] Der Spruch musste Marie Steiner auf der Schwelle vom vergangenen zu dem kommenden Jahrsiebt, das für sie so übermenschlich schwer an Prüfungen, an Leid und erfüllt von strengsten Anforderungen an sich selbst werden sollte, zurückschauen lassen auf das, was sie tätig vollzogen hatte und was sie, um der Sache willen, von den kommenden Schülern zu fordern haben würde.

*

Es folgte die Neugestaltung der Anthroposophischen Gesellschaft zu Weihnachten 1923. Marie Steiner hatte durch zehn Jahre als Sekretärin der Deutschen Sektion der Theosophischen Gesellschaft diese bis in jedes Detail aufgebaut. Sie kannte deshalb jedes Mitglied und jede Einrichtung. Nachdem 1912 die Anthroposophische Gesellschaft gegründet worden war, übernahm sie den Vorsitz, zusammen mit Carl Unger und Michael Bauer, dem Freund und Biographen Christian Morgensterns. 1923 übernahm Rudolf Steiner den Vorsitz der neu konstituierten Gesellschaft und wünschte, dass Marie Steiner das Amt des zweiten Vorsitzenden übernehmen sollte; was aus dem historischen Werden als das Selbstverständliche erschien. Denn als «Begründer» der anthroposophischen Bewegung und Gesellschaft sah Rudolf Steiner sich und Marie Steiner nach wie vor als die «zentralen Träger» derselben an. Marie Steiner lehnte ab mit dem nüchternen Argument, ein Ehepaar könne nicht den Vorsitz einer Weltgesellschaft führen. Der Kreis der verantwortlichen Träger der Gesellschaft wurde erweitert um die vier Vorstandsmitglieder, die Ärztin Dr. Ita Wegman, die Astronomin und Mathematikerin Dr. Elisabeth Vreede, den Dichter Albert Steffen und den Juristen und kommenden Naturwissenschaftler Dr. Guenther Wachsmuth. Marie Steiner übernahm das Vorstandsamt und die weitere Leitung der Arbeit, die sie bisher getan hatte, unter neuem Namen: Sektion für redende und musikalische Künste. Auch hier bewies sie ihre nüchterne Beurteilung der Sache. Sie lehnte ab, für die Musik initiativ zu werden, da sie sich fachlich nicht für kompetent hielt. So wurde ihr für die musikalischen Künste Jan Stuten verantwortlich an die Seite gestellt. Sie war ein Mensch, der für Ämter als solche weder Interesse noch Neigung besaß; wohl aber dafür, ihren Bestrebungen und erarbeiteten Fähigkeiten den Tätigkeitsraum zu sichern durch die Legitimation eines Amtes.

Die Monate, die nun folgten, verflogen in einem übermenschlichen Tempo. Rudolf Steiner hielt weit durch Europa hin Vorträge, Zyklen über Zyklen. Marie Steiner folgte ihm überall hin mit der Eurythmiegruppe. Diese neun Monate vom Januar bis zum September 1924 bildeten den überwältigenden Höhepunkt im Wirken Rudolf Steiners. Doch hatte ihn seine bis dahin eiserne Gesundheit seit dem Brand des Goetheanum verlassen. Er begründete das in zwei Briefen an Marie Steiner.[156]

«Ich bin ja nun einmal, wie Du weißt, seit Januar 1923 meinem physischen Leib sehr entfremdet.»

Und an anderer Stelle:

«Ich bin nun einmal seit lange etwas außer die Verbindung mit meinem physischen Körper gekommen. Das ergibt ein labiles Gleichgewicht in den physischen Kräften, die nur parieren, wenn sie ganz in ordentliche Initiative genommen werden. Und das Unverbundensein mit dem physischen Körper ist nicht in den Tagen der Kurse, auch nicht, wenn ich selbst noch dazwischen in die Klinik fuhr – denn das alles steht in der gesunden Berechnung von Dr. Wegman und mir selbst –, sondern, wenn die Leute anstürmten, und man gegen alle Berechnung der eigenen Kräfte zur Verfügung stehen muss.»

Dieser Zustand führte zu den wachsenden Schwierigkeiten, Nahrung aufzunehmen und zu verarbeiten. Die Substanzen wirkten auf den Körper wie vergiftend und konnten nicht mehr verdaut werden, was zu einer immer stärker sich geltend machenden Erschöpfung führte. Dieser Befund seiner Ärztin Dr. Ita Wegman liegt dokumentiert vor, ebenfalls ein ausführlicher Kommentar dazu von ihrer jüngeren Kollegin Dr. Margarete Kirchner-Bockholt.[157]

Ein zweites Dokument besteht in einer Aufzeichnung von Ilona Schubert,[158] die besagt, dass Rudolf Steiner auf einem Rout am 1. Januar 1924 nachmittags, am Ende der Weihnachtstagung, Gift zugeführt wurde, das er zunächst durch Erbrechen und durch sofortige Behandlung mit einer Milchkur überwinden konnte. Marie Steiner war Zeugin des Unheils, unmittelbar nachdem es sich zugetragen hatte. Ihr Urteil blieb deshalb bis zu ihrem Tode bestehen: dass beide Vorkommnisse Rudolf Steiners Leben zerstört hätten.

Alles das lastete als schwere Sorge auf ihr, wie auf vielen anderen Menschen auch, in einer Zeit, die durch Rudolf Steiners schöpferische Geisteskraft höchste Erfüllung mit sich brachte, höchste Begnadung mit einem geistigen Reichtum für Jahrhunderte oder Jahrtausende.

In diese Zeit hinein erhielt sie am Vorabend ihres 57. Geburtstags einen dichterischen Wahrspruch von Rudolf Steiner; und am folgenden Tag, dem 15. März 1924, einen zweiten.[159]

An Marie:
Geburtstagsspruch zum 14. März 1924

Wer in rechtem Sinne zählen kann
Seines Lebens hingeschwund'ne Jahre,
Dem verkündet sich der Geistesschritte
Gottes-Zahl, durch die er irdisch wandelt
Zu dem Lichtesziel, das Seelen vorgesetzt
In dem Daseinsbuch, in dem gezeichnet
Alles Menschenwerden seit den Ewigkeiten.

Rudolf St.

Weltenlicht, es wandelt täglich sich
Zum Erdenlicht und weckt des Menschen *Denken*;
Weltenwärme, vorzeitig ward sie
Zur Erdenwärme, zu leben in des Menschen *Fühlen*;
Weltenluft, im Zeitenlosen ward sie
Zur Erdenluft, zu wirken in des Menschen *Wollen*;
O Mensch, erkenne dich als leuchtend warmer Lüftegeist,
O Mensch, erlebe dich als rechter Sieger
Über Lichtes-, Luft- und Wärmelocken.

Beide Sprüche tragen Vermächtnischarakter. Beide sprechen eine Sprache wie durch Zeichen der Verständigung, die nur den Unterrednern selbst bekannt sind. Beide berühren ein Innerstes.

Im ersten Spruch wird Rückschau gehalten auf das gemeinsame wie auch auf das ganze vergangene Leben. In den Lebens-Jahres-Schritten, den Lebens-Jahres-Rhythmen künden sich Geistesschritte an. Diese verlaufen nicht gemäß den menschlich-biographischen Gesetzen, sondern gemäß einer Gottes-Zahl, gemäß dem Schreiten eines göttlichen Wesens, das seine Lebensspuren in denen des Menschen Marie Steiner verbirgt und offenbart. Weit in die Zukunft und weit in die Vergangenheit geht der Blick, in das Daseinsbuch, in dem von Ewigkeit das Lichtesziel des Geistesmenschen aufgezeichnet ist. – In den Entwürfen zum 3. Bild der *Pforte* heißt es:

Und was von dir in der Erdenwelt
Zu sehen ist,
Ist Wirklichkeit nicht wie bei andern Menschen.
Es ist Sinnbild nur seines höhern Berufs.

Und auch wieder: Jedes Menschenschicksal wird von den höchsten Göttern vorgelebt, bevor es auf der Erde abläuft; und die Zahlenverhältnisse sind so gesehen immer Gottes-Zahlen.

Was der Spruch als Außerordentliches offenbart, verhüllt er zugleich.

Im Geburtstagsspruch werden in Beziehung gebracht:

Weltenlicht	Erdenlicht	Denken
Weltenwärme	Erdenwärme	Fühlen
Weltenluft	Erdenluft	Wollen
Licht	weckt	
Wärme	lebt	
Luft	wirkt	

Die Verwandlung des Weltenelementes in das Erdenelement geschieht für das Licht täglich; für die Wärme vorzeitig, vor der Zeit; für die Luft im Zeitlosen, Ewigen. Je tiefer man also steigt, desto mehr hebt sich der Vorgang aus der Zeit heraus.

Was also *täglich* geschieht, *weckt* das *Denken*.

Was *vorzeitig* geschehen ist, *lebt* im *Fühlen* weiter.

Was im *Zeitlosen* sein Dasein erlangt, *wirkt* im *Wollen*.

Das Denken unterliegt dem Ablauf der Gedankenfolge, der Zeit; das Fühlen schweift über diese frei hinaus, überspannt sie; das Wollen ist allgegenwärtig.

Als leuchtend warmer Lüftegeist sich zu erkennen heißt sich als Sprachmensch erkennen; aber nicht physisch-organisch, sondern als Atemluft, in der sich die Gefühle erwärmen oder abkühlen und die Gedanken aufleuchten oder abdämmern. «Nicht Lunge bin ich, nein, Atemluft.» Also will das Sprachgeschehen selbst, abgesehen von aller Leiblichkeit, rein als Licht, Wärme, Luft erlebt sein. Das aber wechselt mit jedem Atemzug sein menschliches in ein kosmisches Sein und sein kosmisches Sein wieder in ein menschliches zurück. Es wird müßig zu fragen: Ist es nun menschlich oder kosmisch? Er atmet eben menschlich-kosmisch, kosmisch-menschlich, dieser *Geist,* der sich in Luft-Wärme-Licht kleidet. Rechter Sieger soll der Mensch, der Geist aber letztlich sein über die Verlockungen von Licht, Luft und Wärme. Diese Verlockungen sind jedem Sprecher wohlbekannt. Begnügt er sich mit dem bloßen Licht der Gedanken, kühlt sein Sprechen ab, und der Impuls, die Luft überhaupt noch zu bemühen, erlahmt. Verlockt die Wärme zur Aufdringlichkeit der Gefühle, lebt das Sprechen nur noch andeutend im Tonfall, emotional oder sentimental, hoffnungslos subjektiv. Verlockt die Luft, die immer in Bewegung sein will, zu dem Wohlgefühl, sie redselig erzittern zu machen, ohne dass ein Gefühl für das Hören des Gegenübers besteht, wird auch der Gedanke bald unwichtig; es wird geredet um des Redens willen. Ruft aber das Licht blitzhaft den Gedanken auf, so, dass er in der Begeisterung warm wird, dann greift er in den Atemstrom und -ton und erklingt als Deklamation. Pulsiert aber der Gedanke als ein leuchtender Bilderstrom der Phantasie in Herz und Atem, dann will er erzählen, Worte bewegen, rezitieren. Aber fühlen muss der Sprecher in seinem Erdenatem die Weltenluft voller Ewigkeit, sodass der Wille ungebunden «das Künftige voraus lebendig» erfasst; dass im einzelnen Wort der ganze Satz, das ganze Gedicht lebt; dass er mit der Wärme des Bluts die Wärme der Welt unablässig strömen fühlt; dass die Bilder der Phantasie von allen Seiten des Weltraums eindringen und nicht wie Zwirn von der Rolle des Gehirns abspulen.

Während der erste Spruch also die eigene Biographie Marie Steiners hinauf vergeistigt in das Schreiten eines Geistes, eines Gottes, der das Leben nach seinen Sternen-Maßen komponiert und rhythmisch zählend ordnet, vergeistigt der zweite das sprechende Ich zu einem Geist, der sich, in Atem und Luftraum erwärmend und erleuchtend offenbart. Dass diese zweite Meditation nicht nur Zielsetzung, sondern auch bewusste Beschreibung eines Könnens bei Marie Steiner war, hat in einer bewundernswerten Weise Ilja Duwan beobachtet.

«Unvergesslich bleibt mir der erste künstlerische Eindruck, den ich von Marie Steiner hatte: Sie rezitierte Szenen aus der

‹Pforte der Einweihung› an der Pfingsttagung 1925, kurz nach dem Tode Rudolf Steiners.

Ich musste denken: diese übergroßen Dimensionen eines wahren menschlichen Erlebens, die gewaltige Fülle der Nuancierung, die ergreifende Innerlichkeit und Kraft der mir noch unbekannten Seelen-Tiefen – der *Mensch* in seiner ganzen Seelengröße, auch im Äußeren übergroß und mächtig – wie kann diese Frau das ertragen, geschweige denn gestalten? Eines war klar: Nie gesehene, nie gehörte künstlerische, dramatische und menschliche Wahrheit war da.

Zum Schluss des Abends kam das VII. Bild: ‹Pforte›, Devachan. Nun schwang die Sprache so frei im Raum, als ob sie überhaupt nicht von der Sprecherin käme, und die äußerlich betrachtet heisere Stimme hatte solch einen Modulationsreichtum, solch innigste Zartheit und Feinheit der Melodik und der Zwischentöne, dass man glauben konnte, ein ganzes Orchester in dieser Stimme zu hören. Dabei war es reine, kristallklare und tätige *Sprache*.

Ich stand vor einem ahnungsvollen Rätsel, das sich aber schon kurze Zeit danach zu lösen begann: Marie Steiner rezitierte in der Schreinerei aus Jordans ‹Nibelungen›. Da ich schon zur Spieler-Gruppe gehörte, durfte ich mich in den Seitengängen der Bühne aufhalten und hörte und sah die Rezitation seitlich aus der Nähe. Es war wieder ein frappierender Eindruck: Die Konsonanten und Vokale flogen *aus dem Raum* auf die Lippen der Sprechenden und, kaum sie berührend, wieder in den Raum zurück – mit voller Kraft und Größe in der Gestaltung! Sie waren fast physisch sichtbar.

Die Tatsache, dass Marie Steiner dabei ganz ruhig, wie unberührt, blieb, trotz starker Atmung und Anstrengung, vollendete das Wunder. Ich hatte damals noch nicht das Hauptprinzip der Sprachgestaltung – ‹draußen sein› – vollbewusst aufgenommen, aber an diesem Bild Marie Steiners war alles greifbar klar! *Das Geheimnis der kosmisch großen Sprache,* ihres Aus-

drucksreichtums und ihrer Freiheit lag im ‹draußen sein›: Im
Körper ist der Mensch bedingt und klein, persönlich – draußen wächst er zu kosmischer Größe, ist frei, weil un-bedingt
durch den Körper der Persönlichkeit.»[160]

*

Es kam das letzte große Zusammenwirken von Rudolf Steiner
und Marie Steiner im Kurs für *Sprachgestaltung und dramatische Kunst* im September 1924. Wegen verschiedener Probleme
in Stuttgart aufgehalten, konnte Rudolf Steiner den Kurs nicht
rechtzeitig beginnen. Marie Steiner hielt daher für einige Tage
einen offenen Einführungskurs in die Sprachübungen und in
dichterische Beispiele, sie saß auf der Bühne der Schreinerei
vor überfülltem Saal: sprühend von Leben, unerbittlich und
unermüdlich, aus der Ernte der reichen, intensiven Arbeit von
21 Jahren schöpfend. Die Schülerschaft bestand aus den beiden
Schauspieltruppen von Haaß-Berkow und Kugelmann, den sogenannten «Berlinern», Schauspielerinnen und Schauspielern
von verschiedenen Theatern, Gümbel-Seiling, dem Münchner
Strader-Darsteller, und seiner Frau, Elya Maria Nevar; und
jüngsten Teilnehmern aus der Waldorfschule in Stuttgart, wie
Dora Gutbrod. Priester, Ärzte, Lehrer und nahezu alle, die in
Dornach lebten, nahmen teil. Dann kam Rudolf Steiner endlich, unsäglich zart, in seinen Pelzmantel gehüllt, während die
Spätsommersonne auf das Holzdach der Schreinerei herab-
glühte. Kaum begann er zu sprechen, war alle Erschöpfung ab-
gestreift: große Zusammenhänge, langjährige Erfahrungen mit
Theater und Schauspielern, methodisch-technische Praktiken,
präzis bis in die Einzelheiten hinein, ein glühendes Temperament, hinreißender Humor und darstellerische Magie, eine
tiefe Liebe zum Komödiantentum und ein alle Tore der Poesie
öffnendes Eindringen in die Götterwelt der Laute, der Rhythmen, der sprachlichen Intention, kurz, die Wege des Sprach-

genius aufzeigend, wie ein Bergführer den sicheren Pfad und Tritt und Griff auf die freie Höhe des Gipfels weist, von dem aus sich neue, ungeahnte Blicke in Weite, Tiefe und Höhe eröffnen. – Rudolf Steiner fasste einige Wochen später in einem Brief an Marie Steiner die Essenz dieses Kurses zusammen: «Es muss die Brücke hinüber geschaffen werden zum Verstehen des Göttlich-Kosmischen in Sprache, Gebärde und Bühnengestaltung, wie es in meinem dramatischen Kursus erstrebt ist.»[161]

Um in die Sphäre, die als «göttlich-kosmische» für Sprachgestaltung und dramatische Kunst bezeichnet wurde, zunächst einzuführen, stellte Rudolf Steiner der Rezitation des siebten Bildes der *Pforte* durch Marie Steiner das Folgende voran:

«Wir leben innerhalb der zivilisierten Menschheit in sehr vorgerückten Zivilisationsepochen. Das sind aber solche, in denen namentlich die Sprache ihren Zusammenhang mit ihren Anfängen, ihren eigentlichen Urgründen verloren hat. Die heutigen Sprachen Europas, vielleicht mit einer geringen Ausnahme – ich meine nicht, dass die Ausnahme in Bezug auf die Quantität gering ist, sondern in Bezug auf die Qualität –, mit der geringen Ausnahme des Russischen und kleinerer Sprachen, sind sämtlich weit weg von ihren Ursprüngen, und sie reden eigentlich so, dass die Worte, aber auch die Intonierung des Lautlichen nur noch ein äußerliches Zeichen ist für dasjenige, was eigentlich zugrunde liegt; ein äußerliches Zeichen sage ich aus dem Grunde, weil man sich der Zeichennatur gar nicht mehr bewusst ist, weil man nicht einmal annimmt, dass die Sprache noch etwas anderes sein kann, als sie im gewöhnlichen Sprechen der heutigen europäischen Sprachen ist.

Daher muss, wenn das Künstlerische der Sprache nun wiederum verstanden, erfasst, wirksam gemacht werden soll, etwas da sein, was ein Bewusstsein davon hat, wie die Sprache wiederum ihrer Wesenheit zurückgegeben werden muss.

Und das ist versucht worden, wenigstens in gewissen Partien meiner Mysteriendramen, dadurch, dass das heute vom Menschen Erlebte, das er durch die Sprache ausdrückt, und das eigentlich im Grunde genommen im gewöhnlichen Sprechen heute gar nichts mehr zu tun hat mit dem, worauf es sich bezieht, wiederum zurückgeführt worden ist zum Laut. Sodass also in gewissen Partien meiner Mysteriendramen der Versuch gemacht worden ist, den heute ja nur noch bestehenden Gedankenrhythmus, das Gedankenmusikalische, das Gedankenbildliche zum Laut wiederum zurückzuführen.

Das kann man nun in der verschiedensten Weise, je nach den Aufgaben, die einem gesetzt sind. Und ich möchte als Erstes eben hingestellt haben dasjenige, was versucht worden ist in einer Szene im Geistgebiet im siebenten Bilde meines ersten Mysteriendramas. Da ist versucht worden so weit dasjenige, was ausgesprochen werden soll, in den Laut hineinzubringen, dass der Laut selber, ohne dass man über ihn hinausgeht, eine Hinweisung, eine Offenbarung des Geistigen sein kann, wie das in den Ursprachen der Fall war.»[162]

Von den vielen dramatischen und epischen Beispielen, die von Rudolf Steiner und Marie Steiner abwechselnd vorgetragen wurden, nahmen zwei eine Sonderstellung ein. Die schauspielerische Darstellung, insbesondere bei Rudolf Steiner bis in jede einzelne Nuance sich mimisch-gestisch ausprägend, war immer von überwältigender Eindringlichkeit. In diesen beiden Szenen schwang aber etwas mit, ein imponderables, ein unausgesprochen intensiv Sprechendes, das ergriff und erschütterte, ohne dass die damaligen Zuhörer sich darüber wissend Rechenschaft geben konnten. Das war einmal die Szene von Lessing, in der Faust einen Geist beschwört, der, langsam erwachend, sich auf seine eigene vormalige Existenz, auf seinen Namen besinnt und plötzlich ausruft – Rudolf Steiner machte es mit tiefer, donnernd-lauter Stimme –: «Ich hieß – Aristoteles.» Dem vorausgegangen war Marie Steiners Rezitation einer Szene in französischer Sprache, die sie folgendermaßen einführte:[163]

«Ich entnehme das Beispiel einer dramatischen Dichtung von Leconte de Lisle: ‹Hypatie et Cyrille›. Die junge gelehrte Vertreterin uralter Weisheit wurde, bevor sie von dem aufgehetzten Pöbel in den Straßen Alexandriens zerrissen wurde, von dem Bischof Kyrillus ermahnt, sich zu bekehren, um auf diese Weise dem gewaltsamen Tode zu entgehen. Doch sie weist hin auf die ewigen Streitigkeiten innerhalb der dogmatisch gewordenen und verrohten Kirche und bekennt sich zur alten esoterischen Weisheit.»

HYPATIA UND KYRILL
von Leconte de Lisle
Aus der 3. Szene:

KYRILL:
Mein Kind, hör', tu die Augen auf, und folge mir.
Verneinst du unser frommes Hoffen, drohet dir
Das Nichts. Für immer dort zu schlafen dich verlangt?
Die Toten preisest du? Dir vor dem Leben bangt?
Im Staub, zu Füßen Christi, deine Götter sieh!

HYPATIA:
O nein, Kyrill! In meinem Herzen leben sie,
Nicht so, wie du sie schaust, von leerer Form umhüllt,
Im Himmel selbst von Menschenleidenschaft erfüllt,
Vom Pöbel angebetet, der Verachtung wert;
Doch so, wie sie erhab'ne Geister einst verehrt:
Verweilend nicht im äußern Raum gestirnter Nacht,
Des Innern Tugenden – durchströmt von Sphärenmacht,
Die, Erd- und Himmelswerk harmonisch zu vereinen,
Gedanke, Ohr und Aug' bezaubernd, uns erscheinen
Als Ideal, das der Geweihte nur erringt,
Und das der Seele Schönheit zur Erscheinung bringt.
So sind sie, meine Götter! Könnt' ich sie verraten,

Da sie durch Zeitungunst in Missgeschick geraten?!
Ich fühl's, ich weiß es: Dies sind jene dunklen Stunden,
Die eingeschrieben der Gestirne Zahlenrunden.
Für unser Ansehn blind, die Gegenwart uns höhnt,
Wenn sie mit Schimpf und Spott die Stirne uns entkrönt.
Voll Hochmut, dass das Glück vor Kurzem ihr geneigt,
Sich auch die Zukunft taub für unsre Stimme zeigt. –
Doch ihr, des Menschengeistes Führer für und für,
Ihr hoheitsvoll und milde Herrschenden, die ihr
Der Waage Gleichgewicht, der Leier Melodie
Der Menschheit schenket, Könige der Harmonie,
Er ist gekommen, Er, den ihr verkündet laut,
Der Sühnebringer, den die Weisen vorgeschaut,
Den Aeschylos beschrieben schon – ja, Er erschien!
Und auch ich selber, hier und jetzt erblick' ich Ihn,
Wie Er, der Grabesnacht entsteigend, sich erhebt
Und ganz von Blut befleckt, doch siegend aufwärts schwebt.
Auf seiner Schulter lastet noch der Stamm der Qual.
Er reicht der Welt sein Kreuz – und auch das Schwert zur Wahl,
Rächt den Barbaren, welcher roh und ungelernt,
Von euren leuchtenden Altären ward entfernt,
Und ruft in eure Tempelhallen Stück für Stück
Die Glieder toderstandner Gottgestalt zurück.
Doch bis zum letzten Atemzug beschütz' ich euch
Und euren heil'gen Staub vor grobem Angriff, reich
Beglückt, wenn so durch eures Seins Unsterblichkeit
Die ferne Zukunft einst ein treu Andenken weiht
Auch jener Tat, die ich für euch vollenden will.
Heil Euch, ihr Herrscher Hellas'! – Lebe wohl, Kyrill!

Kyrill:
Schwör' deinem Irrtum ab, du unglückselig Kind!
Gott schaut auf dich herab! Und trotzdem bleibst du blind!
Empört bin ich! Zugleich voll Mitleid seufzt mein Herz,

Im selben Augenblick bewegt von Groll und Schmerz.
Doch willst hartherzig du nicht glauben noch verstehn,
Die Hand, die helfend ich dir darbot, starr verschmähn,
Dann sei's genug! Ich habe wahrlich mehr getan,
Als mir mein Amt befiehlt. Ein Wort noch! Hör' mich an:
Beachte mein Verbot! Ein Hoffnungsschimmer bleibt,
Wenn dich nicht eitler Drang, zum Volk zu sprechen, treibt.
Nur Gott selbst richtet dich, wenn Er's nicht schon getan;
Sein Zorn ist über dir; treib' nicht zur Eil' ihn an.

HYPATIA:
Nein, nie und nimmer werd' ich feige schweigen, nein!
Wie könnte ich so furchtsam, ja, so treulos sein,
Vergessen meine Ehre, meine hehre Pflicht,
Aus Freiheit, unter dieses Himmels freiem Licht,
Zu künden, wie durch uns're Götter offenbar
Das Schöne, Wahre, Gute. Nicht schreckt mich Gefahr!
Schon seit zwei Tagen wimmelt es in dieser Stadt
Von Wüstenmönchen. Was sie hergetrieben hat,
Sei, so behauptet man, ein grauenhafter Plan.
Und seh' ich die fanatisch wilde Horde an,
Vom Fasten abgemagert, braun vom Sonnenbrand,
Besudelt und verschmutzt das Haar, das Haupt, die Hand,
Barfuß, mit wirrem Bart und flackernd irrem Blick,
So ahne ich: Mir naht ein drohendes Geschick.
Es sei! Ich weiß zu sterben, stolz auf jene Wahl,
Durch die mich Götter würdigen ein letztes Mal.
Für deine Anteilnahme aber dank' ich dir.
Nur noch ein wenig Einsamkeit jetzt wünsch' ich mir.
(Kyrill ab)

AMME:
Hypatia, mein Kind, du selbst siehst es jetzt ein:
Dies ist dein Tod!

Hypatia:
Leb' wohl! Unsterblich werd' ich sein.
      (Freie Übertragung von Ruth Dubach)[163]

Man kann sich fragen, wie eigentlich schauspielerisches Talent zustande kommt, karmisch gesehen. Es gibt Schauspieler, die jeden dichterischen Inhalt sehr lebendig über die Rampe bringen: Sie faszinieren durch diese Begabung, bleiben sich aber von Rolle zu Rolle mehr oder weniger ähnlich. Andere Schauspieler scheinen mit jeder neuen Person ihre Existenz auszuwechseln; und jeder Gedanke, jeder wiedererzählte Vorgang wird in ihnen Persönlichkeit. So – ließe sich denken – muss ein Schauspieler in einer früheren Inkarnation ein Leben durchlebt haben, in dem ihm alles, was er je gedacht, wahrgenommen, durchlebt und durchlitten hat, einmal ganz in Fleisch und Blut übergegangen ist. Nur dann «weiß» sein Talent, sein Instinkt später als Schauspieler, wie die jeweilige Identität der Rolle und alles, was sie denkt und fühlt und sagt, sich bis in die Knochen herstellen lässt. Das heißt in der Bildersprache der Mythologie: In der Individualität eines Schauspielers muss einmal alles apollinische Tagesbewusstsein vollkommen unbewusste Nacht, vollkommen Instinkt der Persönlichkeit, ganz und gar Dionysos-Zagreus geworden sein. So aber, mit anderen Worten und auf einer geistigen Ebene, schilderte Rudolf Steiner den Übergang von dem Schüler der orphischen Mysterien in die Verkörperung der Hypatia hinein. Darum, so ist meine persönliche Ansicht, gehörte die Darstellung der Hypatia durch Marie Steiner selbst karmisch-biographisch in den *Dramatischen Kurs*, insbesondere in den Vortrag, in dem methodisch der Übergang von der apollonisch-epischen Sprachgestaltung in das Dionysisch-Dramatische demonstriert wurde.
Auch der *Dramatische Kurs* hatte Vermächtnischarakter für

alle Berufenen, die an ihm teilgenommen hatten. Marie Steiner griff dieses Vermächtnis aus weltgeschichtlicher Perspektive auf. In der Mitte des 6. Jahrhunderts v. Chr. wurden die Dionysien in Athen zum Staatskult erklärt. Es ist die Geburtsstunde des Dramas. Thespis war der erste dramatische Dichter und Schauspieler – so hat es Horaz überliefert –, der seinen «Karren» aus den Mysterien heraus auf die öffentlichen Plätze des gemeinen Lebens geschoben hat. Er spielte von einem Wagen herab. Das war im letzten Drittel des 6. Jahrhunderts v. Chr. Das «Stück» war zuerst ein dionysischer Dithyrambus, ein Loblied auf Dionysos, das von dem Dichter und Musiker Arion von Lesbos aus dem 7. Jahrhundert stammte. Thespis ließ aus seinem Chorlied einen Schauspieler heraustreten und eröffnete so den ersten dramatischen Dialog. Bei Äschylos wurden es zwei, bei Sophokles drei Schauspieler. Bis zu Shakespeare war der ganze Chor in Einzelrollen aufgeteilt worden; «zerstückelt» wie der Dionysos Zagreus. Von Arion sagt der Mythos: Als er, von Seeräubern auf einem Schiff entführt, ein letztes Lied zur Leier gesungen hatte, stürzte er sich ins Meer; aber ein Delphin nahm ihn auf seinen Rücken und rettete ihn auf sicheres Land. Auch hier, wie zwischen dem Orphiker und Pherekydes von Syros, die Grenze zwischen zwei Zeitaltern: der noch in den Mythos eingeschlossene Sänger Arion und der realistisch-historische Schauspieler Thespis mit seinem Karren. Die Grenze bildet 601 v. Chr. die Mitte des Kali Yuga und der Herrschaftswechsel zwischen dem Erzengel Gabriel und dem neuen Zeitgeist der griechischen Hochkultur, Michael. Dieser Wechsel wiederholte sich 1879 und trat mit Ablauf des Kali Yuga, des finsteren Zeitalters von 5000 Jahren, 1899 in seine volle Wirksamkeit ein. Seitdem ist der Kampf um das lichte Zeitalter entflammt in einer Auseinandersetzung mit der Finsternis, wie wohl kein Jahrhundert sie vorher erfahren hat. Als Marie Steiner 1926 bei Ankunft der Schauspieler, die das Goetheanum-Ensemble bilden sollten, ihre altgeübte Organisationsfähigkeit wieder aufnahm, richtete sie ein Haus mit Mittagstisch ein, das sie «Thespis-Karren» nannte. «Thespis hat den Karren aus den Mysterien herausgeschoben», sagte sie. «Wir schieben ihn wieder hinein.»

*

Im Herbst 1924 war es schmerzlich still geworden. Rudolf Steiner konnte sein Zimmer und sein Bett kaum mehr verlassen. Er lag in seinem Atelier in der Schreinerei, wo ab 7 Uhr alle Maschinen für den Neubau des zweiten Goetheanums liefen. Morgens um 5 Uhr begann er zu schreiben. Pflichten und Besprechungen rissen den Tag über nicht ab. Vor seinem Zimmer häuften sich Berge von neuen Publikationen aller Wissensgebiete, die er durchstudiert hatte. Marie Steiner war fast ununterbrochen auf Tournee mit den Eurythmisten. – Zu Weihnachten 1924 erhielt sie eine letzte Spruchdichtung. Es gibt keine Worte, die diese Sprache kommentieren könnten in ihrem durchsichtig lyrischen Element, ihrer Geistesweite und Herzensinnigkeit. So spricht ein Sterbender, die Sternenwege, die er bald durchwandern wird, schon lange vor Augen, zu einer Seele, die ganz und gar kosmisch fühlt und lebt, sternennah. Diese dichterisch-meditativen Worte sind wie der Sternen-Goldgrund, vor dem die Stärke, die Marie Steiner in ihrer schöpferischen Tätigkeit und im Ertragen unsagbaren Leides zu beweisen haben sollte, ahnungsweise verständlich wird.

In ihren letzten Jahren hatte sich Marie Steiner nach Beatenberg zurückgezogen, das seinen Namen von einem wohl irischen Mönch hat, der mit Columban von Hybernia herüberkam und am Fuß des Berges eine Höhle bewohnte. Von ihrem Fenster und Balkon aus sah sie auf Jungfrau, Eiger und Mönch in ihrem ewigen Schnee. Dort empfing sie jeden, der sie sprechen wollte. Auch Else Klink, die große Künstlerin der Eurythmie, hat sie dort oft besucht. Else Klink verband echtes

Genie mit einer hochentwickelten spirituellen Hellfühligkeit. In dieser war sie so sicher wie andere in einem mathematischen Gedanken. Von Beatenberg zurückkehrend, erzählte sie einmal mit einem Ausdruck, über den nur sie verfügte. Es war ein Lächeln um Mund und Wangen, und ein tiefer, an tiefe Trauer rührender Ernst in den dunklen großen Augen, wie sie, den Kopf mit einer unnachahmlichen Anmut wiegend, gleichsam ihre Worte betonend, sagte: «Wenn ich bei Frau Doktor bin, in ihrem Zimmer mit den vielen Blumen, in dem sie in ihrem hohen Stuhle sitzt, ganz in Weiß gekleidet, auch über Kopf und Hals ein weißes Tuch geschlungen, dann fühle ich, wie Rudolf Steiner hinter ihr steht, schützend, tröstend, tragend, wie ein kosmischer Kavalier.» Nicht besser kann gesagt werden, was in dem Spruch liegt, den Rudolf Steiner Marie Steiner mit auf den Weg gab, den sie für weitere 23 Jahre – so lange, wie sie seit 1902 zusammen tätig gewesen waren – noch zu gehen hatte.[164]

Meiner lieben Marie als Meditation, nicht zur bestimmten Zeit, sondern nach Muße. Weihnacht 1924.

In Sternenweiten
Zu Götterorten
Wendet den Geistesblick
Meine Seele.

—

Aus Sternenweiten
Von Götterorten
Strömet die Geisteskraft
In meine Seele.

—

Für Sternenweiten
Nach Götterorten
Lebt *mein* Geistesherz
Durch meine Seele.

Hier offenbart sich das Mysterium der Geistesträgerschaft unverhüllt: der Sternendienst, zu vollbringen, «was den Himmeln nötig ist»; ein Dienst, nach Götterorten ausgerichtet; ein Geistesdienst durch meine Seele; in ihm kann leben «mein» göttliches Wesen; in ihm lebt *mein* Geistesherz, das dem Gotteswesen hingegeben ist.

Die innere Beschäftigung und Auseinandersetzung mit den elf Wahrspruchworten, die Rudolf Steiner für Marie Steiner geprägt hat, «in treuer, fester Waffenbrüderschaft» (Brief vom 21.11.1903), und die sie auf ihrem Weg begleitet haben – sie denkend, ihre Kräfte fühlend, ihre Ziele wollend –, wird viele Geheimnisse aufschließen, von welchen Aspekten auch immer der Einzelne dabei ausgeht. Sucht man sie, wie es hier geschieht, im Zusammenhang mit den Lebensspuren von Marie Steiners Individualität zu durchdringen, so können sie wie ein polyphon sich aufbauender Themenkreis erlebt werden, der sich zuletzt zu einem symphonischen Ganzen zusammenschließt. (Übersicht zu den Sprüchen siehe S. 244–247.)

Der Spruch «Suche nach dem Licht des Weges» bildet das Grundthema für den ganzen Weg: das «Stirb und Werde», durch welches das eigene menschliche Ich sich in ein kosmisches Licht-Ich zu verwandeln vermag. Im letzten Spruch wird von einem kosmischen Wesen gesprochen, das im Sternen-Kosmos der Götter webt, strömend fühlt, opfernd lebt. Das Grundthema hat seine Umkehrung gefunden, seine höchste Ausgestaltung, seine Vollendung und Blüte. Somit können die beiden Wahrspruchworte auch wie Prolog und Epilog empfunden werden.

Von den weiteren neun Sprüchen schließen sich jeweils drei durch ihren Zeitabstand und ihre Thematik zusammen und ergänzen sich. «Die Sonne schaue», «Die Welt im Ich erbauen» und «Ein Atemzug» entstanden jeweils im Abstand von fünf Jahren. «Die Sonne schaue» fällt in das 6., das Sonnen-Jahrsiebt (eurythmisch ist die Sonnengeste der Aus-

Suche nach dem Licht des Weges!
Doch suchst du vergebens, so du
Nicht selbst Licht wirst. (1904)

WINTERSONNENWENDE
17. Dez. 1906

Die Sonne schaue
Um mitternächtige Stunde.
Mit Steinen baue
Im leblosen Grunde.

So finde im Niedergang
Und in des Todes Nacht
Der Schöpfung neuen Anfang,
Des Morgens junge Macht.

Die Höhen lass offenbaren
Der Götter ewiges Wort;
Die Tiefen sollen bewahren
Den friedevollen Hort.

Im Dunkel lebend
Erschaffe eine Sonne.
Im Stoffe webend
Erkenne Geistes Wonne.

15. März 1911
Für die liebe Marie von Sivers

Die Welt im Ich erbauen,
Das Ich in Welten schauen
Ist Seelenatem.

Erleben des All
In Selbst-Erfühlung
Ist Weisheitpuls.

Und Wege des Geistes
Im eignen Ziel beschreiben
Ist Wahrheitsprache.

Und Seelenatem dringe
In Weisheitpuls, erlösend
Aus Menschengründen
Die Wahrheitsprache
In Lebens-Jahres-Rhythmen.

Zum 15. März 1916

Ein Atemzug aus der Geisterwelt ist
Was im Erwachen in den Leib
Was im Einschlafen aus dem Leib
Als wesendes Licht entströmend
Erlebt sich im Wechselsinn des Daseins.
Im Atem des Geisteswebens bin ich
Wie Luft im Lungenleibe.
Nicht Lunge bin ich,
Nein, Atemluft.
Doch Lunge ist, was weiß von mir!
Erfass ich dies, erkenne ich
Mich im Geiste der Welt.

Sterne sprachen einst zu Menschen,
Ihr Verstummen ist Weltenschicksal;
Des Verstummens Wahrnehmung
Kann Leid sein des Erdenmenschen;

In der stummen Stille aber reift,
Was Menschen sprechen zu Sternen;
Ihres Sprechens Wahrnehmung
Kann Kraft werden des Geistesmenschen.

15. März 1922

Sprechend lebt der Mensch
Den Geist, der aus Seelentiefen
Sich holt die Kräfte,
Um aus Weltgedanken,
Wie aus dem Gotteslicht,
Zu bilden Menschenfarben.
Im Declamieren lebt
Des Lichtes Weltenkraft,
Im Recitieren pulst
Der Seele Farbenmacht.

Isis Sophia,
Des Gottes Weisheit,
Sie hat Lucifer getötet
Und auf der Weltenkräfte Schwingen
In Raumesweiten fortgetragen.
Christus-Wollen
In Menschen wirkend,
Es wird Lucifer entreißen
Und auf des Geisteswissens Booten
In Menschenseelen auferwecken
Isis Sophia,
Des Gottes Weisheit.

Weihnacht 1920 Rudolf Steiner

15. März 1923

In gegenwärtiger Erdenzeit
Braucht der Mensch erneut
Geistigen Inhalt für die Worte seiner Rede;
Denn von der Sprache behalten Seele und Geist
Für die Zeit des schlafenden Weilens außer dem Leibe
Das vom Wort, was auf Geistiges weist.
Denn es müssen schlafende Menschen
Bis zur Verständigung mit den Archangeloi kommen.
Die aber nehmen nur Geist-Inhalt,
Nicht Materien-Inhalt der Worte auf.
Fehlt dem Menschen diese Verständigung,
Nimmt er Schaden an seinem ganzen Wesen.

An Marie:
Geburtstagsspruch zum 14. März 1924

Wer in rechtem Sinne zählen kann
Seines Lebens hingeschwund'ne Jahre,
Dem verkündet sich der Geistesschritte
Gottes-Zahl, durch die er irdisch wandelt
Zu dem Lichtesziel, das Seelen vorgesetzt
In dem Daseinsbuch, in dem gezeichnet
Alles Menschenwerden seit den Ewigkeiten.

Für Marie Steiner, 15. März 1924

Weltenlicht, es wandelt täglich sich
Zum Erdenlicht und weckt des Menschen *Denken*;
Weltenwärme, vorzeitig ward sie
Zur Erdenwärme, zu leben in des Menschen *Fühlen*;
Weltenluft, im Zeitenlosen ward sie
Zur Erdenluft, zu wirken in des Menschen *Wollen*;
O Mensch, erkenne dich als leuchtend warmer Lüftegeist,
O Mensch, erlebe dich als rechter Sieger
Über Lichtes-, Luft- und Wärmelocken.

Meiner lieben Marie als Meditation, nicht zur bestimmten Zeit, sondern nach Muße

Weihnacht 1924.

In Sternenweiten
Zu Götterorten
Wendet den Geistesblick
Meine Seele.

—

Aus Sternenweiten
Von Götterorten
Strömet die Geisteskraft
In meine Seele.

—

Für Sternenweiten
Nach Götterorten
Lebt *mein* Geistesherz
Durch meine Seele.

—

druck des ganzen Menschen), die beiden anderen in das 7., das Mars-Jahrsiebt (eurythmisch der Ausdruck der Fähigkeit der Aggressivität oder auch Tätigkeitskraft). Der erste Spruch der «Wintersonnenwende» schließt die neuen Mysterien des beginnenden lichten Zeitalters mit mächtigen Gongschlägen und Posaunenstößen auf. So die Zukunft eröffnend, greift er zugleich zurück bis auf ägyptische, persische, keltische Mysterien der Urzeit. Der dritte Spruch «Ein Atemzug» erweckt einen Seelenzustand, wie er als Erbe der atlantischen Zeit bestand und am Ende der nachatlantischen Zeit wieder Lebenswirklichkeit werden kann. Der mittlere Spruch «Die Welt im Ich erbauen – Für die liebe Marie von Sivers», 1911, während ihrer schweren gesundheitlichen Krise geschrieben – schafft eine Mitte zwischen den beiden anderen: Mensch und Kosmos im Gleichgewicht pulsierend, atmend. Dieses Talent besaß das orphisch inspirierte Griechentum, und Marie Steiner hatte es sich auf einem Höhepunkt ihres sprach-künstlerischen Könnens als Maria in den Mysteriendramen neu errungen.

Die folgenden drei Sprüche wurden im Abstand von fünf-viertel und dreiviertel Jahren gegeben, im 8., dem Jupiter-Jahr-siebt (in der Eurythmie die weisheitwirkende Tätigkeit): «Isis-Sophia», «Sprechend lebt der Mensch» und «Sterne sprachen einst zu Menschen». «Isis-Sophia» und «Sterne» umfassen die Menschheitsgeschichte der lemurischen, atlanti-schen und nachatlantischen Zeit; der erste Spruch vom inne-ren Aspekt der Weltgedanken oder der Sophia aus, der Letz-tere von der sinnlich-sittlichen Sprache der Sterne und dann der Sprache der Erdenmenschen aus. Wie im ersten Spruch Luzifer die tötende Widersachermacht ist, so hat die Todes-stimmung der verstummenden Sterne, weil in der Seele das Sinnliche das Sittliche zugedeckt hat, ahrimanische Züge. In der Mitte steht der Spruch, der sagt: Nicht ich, der Mensch, sondern der Geist des Wortes in mir.

Die dritte Dreiheit von Sprüchen «In gegenwärtiger Erden-zeit», «Wer im rechten Sinne zählen kann» und «Welten-licht» wurde im Verlauf eines Jahres gegeben, dem ersten Jahr des 9. Jahrsiebts, dem der Saturnzeit (eurythmisch Tiefsinn). Sie sprechen von: der spirituellen Gedankenarbeit am Wort, um in der Nacht den kosmischen Geistern der Archangeloi begegnen zu können; von der Arbeit an dem eigenen Lebens-gang, seinen irdischen Jahres-Rhythmen und seinen kosmi-schen Gottes-Zahlen-Schritten; und von der Arbeit an der Umwandlung der irdischen und kosmischen Elemente durch die Seelenkräfte im Schmelztiegel der Sprache. In der Mitte steht der Lebensweg, auf der einen Seite Gedanke und Wort, auf der anderen Seite Sprache und ihre sinnlich-sittliche Be-schaffenheit im Elementarisch-Kosmischen. Die dritte Drei-heit erscheint wie eine Variation der zweiten.

Die ersten drei Sprüche eröffnen den *Erkenntnisblick*: in die neuen Mysterien, im Geist-Erinnern der alten; in den Men-schengeist, der das Gleichgewicht mit dem Geist des Kosmos erstrebt; und in das eigene Geistseelenwesen, von der kosmi-schen Geisterwelt in die Leibesform ausgeatmet und wieder eingeatmet vom All.

Die zweite Dreiheit lässt Tod und Auferstehung *erfühlen*: der Weltgedanken im ersten Spruch, der Sternensprache im drit-ten; und im zweiten erlebt die Seele den Geist, wie er aus dem Weltenlicht in ihre eigenen Tiefen untertaucht, und wie er sich wieder aus ihren Farbenfluten, auferstanden und verwandelt, erhebt: Sprache, im Wechsel und Gleichgewicht zwischen Gotteslicht und Menschenerleben.

Die dritte Dreiheit fordert den *tätigen Willen* heraus: den Feuerkeim des Geistes dem Wort einzupflanzen, damit er rei-fen kann zu kosmischer Frucht; den eigenen Erdenwandel so zu führen, dass das Göttliche das Irdisch-Menschliche durch-dringen kann; und denkend, fühlend, wollend Welt- und Erdenelemente in der Sprach-Gestalt siegend zu meistern.

Das Grundthema, von unten aufsteigend, bildet sich wie durch eine neunstimmige Fuge fort, sich drei Mal dreifach variierend: erkennend, Seelen verwandelnd, alles Leibliche vergeistigend. Aus dem symphonischen Zusammenklingen aller neun Stufen der Metamorphose kehrt das Thema, von oben kommend, zurück, in Umkehrung aller Verhältnisse: selbst Licht geworden, kosmisches Wesen unter Sternen, den Orten der Götter.

Das Beheimatetsein im Kosmischen, das in Marie Steiners Seele lebte, lebte in besonderer Weise in ihrem Verhältnis zu Novalis, auf das bereits hingewiesen wurde. Es sei deshalb der folgende Aufsatz von ihr dem letzten Spruch wie «In Memoriam» nachgesetzt.

«Zu den weihevollsten Stunden, die wir haben erleben dürfen in der glücklichen Zeit, als Rudolf Steiner noch unter uns wirkte, gehören die Jahresfeste, die er aus der Tiefe seines unerschöpflichen esoterischen Wissens mit neuem Leben erfüllte, mit jenem Lichte, das aus den übersinnlichen Welten heraus einst diese Feste inspiriert und zu Weckern und Förderern des geistigen Menschen gemacht hat. In unsern Zeiten sind die Feste der Routine des Alltags verfallen; ja, sie gehören zu dem, was den Menschen noch mehr verstrickt in die Trivialitäten, die Abstumpfungsmittel und in die Hetze des materiellen Lebens. Dass es wieder anders werden könne, dazu hat Rudolf Steiner weckende Impulse gegeben. Er hat uns Erkenntnismöglichkeiten eröffnet, die das Erleben der Feste herausheben aus dem dumpf Gewohnheitsmäßigen und sie in die großen Zusammenhänge des kosmischen Weltgeschehens stellen, die dem Menschen Sternenwege weisen zur Entfaltung der höchsten Fähigkeiten, durch die er einst als bewusst mitwirkender Diener des göttlichen Wollens seine Aufgabe im Kosmos erfüllen wird.

Die Feste und deren bewusstes Miterleben sind Wegweiser zu diesem höchsten Endziel. Sie rufen den ganzen Menschen auf zum Mitempfinden, zum Miterkennen, zum Mitwollen. Das Gefühl darf sich in würdiger, verstehender und inbrünstiger Weise darleben, hingegeben den Mächten, die es aus den geistigen Feuerströmen des Kosmos ergreifen, die es zur Aktivität aufrufen, zur Schaffenskraft und zur Heiligung. So wird der Mensch über sich selbst hinausgehoben, und in das schon Ertötete, Erschlaffte seines Wesens dringen die neuen Lebenskeime ein. Vitaesophia nannte Rudolf Steiner den ersten Festesvortrag, den wir herausgeben durften: Betrachtungen aus der Lebensweisheit. Sophia ist es, die uns hinführt zu dem Erfassen des neuen Lebensstromes, die uns die Wege weist zum Tröster und Kräftespender, der da wartet, in uns wiedergeboren zu werden.

Um Novalis herum weben unsere schönsten Erinnerungen aus jenen Festes-Weihestunden. Es wurde mir das besondere Glück zuteil, seine Dichtungen in Verbindung mit Rudolf Steiners Ansprachen bei solchen Gelegenheiten vortragen zu dürfen. Novalis zieht einen sogleich hinüber auf die andere Seite des menschlichen Erlebens, da wo der Alltag schwindet, wo das Persönliche abfällt, wo die reine Kraft der anbetenden Liebe ihren Ausdruck finden will, losgelöst von der menschlichen Schwere und Trübe, aber in der Inbrunst und dem Feuer der Hingabe an die Gottheit, wie sie aus den Worten dieses wissenden Miterlebers in einzigartiger Weise spricht. Nur die reinen Kräfte der Wortgestaltung, des in strömende Wortbewegung gewandelten Gefühls, der plastisch-musikalisch gelösten Imaginativität geben die Ausdrucksmittel dazu. Ein Ziel – gewiss zu erhaben für unsere schwachen Kräfte, aber klar und packend. Novalis als Erzieher, hin zu den Schöpferkräften des Wortes, die bei ihm den Fels ergreifen und in Fleisch auflösen wollen, die das Wasser zu Blut wandeln und so in erlebter Kommunion durch Leib und Blut den mitergriffenen Menschen zu dem im Kosmos wallenden göttlich-menschlichen Prinzip führen; Novalis als Priester, der die Kunst zum höchsten Ausdruck des menschlichen Strebens zur Gottheit

hin gemacht hat; Novalis als Künder der durchchristeten Ichheit, der Sendung des Christus, als Bote des Christus im Innern. Mit gleicher Inbrunst und Glut des Erlebens in den Tiefen des Gemüts, ‹in des Gemüts höherm Raum›, wird diese
Kraft der hingebenden Liebe dichterisch nicht wieder vor uns
hingestellt werden können. Lassen wir ihn sprechen, wie es an
jenen Abenden geschah, an denen auch Rudolf Steiner sein
lichtbringendes, dunkelverscheuchendes, geist- und gefühlge-
tragenes Wort der Aufklärung und weckenden Liebekraft in
unsere Seelen senkte.»[165]

Als Marie Steiner am späten Vormittag des 30. März 1925
von ihrer Reise mit der Eurythmiegruppe und daneben vielen
Verhandlungen im Interesse der neu begründeten Gesellschaft
nach Dornach kam, war Rudolf Steiner vor mehr als einer Stunde dahingegangen. Was sie durchlitten hat in dieser namenlosen
Trauer, in dem Abgrund des Schmerzes, und was für sie dieser
Verlust war, das hat wohl niemand je erfahren. Was dieser Augenblick durch «der Geistesschritte Gottes-Zahl» verkündigt
hat, bleibt das Mysterium ihres kosmischen Wesens. Auf dem
Wege, den sie «irdisch wandelte», hatte sie den Achsen- oder
Wendepunkt ihres Lebens, das dem alleinigen Dienst der Anthroposophie gewidmet war, durchschritten.

1932 veröffentlichte Marie Steiner ein Vor- und Nachwort
zu der Neuausgabe von Rudolf Steiners *Lebensgang* mit Tex-
ten und Gedichten von Carl Unger, Albert Steffen, Christian
Morgenstern und Kurt Piper; all das zusammen lässt ahnen,
was in diesem schwersten Schicksalsaugenblick durch ihre Seele gezogen ist. Wie ein kosmisches Gericht, das zugleich mit
ungebrochenem, ja vielfach verstärktem Kampfesmut für eine
michaelische Zukunft von ihr hingestellt wurde, wirken die
Zeilen und Verse ihres Nachworts:

«Hier bricht die Lebensbeschreibung jäh ab. Am 30. März
1925 verschied Rudolf Steiner.

Man hat sein ganz dem Opferdienst der Menschheit geweih-

Rudolf Steiner 1919 (Foto: Karel Novák)

tes Leben mit unsäglicher Feindschaft vergolten; man hat seinen Erkenntnisweg in einen Dornenweg verwandelt. Er aber hat ihn für die ganze Menschheit durchschritten und erobert. Er hat die Grenzen der Erkenntnis durchbrochen: Sie sind nicht mehr da. Vor uns liegt dieser Erkenntnisweg in der kristallklaren Helle der Gedanken, von der auch dieses Buch Zeugnis ablegt. Er hat den menschlichen Verstand zum Geist emporgehoben, ihn durchdrungen, verbunden mit der geistigen Wesenheit des Kosmos. Damit hat er die größte Menschentat vollbracht. Die größte Gottestat lehrte er uns verstehen. Die größte Menschentat vollbrachte er. Wie sollte er nicht gehasst werden mit aller dämonischen Macht, deren die Hölle fähig ist?

Er aber hat mit Liebe vergolten, was an Unverständnis ihm entgegengebracht worden ist.

Er starb, – ein Dulder, Lenker, ein Vollbringer,
in einer Welt, die ihn mit Füßen trat
und die emporzutragen er die Kraft besaß.
Er hob sie hoch, sie warfen sich dazwischen,
sie spieen Hass, verrammten ihm die Wege,
verschütteten was im Entstehen war.
Sie wüteten mit Gift und Flamme,
frohlocken jetzt, besudeln sein Gedächtnis. –
‹Nun ist er tot, der euch zur Freiheit führte,
Zum Lichte, zum Bewusstsein, zum Erfassen
des Göttlichen in einer Menschenseele,
zum Ich, zum Christus.
War es Verbrechen nicht, dies Unterfangen?
Er tat, was schon Prometheus büßte,
Was Sokrates der Schierlingsbecher lohnte,
was schlimmer war als Barrabas' Vergehen,
was nur am Kreuze seine Sühne findet:
Er lebte euch die Zukunft dar.

‹Wir, die Dämonen, können dies nicht dulden,
wir hetzen, jagen den, der solches wagt,
mit allen Seelen, die sich uns ergaben,
mit allen Kräften, die uns zu Gebote.
Denn uns gehört die Zeitenwende,
uns diese Menschheit, die, des Gottes bar,
hinsiecht in Schwäche, Wahn und Laster.
Wir lassen das Erbeutete nicht fahren,
zerreißen den, der solches wagte.›

Er wagte es – und trug sein Los.
In Liebe, Langmut, im Ertragen
der Unzulänglichkeit, der Menschenschwächen,
die stets sein Werk gefährdeten,
die stets sein Wort missdeuteten,
die seine Nachsicht stets verkannten,
in ihrer Kleinheit sich nicht selbst erfassten,
weil seine Größe sich dem Maß entzog.
So trug er uns, – und uns verging der Atem
beim Folgen seiner Schritte, bei dem Fluge,
der schwindelnd hoch uns hinriss. Unsre Schwäche,
sie war das Hemmnis seines Fluges,
sie legte sich wie Blei um seine Füße …

Jetzt ist er frei. Ein Helfer denen droben,
die Erderrungenes entgegennehmen
zur Wahrung ihrer Ziele. Sie begrüßen
den Menschensohn, der seine Schöpferkräfte
entfaltete im Dienst des Götterwillens,
der dem verhärtetsten Verstandesalter,
der trockensten Maschinenzeit
den Geist einprägte und entlockte …

Sie wehrten's ihm.
Die Erde webt im Schatten,
im Weltenraum erbilden sich Gestalten,
der Führer harrt, der Himmel ist geöffnet,
in Ehrfurcht und in Freude stehn die Scharen.

Doch graue Nacht umfängt den Erdenball.»[166]

Ihre Worte wirken wie ein Gewitter, das mit seinen Blitzschlägen die verdüsterte, brütende, kochende Landschaft unter sich grell überleuchtet und dann im Verziehen von Wolken verhangen zurücklässt. Was sich dann mit der Aufhellung und Auflösung von Dunkelheit und Schmerz ins Licht hinein neu bilden kann, gereinigt, geläutert, das auszusprechen überließ sie den Dichtungen von Christian Morgenstern und Albert Steffen, dessen eines Gedicht – so tiefsinnig wie ergreifend schön – deshalb hier angeführt werden soll.

Dem Gottesfreund und Menschheitsführer Rudolf Steiner
von Albert Steffen (aus *Im Sterben Auferstehen*)

Brach gelegte Ackerkrume
Winterlicher Grabesfeuchte
Hat verwandelt sich zum Leuchte-
Leibe einer weißen Blume.

Und es werden Kelch und Krone
Lichtes Angesicht und Flügel.
Christus hebt Dich von dem Hügel
In die heiligste Äone.

Wie der Sternenchor erklingt
Und sich alle Himmelssöhne
Freuen Deiner ird'schen Schöne,
Die sich sanft dem Tod entringt!

Ja, Du kommst im Erdgewande,
Aber von Verwesung ferne,
Fortan sehen Engel gerne
Menschen in dem Geisterlande.

Denn die Farben von der Erde
Lieben sie, durch Dich gereinigt.
Menschheit hat mit Gott vereinigt
Deine gütige Gebärde.

*

Unmittelbar nach Ostern begann Marie Steiner, Woche um
Woche, mit der Rezitation von Szenen der vier Mysteriendramen, im Hinblick auf eine Neueinstudierung zur Eröffnung
des zweiten Goetheanum 1928. Schon im Sommer und Herbst
kam es zur Aufführung einzelner Szenen. Als sich im Sommer
1926 das Ensemble von Schauspielern versammelt hatte, mit
dem sie ihre Arbeit über mehr als zwei Jahrzehnte hindurch
aufgebaut hat, studierte sie in zwei Jahren alle vier Dramen ein,
neben dem Aufbau des Sprechchors und der Ausbildung der
neuen Rezitatoren für die Eurythmie. Aus Mangel an finan-
ziellen Mitteln konnten aber 1928 nur Dekorationen und Kos-
tüme für die ersten beiden Dramen aufgebracht werden; sodass erst 1930 die Inszenierung aller vier Dramen auf die Bühne
gelangte. Doch war die Eröffnung des neuen Baues, wenn auch
noch ohne architektonische Innenausgestaltung, und die Erfüllung seiner Bühne mit neu erstandenem Leben gelungen,
was alle zur Arbeit Versammelten mit froher Hoffnung und
enthusiastischem Arbeitswillen beseelte.

Das künstlerische Ziel – in Auseinandersetzung mit dem bestehenden Theater ihrer Zeit –, mit dem sie den Neubeginn
ihrer Arbeit antrat, hat Marie Steiner selbst in einem Aufsatz
über «Aphoristisches zur Rezitationskunst» niedergelegt, aus
dem hier einige Abschnitte folgen sollen.

«Sie ist ungefähr dreißig Jahre alt, diese moderne Art des Sprechens, die aufgeräumt hat mit den alten Traditionen und glaubt, der Wahrheit näher zu kommen, indem sie an Stelle des künstlerischen Erlebens das rein verstandesmäßige setzt. Sie geht ängstlich aus dem Wege dem, was getragen, sakral genannt werden könnte; sie sieht Natürlichkeit, Gesundheit nur in dem, was möglichst nüchtern, trivial das seelische Erleben wiedergibt und seine Würze, sein Feuer, seine Pikanterie aus dem Animalischen holt. Das geistige Erleben existiert nicht für sie; durchaus hilflos, durchaus ignorant steht sie ihm gegenüber; denn die Ausdrucksmittel des Geistigen, die Rhythmen in ihrer Mannigfaltigkeit, den Reim in seiner pulsierenden Kraft, hat sie verloren. Sie weiß nicht, dass auf diesem Wege die Inspiration sich in das dichterische Werk umsetzt, dass auf diese Weise der Dichter zum Vermittler wird eines höheren Lebenskreislaufs. Die Sprache, der Urborn unserer Menschlichkeit und das Bindeglied mit der geistigen Welt, die alle Elemente des Künstlerischen in sich enthält: das Musikalische, das Malerische, das Bildhaft-Plastische, die zugleich Tanz ist, lebendige organische Bewegung, über das ihr innewohnende Architektonische hinausgehend durch den Pulsschlag ihrer auf- und abflutenden Rhythmen, sie soll plötzlich eingeschraubt werden in das Prokrustesbett unserer Verstandesorganisation, soll sich damit begnügen, den novellistischen Inhalt einer Dichtung herauszuschälen, arabeskenhaft zu pointieren, subjektiv gefärbtes Temperament herauszupressen oder herauszusprudeln. Nur ja nicht sich erheben, nur ja innerhalb der engen Grenzen unserer heutigen Weltauffassung bleiben! ...

Der goldene Hintergrund in der Kunst der Rezitation und Deklamation, die Verbindung mit dem Geistigen, ist der Rhythmus, ist der Reim, der Takt, die Alliteration, die Assonanz. Durch diese Tore dringen die Inspirationen der geistigen Welt in die Seele der Dichter hinein; zu ihnen muss man sich erheben, will man aus ihren Werken das herausholen, was ihnen den Unsterblichkeitswert verleiht. Schließt man diese Tore zu, so verschließt man allmählich das Verständnis für Ewigkeitswerte, für sittliche Ideale, für die Impulse des Enthusiasmus, der Hingabe, der Aufopferung, kurz für alle Werte, die den Menschen über sich hinausheben, ihn zum Bürger der geistigen Welten machen. Eine Menschheit aber stirbt, die sich diesen Impulsen verschließt. Sie stirbt an ihrer eigenen Verrohung.

Die großen Dichter waren die Erzieher ihres Volkes, die Ansporner zu machtvollen Taten; ‹Gesänge› nennen sie ihre Dichtungen; Orpheus, der Schöpfer der lichtvollsten Mythologie und weittragendsten Kultur, der Träger der Lyra und Besänftiger der wilden Tiere; Homer, der weitausstrahlende Spiegel dieser Kultur und Vater des Hexameters; Tyrtäus, Pindar ... alle die Barden, alle die Skalden, die den Heldenmut unserer keltischen und germanischen Ahnen anfachten ... auf den Wogen des Rhythmus ließen sie ihre Gesänge dahinrollen, sich selbst machten sie zum tönenden Instrument dieser Kräfte. Und jetzt soll es das nicht mehr geben? Ein kleines Geschlecht dekretiert, dass es nur photographische oder phonographische Wiedergabe ihrer Schwächen, Miseren, Verrücktheiten und Brünste geben darf; und eine hypnotisierte Menge soll sich dem beugen! Man bringt ihr durch Zeitungsgewäsch den Glauben bei, dass dies unumstößliches Gesetz der Kunst sei – alles andere Dilettantismus. ...

Wenn wir aus dem Intellektualistischen heraus arbeiten, statt aus dem Künstlerischen, ertöten wir in uns das unsterbliche Seelenleben. Wir erwecken es, wenn unser Wort aus dem Übersinnlichen heraustönt. Der substanzielle Inhalt des Wortes ist das Übersinnliche. Indem wir an Stelle des imaginativ beseelten Sprechens das rein verstandesmäßige oder persönlich emotionelle setzen, berauben wir das Wort seiner schöpferischen Kraft. Es ist vieles ertötet, ausgelöscht worden in den letzten drei Jahrzehnten. Und mit grenzenlosem Hass verfolgt man diejenigen, die wieder hinarbeiten zu dem, was so ausgelöscht worden ist. In der von Rudolf Steiner ausgehenden Eurythmie ist uns ein Impuls gegeben, der befruchtend auf alle Künste wirken kann. Wie einst der Tempeltanz dasjenige gewesen ist, von dem alle Künste ausgegangen sind, von dem heiligen Drama bis zur Architektur, und wieder hin zum klassischen Drama, so ist die eurythmische Bewegungskunst berufen, auch die anderen Künste aus ihrer Starrheit zu lösen, das Mechanisch-Mathematische überzuführen ins Organisch-Bewegte. Sie wirkt in den Körper hinein durch die Seele vom Geiste aus. ...

Als ich zum ersten Mal Sprechversuche zu eurythmischer Wiedergabe eines Gedichtes machte, sagte ich: ‹Keiner, der die Rezitation als solche liebt, wird sich dazu hergeben.› Aber auch hier gilt das Goethesche ‹Stirb und werde›. Was man aufzugeben hat, ist die persönliche Willkür, das Subjektive. Unendlich bereichert steht man wieder auf, nachdem man sich überwunden hat. Die Gegengabe, die man erhält, ist die Erkenntnis grundlegender Gesetze, ist das Reagieren des Gefühls auf das, was von der Dichtung selbst gewollt wird. Das Gedicht sagt einem, was es ist, was es will; man braucht nur sich hinzugeben, dem musikalischen oder bildhaft-gestalteten Strom, der in ihm lebt, seine Architektonik in sich zu erfühlen, von seiner Bewegung erfasst zu werden. ‹Es› erfasst uns, wenn wir eine Zeit lang praktiziert haben die *Übung des Abfangens der Bewegung*. Diese musikalische oder bildhafte Struktur ist die Hauptsache im Gedicht. Wenn sie es nicht wäre, so brauchte man nur Prosa zu schreiben, und es würde richtig sein, was ein Herr mir einmal bei Tisch sagte: ‹Gedichte sind nur dazu da, um in vielen Worten das zu sagen, was man auch in wenigen Worten sagen kann. Ich liebe Gedichte nicht.›[167] Er hatte Recht, da die Form des Gedichts für ihn nicht existierte und die Form erst das Gedicht ist. Besteht aber die Form, ist sie das Gefäß, das den Geist heranzieht, wie darf man sie dann verwischen, wie darf man Reim und Rhythmus überschlagen? Nein, *es gilt die Form zu erleben, und die richtige Behandlung des Inhalts ergibt sich dann daraus. Aus den drei Elementen ergibt sich diese richtige Behandlung: aus dem Element des Musikalischen, des Bildhaft-Plastischen und der Bewegung. Keines darf verloren werden. ...»*[168]

In den hier (vom Verfasser W. H.) kursiv hervorgehobenen Zeilen ist das Grundprinzip ausgesprochen, das ihr eigenes Arbeiten mehr als zwei Jahrzehnte hindurch geprägt hatte und nun die Methode ihres Unterrichts und ihrer Regie bildete. Jede Dichtung war für sie eine Partitur, die sie voll bis in jede feinste empfindungsmäßige und gedanklich-inhaltliche Nuance hörend durchdrang. Darin lebte ihr Genie so total und so selbstverständlich, dass es ihr ganz unbegreiflich war, wenn jemand über diese sinnlich-sittliche Fähigkeit (nach Goethes Ausdruck für die Farbenlehre) nicht verfügte. Methodisch ergab sich daraus als einziger Weg, das, was vermittelt werden wollte, durch Vormachen und Nachahmung weiterzugeben. Ein inhaltliches Problem intellektuell zu erläutern war ihr vollständig zuwider. Wenn sie bemerkte, dass sie sich gar nicht verständlich machen konnte, ließ sie alle sich setzen und sprach die ganze Szene vor. Erna Grund berichtete, dass auf diesem Wege Szenen der Mysteriendramen oder beispielsweise Steffens Szene zwischen Hieram und Kain, die von ihr, jung und ungeschult, wie sie damals war, überhaupt nicht begriffen werden konnten, durch die dichterische Erlebnis- und Gestaltungsintensität von Marie Steiners Vortrag voll und ganz, bis zur Erschütterung, bis zu Tränen erlebbar wurden.

Rudolf Steiner, der in *Die Kunst der Rezitation und Deklamation* eben diesen Weg von der Form zum Inhalt als einen unerlässlichen schildert, stellt in seinem *Dramatischen Kurs* auch den umgekehrten Weg als einen fruchtbaren hin. Nicht er widerspricht sich dadurch, sondern er eröffnet den verschiedenen Menschen mit einander widersprechenden Standpunkten unterschiedliche Zugänge zu derselben Kunst. Wie Goethe zuerst eine Prosafassung seiner Iphigenie verfertigt hat und daraus dann in Italien erst die poetische Versform schuf, so möge man sich umgekehrt die poetische Ausgestaltung eines Stil-Dramas zuerst in Prosa zurückverwandeln, weil sonst die Gefahr bestehe, dass die Sprachgestaltung zu technisch werde, ja, dass dann nur zu leicht ein Manierismus eintritt. Dass also auch der Weg vom Stoff in die Form gangbar ist. Das ist heute der übliche Weg, mit der Einschränkung, dass der Realismus und Naturalismus der Prosa kaum je zu einer dichterischen Stilisierung und damit zu einem vollmenschlichen Erleben nach Leib, Seele *und Geist* hinfindet. Eine Anekdote berichtet, dass die Freundin Marie Steiners, Mieta Waller-Pyle, bei einer Probe zusah und auf die Bemerkung der Meisterin, die gerade einmal mit ihren Darstellern wirklich zufrieden war: «Das war doch wirklich gut!», kritisch antwortete: «Ja, die Jacke haben sie schon, aber es fehlt ihnen das Unterfutter.» Das Unterfutter oder den Untertext kann man sich eben eigentlich nur durch die Improvisation des Prosainhalts einer Dichtung aneignen, als normaler Sterblicher wenigstens. Marie Steiners umfassender Weltkenntnis und Bildung aber, die immer intensiv von Gefühlen durchfeuert waren, stand das «Unterfutter», auf welchem Gebiet auch immer, stets selbstverständlich zur Verfügung.

Es ist selbstverständlich, dass eine künstlerische Kultur, die auf der begeisterten, hingegebenen Nachahmung beruht, dann aufhört, wenn die alles belebende Autorität des Vormachens nicht mehr gegeben ist. Hendewerk sagte in seiner lakonischen Art: «Was die ‹Alte› machte, war so gut, man wäre ja blöde gewesen, wenn man es nicht nachgemacht hätte.» Und er verstand es, das Nachgemachte sich völlig zu eigen zu machen. Und doch liegt hier nach meiner persönlichen Beobachtung der Entwicklung des sprachgestalterischen «Erbes» von Marie Steiner der Grund, dass die Dornacher Bühnenkultur sich erst so rasch, so mächtig und stilistisch einheitlich entfaltet hat und dann in etwa demselben Zeitraum als ein Ganzes wieder verloren gehen musste. Selbstverständlich wurde durch den Einzelnen das Erworbene bewahrt und weiterentwickelt, was bis heute seine Bedeutung und Gültigkeit besitzt. Die Lage war vergleichsweise so: Wenn die Wiener Philharmoniker und ihre Dirigenten einmal endgültig auseinandergehen würden, um an verschiedensten Orten Musik zu machen, würde sich an diesen Orten vieles erleben und entwickeln lassen. Aber die «Wiener Philharmoniker» als orchestrale Einmaligkeit würde man nicht mehr erleben können. Marie Steiner war sich dieser Entwicklungsnotwendigkeit voll bewusst, wie sie es am Ende ihres Lebens ausgesprochen hat. Die Bilanz, die sie selber in ihren allerletzten Jahren zog, war, dass ihre Arbeit bereits wieder in Auflösung sei.

Zunächst aber baute sich alles, rezitatorisch, eurythmisch und schauspielerisch, auf dem auf, was Marie Steiner als «Schöpferische Sprache» erlebte und meisterhaft handhabe.

«In der Sprache erfasst der Mensch sein göttliches Wesen; die Laute sind Schöpferkräfte, die ihn mit seinem Ursprung verbinden und ihn die Wege zum Geiste wieder finden lassen. ...

Wann wird der Tag kommen, der die Empfindung zurückgibt für des Wortes Heil- und Zauberkräfte, für die Wogen der Geistigkeit, die sich unter ihm schwellend öffnen? Im Atem leben, den Atem gestalten, in die Luft hereingestalten mit des Atems Meißel und das Erzittern fühlen, das feine Vibrieren der Luft- und Äthersubstanz, der Obertöne und der Untertöne, der feinsten Intervalle in dem Erklingen der Umlaute, die geistdurchlässig werden: Solch künstlerisches Schaffen in der subtilsten Materie ist wahrlich eine edlere Arbeit als das Herausstoßen menschlicher Affekte in tierähnlichen Lauten, wie es jetzt nur zu oft die Bühne beherrscht. ...

Betrachten wir die Sprache nur als ein Mittel zur Verständigung, als die Hülle eines intellektualistischen Inhalts, so töten wir sie künstlerisch. ... Suchen wir denn diese Wege, die dem Griechen im Blute lagen, ihm diktiert wurden von seinem Bildekräfteleib, bewusstseinsmäßig wieder auf, erschließen wir sie den Menschen, um den gehobenen Schatz als Erkenntnisgut und Wiederbelebungsquell weiterzureichen.»[169]

Oder, wie sie es an anderer Stelle pragmatisch zusammenfasste: *«Aus dem Sinnlich-Bedeutungsvollen ins Geistig-Bewegte* – das ist der Weg, den uns Rudolf Steiner für die Kunst der Rezitation und Deklamation gewiesen hat.»[170]

Nach der Aufführung der vier Mysteriendramen brachte sie im Laufe der Jahre sieben Werke von Albert Steffen auf die Bühne, an denen sie lange mit dem Ensemble probte, um den besonderen Stil dieser gänzlich neuen spirituellen Dichtungen zu erarbeiten. In annähernd zehn Jahren – etwa von ihrem 60. bis zu ihrem 70. Lebensjahr – inszenierte sie den ungekürzten *Faust* I und II. 1938 fand die Welturaufführung statt, 106 Jahre nach Goethes Tod. Dann kam der Krieg. Der Goetheanumbau wurde geschlossen und mit Soldaten belegt. Man erwartete täglich den Einmarsch der Deutschen, und jeder hatte, behördlich angeordnet, einen Notrucksack an der Tür stehen. Auf der Schreinereibühne entstanden die drei Schiller-Inszenierungen *Braut von Messina*, *Jungfrau von Orléans* und *Maria Stuart*. Eine vollständige Liste ist hier nicht erforderlich; sie kann andernorts nachgelesen werden.[171]

Zu ihrer großen, einzigartigen Leistung, die Technik des Chorsprechens wiederentdeckt und ausgebildet zu haben, noch ein paar ihrer eigenen Bemerkungen dazu:

«Es kann nicht ein Chor wirksam gesprochen werden, ohne vorangegangenes grundlegendes Studium in der Sprachgestaltung. Der Rhythmus ist der Kahn, der die Strophe trägt, das Steuer, das er hält, die verbindende Kraft, ohne welche die vielen Stimmen nicht zu einer Einheit verschmelzen können. Vertieft muss er werden, koloriert, belebt durch die Lautempfindung. ... Der Laut in seiner Kraft, in seinen Bewegungsten-

Marie Steiner 1924

denzen führt zu den Quellen der Wahrheit zurück, wird in seiner Offenbarung durch den ihn tragenden Atem: Klang, Farbe, plastischer Modler der Luftsubstanz, Vermittler des ganzen Reichtums gedichteter Welten, die sich in ihm selbst erwecken und ausstrahlen, statt begraben zu werden in dem Wust menschlichen Nerven- und Gedärmerlebens. Laute sind kosmische Mächte. Planetenkräfte wirken in den Vokalen, jedes Tierkreisgestirn hat seinen Konsonantenboten, der nach uns greift und uns will. So ist uns ein Zauberstab gegeben, der Quellen des Lebens erschließt, wenn unsere Hand sie nicht selbst verschüttet. ...

Das Chorsprechen verlangt ein Wachsen des Einzelnen über sich selbst hinaus; das Persönliche muss ja schon vor der gegebenen Tatsache der Vielstimmigkeit weichen, die Willkür des Menschen hat hier keinen Raum. Seine wache Betätigung, sein Dabeisein ist Voraussetzung der künstlerischen Erfüllung; der Träumer ist hier ein hemmendes Element. Das Göttlich-Gewollte muss dem Worte abgerungen werden: dann wirkt es wie eine Katharsis und stellt den Menschen herein in die Gesetzmäßigkeit der geistigen Welt.»[172]

Eine unübertroffene Schilderung von Marie Steiners künstlerischem Wirken, von Tag zu Tag, verdanken wir Ilja Duwan. Marie Steiner unterhielt sich mit ihm nur in Russisch, ihrer zweiten Muttersprache. Es bestand ein besonders inniges Lehrer-Schüler-Verhältnis, im Künstlerischen wie im Esoterischen. Ilja Duwan war aus Moskau zu einem Gastspiel des «Blauen Vogels», den sein Vater leitete, nach Basel gekommen. An einem freien Tag radebrechte er mit seinen wenigen deutschen Brocken die Frage, wo die Schweizer Berge zu sehen seien. Ein Basler zeigte mit der Hand nach Süden. Er wanderte los und sah plötzlich, wie eine Wundererscheinung, den Goetheanumbau vor sich. Am Tor einen Wächter ansprechend, geriet er just an einen Russen, der ihn weiterleitete. Nicht lange danach kam er ganz nach Dornach; später baute und erfüllte er mit seiner Frau und vielen Schülern und Mitarbeitern den Marianus-Raum in Bern.

«Bei Marie Steiner war dieses Untertauchenkönnen in den anderen Menschen nicht die gewöhnliche ‹Anpassungsfähigkeit›, die man für sich selbst nützen kann, sondern viel mehr im Sinne des Paulus: ‹Den Juden bin ich geworden wie ein Jude – Denen, die ohne Gesetz sind, bin ich wie ohne Gesetz geworden – Den Schwachen bin ich geworden wie ein Schwacher –› (1. Korinther, 9, 20–22).

Einswerden mit dem Objekt kann man durch die gesteigerte Liebekraft, welche schöpferische Erkenntnis, d. h. Kunst ermöglicht. Größte Verinnerlichung und aktive Hingabe sind Voraussetzung. ...

Diese Veranlagung wäre aber nicht zur Entfaltung und Frucht gekommen, hätte Marie Steiner nicht an sich selber mit größter Disziplin und Strenge gearbeitet. Was sie von sich selber verlangte, konnten wir nur erahnen. Sie verausgabte sich in den Abendproben restlos, bis zur Erschöpfung, konnte dann noch oft Stunden weiterarbeiten – und am nächsten Morgen war sie die Frischeste und die Jüngste unter uns jungen Menschen, die den gestrigen Abend noch in Kopf und Gliedern spürten. ... Für mich und wohl auch für manchen andern gab es keine schönere Zeit im Leben als die ersten Jahre des Aufbaus mit Frau Doktor.

Und diese geistgerichtete Kunst stand ständig vor unseren Augen: die tausend verschiedenen Beispiele auf der höchsten Höhe der künstlerischen Wahrheit, aus Gedichten, Rollen, Prosastücken, Hymnen und fremdsprachigen Wortgebilden – das war sicher in dieser Fülle und Vollendung im künstlerischen Leben einmalig. Und jede Nuance so kraftvoll und endgültig. Es *musste* so sein, wie Marie Steiner es sprach.

Die elementarsten, lebendurchpulsten Triebe eines Genüsslings wie Falstaff und die innig, zutiefst ergreifenden, zartesten Töne des in Schmerz zerbrechenden Gretchens waren mit der gleichen Überzeugungskraft da. Als Frau Doktor die betrunkenen Studenten in ‹Auerbachs Keller› vormachte, flüsterten die Schauspieler sich zu: ‹Woher weiß sie das?›

Der unaussprechlich volle Humor, mit dem Marie Steiner Marthe im ‹Faust› sprach, war nicht nur im Wort hörbar, sondern auch in jeder Wendung des Kopfes, der Arme, des Blickes mit der ganzen Elementarkraft der Komik sichtbar. ... Aus dem *Anhören* der Rezitation von Marie Steiner kam man ins *Schauen* des Bildes, der Rolle. So in unzähligen Fällen, von denen das angeführte Beispiel vielleicht das kleinste ist. Die kosmische Größe der Mephisto-Gestalt in gewissen Szenen, die Größe der Gestalten in den Mysterien-Dramen, die Geist-Wesen in ihrer tätigen Macht und Einzigartigkeit – das konnte neben Rudolf Steiner nur Marie Steiner gestalten.

Das Geheimnis dieses Schaffens lag in der Sprache: Es wurde in den Text nicht eine Interpretation hineingedacht, sondern aus dem Wort-Gehalt selbst erwuchs die Auffassung. ... Wenn sie rezitierte, war ein *Geschehen* im Raum spürbar. Eine große Sphäre um sie herum und über ihr schwang in Bewegungen, Klängen und einer Atmosphäre mit, in der sich Geistwesen aufhalten konnten ... man musste sich von ihr in eine ziemliche Entfernung zurückziehen, um ihre Tätigkeit nicht zu stören. Ganz am Anfang des Unterrichts sagte sie zu einem meiner Kollegen: ‹Wenn Sie nicht draußen sprechen, geben Sie den Engeln und den Verstorbenen nicht die Möglichkeit, sich in Ihrer Sprache zu inkarnieren.›

Die Sorge um die Zukunft drückte sich bei Frau Doktor manchmal im Worte aus: ‹Ihr werdet wohl nie aus Blut- und Nerven-Wesen zu Wort-Wesen werden!› Es wurde in einem Ton gesprochen, in dem die leise Hoffnung lebte, das große Ziel doch einmal erreichen zu können. ... *Das Wort-Wesen – Marie Steiner – kleidete nicht den Gedanken in Laute und Worte, sondern sie sprach Laute, Silben, Worte, Zeilen, aus denen dann der Gedanke, als äußerste Oberfläche, heraussprang.*

Jedesmal, wenn sie ein A sagte, wo es auch vorkam, war das Staunen darin, das H war unhörbare Begeisterung immer, das M immer gütige Klugheit. Es war instinktiv, Substanz und Kultur der Sprache.»[173]

So berichtet auch Tatjana Kisseleff: «*Sie sehnte sich danach, in ihren Mitmenschen die Anfänge des Kosmischen zu erleben. Es klingt noch immer in meinen Ohren, wie sie an einer Probe zu den Schauspielern sagte: ‹Ach, wenn Sie etwas kosmischer sprechen könnten, wenn Sie ein wenig kosmischer wären!›*»[174]

Diese Sehnsucht, das allzu irdische Kopfbewusstsein endlich zu überwinden, ließ sie zuweilen so ungeduldig werden, dass sie zu drastischen Hilfsmaßnahmen griff. So ließ sie nach langen vergeblichen Versuchen, aus Hans Weinberg, von dem in der Einleitung bereits erzählt wurde, die freie Bewegung in Atem und Rhythmus der Silben herauszuholen, diesen in ein langes Bühnenseil einwickeln, um dann selbst auf die Bühne zu gehen und ihn, wie man einen Kreisel in Rotation versetzt, in einem Schwung herauszudrehen. Ich zweifle, ob diese Maßnahme zu dem gewünschten Erfolg geführt hat. Als ich Hans Weinberg einmal fragte, ob diese Anekdote zutreffe, sagte er lächelnd – und man merkte ihm noch nach zwanzig Jahren die Kränkung und Blamage des Augenblicks an –, dass es so gewesen sei. Er war es, der auch zu berichten wusste, dass in ähnlichen Situationen, in denen Marie Steiner sich zuweilen durch ihre überschäumenden Temperamentsausbrüche selbst ins Unrecht gesetzt hatte, Hendewerk ihr bestimmt und sachlich entgegentreten konnte und die Situation zugunsten des «Opfers» klarstellte. Und sie nahm seine Kritik voll und ganz entgegen. Denn zwischen beiden herrschte ein tiefes Vertrauensverhältnis. Frau Reebstein, die alte Sekretärin Marie Steiners durch viele Jahrzehnte, erzählte mir einmal, Hendewerk sei wie ein geistiger Sohn Marie Steiners für sie alle gewesen. Wie er Marie Steiner künstlerisch nie enttäuscht hatte durch sein überragendes sprachliches Können, so hatte er sie auch niemals in menschlichen, moralischen Situationen enttäuscht. Hendewerk war Marie Steiners Meisterschüler und selbst ein hingebender, sehr phantasievoller Lehrer der Sprachgestaltung. Er bemerkte einmal lächelnd: «Pädagogisch war sie eigentlich nicht.» Sie verfuhr im Vormachen meistens so, dass sie sich ihrer nie versagenden Künstlernatur voll und ganz überließ, um sich dann bewusst zu machen, was und wie sie gestaltet hatte. Und das vermittelte sie dann dem Schüler. Was Hendewerk meinte, war wohl, dass ihr die Hemmnisse im Schüler, die der Pädagoge auffinden muss, nicht leicht durchsichtig wurden. Dazu war sie zu talentiert. Es war schwierig für sie, Unbegabung zu verstehen. Man kann rückblickend den Einsatz der Schüler Marie Steiners mit ihren verschiedenen, zum Teil großen Begabungen nicht hoch genug schätzen, durch welchen diese Kunst überhaupt aus der Taufe gehoben werden konnte; eine kleine Menschengruppe von kaum dreißig Schauspielerinnen und Schauspielern. Martha Fuchs, eine der größten Wagner-Sängerinnen in den dreißiger bis in die fünfziger Jahre hinein und Anthroposophin, erzählte mir einmal, sie habe einer Probe unter Marie Steiners Leitung beigewohnt, die so auf sie gewirkt habe, dass sie in ihrem unverfälschten Schwäbisch gestehen musste: «Da hätt' i nemme senge (singen) könna, wie's da zuganga isch.» Es ist deutlich, dass nicht nur Marie Steiner ein vorbereitendes Karma durchlebt hatte, um diese Leistungen zu vollbringen, sondern auch ihre Schüler.

Welchen sicheren pädagogischen Spürsinn Marie Steiner aber besaß, wenn es galt, Talente zu entdecken und zu entwickeln, zeigt das folgende entzückende Beispiel: Maria Jenny-Schuster war 14 Jahre alt, studierte bereits Musik und spielte Klavier für einen Eurythmiekurs in Köln. In diesem Kurs erschienen eines Tages Rudolf und Marie Steiner. «Frau Doktor» fragte: «Marieli, wollen Sie nicht Eurythmie studieren?» Die Antwort war: «Danke, aber ich studiere lieber Musik.» Denn Eurythmie war ihr ein Greuel, «schon wegen der Büßerhemden» mit der Kordel um die Taille. Einige Zeit später traf eine Einladung von Frau Doktor zu Vorträgen und einer Eurythmie-Aufführung in Köln ein. Marieli, inzwischen 15, erschien mit ihren Eltern. Nach der Aufführung fragte Frau Doktor: «Haben Sie jetzt Lust, Eurythmie zu studieren?» Und die Antwort war ein strahlendes «Ja!». – Marie Steiner meldete sie daraufhin am Eurythmeum in Stuttgart an und vermittelte ihr persönlich eine Unterkunft. Wiederum erschienen Rudolf und Marie Steiner anlässlich einer Schüler-Aufführung im Eurythmeum. Marieli, inzwischen 16 Jahre alt, führte das «Marienlied» von Novalis vor («Ich sehe dich in tausend Bildern ...»). Statt eines vernichtenden Donnerwetters, das sie zitternd erwartet hatte, erhielt sie eine Einladung für die Eurythmie-Aufführung an der Weihnachtstagung 1923 in Dornach. Marie Steiner rezitierte für sie:

«Sie sprach so wunderbar – sie hatte ein unerhörtes Pathos. Ich weiß, dass dieses Wort heute schwierig ist, aber bei Marie Steiner war alles von innen durchfeuert. Sie stieg total in den Text ein. – Es war nicht dieser Wahn, der heute alles flach macht, dass man ‹objektiv› sein müsse. Zuerst muss man sich ganz verbinden. Marie Steiner fragte auch immer wieder in der Probe: ‹Erleben Sie das?› Darum geht es, davor darf man sich nicht scheuen: Man muss es erleben und nicht sich ausdenken: und das konnte Marie Steiner – mir lief es kalt den Rücken hinunter, wenn sie sprach.»

Maria Jenny-Schuster gehörte dann zu der genialen Gruppe der ersten Pionierinnen der Eurythmie. So wusste Marie Steiner sich ihre Leute mit sicherem Griff zusammenzuholen, mit großem Charme, mit großer Liebe. «Sie war eine Grande Dame, die eine liebreizende Ausstrahlung hatte, feine zierliche Hände und überraschend blaue Augen.»[175]

Doch zurück zu den methodischen Wegen Marie Steiners.

Wie man in das Bild irgendeines Gegenstandes untertaucht, um es dann in die Bewegung der Sprache umzusetzen – Raum in Zeit zu verwandeln –, demonstrierte Marie Steiner für Dora Gutbrod einmal folgendermaßen: Fassen Sie das Bild mit dem Blick – und Dora Gutbrod mimte einen Falken, der eben zustößt – und dann müssen Sie vom Herzen her den Sprachstrom in Bewegung setzen. Und sie machte vom Herzen aus zu dem Gegenstande hin eine sehr schnelle Spiraldrehung mit ihrer Hand, begleitet von einem intensiven: Brr-rr-rr-rrr!

Edwin Froböse hatte von ihr eine andere Methode, Sprache in Bewegung zu setzen, übernommen. Er legte die Hand so nahe neben seine Schulter als möglich und bewegte sie flatternd, so rasch und intensiv, wie er nur konnte, und nannte das «Flügelchen». Seine Stimme vibrierte und schwang dadurch im ganzen Raum mit großer Kraft und Intensität. – Ich selbst hatte einmal einen Traum, in dem Marie Steiner neben mir auf einem Stuhl saß. Ich betrachtete mit Andacht die mächtige Stirnwölbung zwischen den Brauen, diesen Ich-Punkt, den sie im Traum hatte, wie ein Moses-Antlitz. Während dem strich sie mir kreisend über die Stelle zwischen den Schulterblättern, wo Siegfrieds Lindenblatt lag, und sagte liebevoll: «Das ist das Kleidchen des Ich», was – im Traum ganz eindeutig klar – so viel hieß als: Von hier muss der Bewegungsimpuls des Sprechens ausgehen. – So gilt es ja auch für die Eurythmie: Vokale vom Herzen auszuströmen, Konsonanten von den Schulterblättern her zu beflügeln.

Kurz: Aus einer gehirngebundenen Sprache für den Verstandesgebrauch des Alltags sollte eine kosmische Sprache auferstehen in voll inhaltlicher Geistigkeit. Das hieß seelisch, der *Gedanke* musste *gefühlt*, vor allem aber *vom Willen ergriffen* werden. Der Gedanke sollte nicht nur reflektiert und passiv vom Wort gespiegelt (*nous pathetikos*), sondern aktiv gegriffen werden (*nous poetikos*). Das ergab den sprachgestalterischen Terminus technicus von bloßem «Betonen» und von «Greifen». «Greifen, ein michaelischer Impuls», sagte Marie Steiner.

Wenn wir auf alles, was in dieser Schrift zusammenzuschauen versucht wurde, zurückblicken: auf die drei Berufe Marie Steiners – die Mutter der Anthroposophischen Gesellschaft, die geisteswissenschaftliche Herausgeberin von Rudolf Steiners Werken und die große Sprachkünstlerin – und deren Zusammenhang mit den drei Inkarnationen des Albertus, der Hypatia und des Schülers der orphischen Mysterien, vorbereitet durch keltische Geheimschulung, so wachsen die Tat des Orphikers und die Tat der spirituellen Neugestaltung des Wortes durch Marie Steiner-von Sivers in *eine* geistesgeschichtliche Perspektive zusammen. Was in den alten Mysterien als geisttragendes, schöpferisches Wort gelebt hatte, teilte sich in zwei Ströme: in die dichterische und in die Sprache des Gedankens. Zuerst trat die epische Versdichtung Homers aus den Mysterien hervor, als die ältere Schwester der Gedanken-Prosa des Pherekydes von Syros, des jüngeren Sprach-Bruders der griechischen Philosophie. Dem erinnernden poetischen Spiegelbild des Mysterienwortes folgte sein Schattenbild im Gedanken; das Erstere vollzog sich im 9., das zweite um die Wende des 7. zum 6. Jahrhundert; die Wende vom vorchristlichen gabrielischen zum michaelischen Zeitalter.

Bei dem nachchristlichen Übergang vom einen zu dem anderen Herrschaftsbereich derselben Zeitgeister führte Rudolf Steiner den Gedanken des abgeschatteten Wortes durch Imagination, Inspiration, Intuition zu dem geistigen Worte zurück; Marie Steiner folgte ihm nach, indem sie die dichterische Sprache ihrem kosmischen Ursprung zurückgab. Der einstmals jüngere Sprach-Bruder ist der ältere geworden, weil er sich immer in der Todesnähe des Gehirns bewegt hat; die ältere Schwester der dichterischen Phantasie in der Kraft und Anmut ihrer Sprachgestalt hat ihre Jugend gleichsam länger erhalten können, weil das Herz und sein kosmisches Band, der Atem, sie näher dem Leben erhielt. Was in den orphischen Mysterien «Wahrheit des antiken Geist-Erlebens» gewesen war, wuchs aus dem Schicksalsbund Rudolf Steiners und Marie Steiner-von Sivers' als erneuerte «Wahrheit des modernen Geist-Erlebens» hervor. Was als solches Geist-Erleben 1902 den Mittelpunkt gebildet hat, aus dem «Anthroposophie in die Welt getragen» wurde, durch unausgesetzt gemeinsames Tun, war bis 1924 zu einer Übereinstimmung ausgereift, der Rudolf Steiner in seinem Brief an Marie Steiner am Tage seines letzten Geburtstags Ausdruck gab:

«Im Urteil zusammenfühlen und -denken kann ich ja doch *nur* mit dir ... Denn innere Kompetenz gestehe ich für mich doch nur *Deinem* Urteil zu.»[176]

Die Aufgabe, die das Weltenkarma dem Schüler der orphischen Mysterien zugeteilt hatte, aus dem Mysterienwort den Gedanken freizugeben und zu entlassen, führte derselbe karmische Strom der gleichen Individualität, wiederverkörpert in Marie von Sivers-Steiner, wieder zu: Sie wendete diese Aufgabe, der neuen Stunde des alten wiederregierenden Zeitgeistes getreu, um und gab den Gedanken der Sprache «bis in den Laut» hinein wieder zurück. Das war ihre Mission, ihr Schicksal und ihr Genie. Darin war sie der erste Meister einer sich wieder den Göttern zuwendenden Sprache: Menschen begannen durch sie wieder mit Sternen zu sprechen. Dieser «Anhub» einer Evolution war nicht menschenmöglich; er bedurfte eines kosmischen Wesens, das an eine geistig-göttliche Wesenheit hingegeben war; in welthistorischer Spiegelung dessen, was in dem Sänger Orpheus Apollo, in Homer die Muse war. Der Vers Nietzsches spricht es wunderbar aus, mit seiner Häufung von staunend-liebendem O:

Der steigt empor – ihn soll man loben!
Doch dieser kommt allzeit von oben!
Der lebt dem Lobe selbst enthoben,
Der *ist* von droben.

Wie die Mission der dichterischen Gestalt Marias in den Mysteriendramen so beschrieben wird, dass ein Gott das Samenkorn in ihre Seele gelegt hat, aus dem sich die Geistesaugen entfalten sollen; aber so, dass die Keimkraft für alle Menschen wirksam werden kann und dadurch aus bloßen Erdenbürgern wieder kosmische Weltenbürger werden können, so lebt sich die Mission Marie Steiners in einer kosmischen Gestaltung der Sprache dar. Bei Mensch und Tier bildet der Kehlkopf die Keimanlage für die ganze Körpergestalt. Was im Kehlkopf samenartig im Kleinen veranlagt ist, bildet sich zu der vollen Größe der Körpergestalt aus. Wie aber das Gestaltende nicht das Organ, sondern das atmende Wesen ist – «Nicht Lunge bin ich, nein, Atemluft», «als wesendes Licht entströmend» –, so ist die aus dem Ich strömende sprachliche Gestaltung die bildende Kraft für ein neues Menschtum, das sich atmend im Innenraum des Leibes *und* in der Luftresonanz der umgebenden Welt offenbart. Marie Steiner hat durch ihre Neuschöpfung im Reich der Sprache Leib, Seele und Geist in ein kosmisches Menschtum umgewandelt. Die Laute, die Rhythmen, alle poetischen Formen der Sprache wurden durch ihre Kunst zu Spiegelbildern und fühlend ertastenden Sinnesorganen für Imagination, Inspiration und Intuition des Geistes. Um mit Rudolf Steiners ästhetischen Begriffen zu sprechen: Das Sinnliche erschien durch ihre poetisch-sprachliche Gestaltung, wie wenn es Geist wäre, kosmischer Geist. Marie Steiner war ein kosmisches Wesen, das in den Menschen, die ihr hingegeben waren, tätig oder aufnehmend, Kosmisches veranlagt hat, wie sie es sich selbst, in Hingabe an eine übersinnliche Wesenheit, errungen hat.[177]

Zusammenfassend, was als Marie Steiners Mission der Erneuerung und Spiritualisierung der sprachlichen Gestaltung in die Kulturgeschichte eingegangen ist, sollen drei ihrer Aufsätze (in

Auszügen) an den Schluss dieser Ausführungen gesetzt werden, über: 1. Das weltenkarmische Anliegen ihrer Wort-Mission, 2. Die Mysteriengeschichte des Wortes und 3. Den Schulungsweg des Wortes.

Das *weltenkarmische Anliegen ihrer Wort-Mission* findet sich in den folgenden Sätzen Marie Steiners.

«*Die heutige Welt ist eine Realisierung des Intellektuellen;* sie kommt nicht hinaus über das Mechanisch-Mathematische; sie findet nicht die Wege hinein in das *Imaginative,* in die Legendenbildung. Man bringt es nicht mehr fertig, Bilder zu formen, weil man ein intellektueller Abstraktling geworden ist. *Es ist viel leichter, gescheit zu denken, als bildhaft zu gestalten,* denn das Intellektuelle entströmt dem Persönlichen und die künstlerische Gestaltung erfordert viel mehr Selbstlosigkeit. *Sie taucht unter in den Gegenstand,* statt sich ihn vorzustellen, lässt sich von ihm mitnehmen, statt ihn zu halten. Wir verlieren unsere reale Verbindung mit der Welt, wir entziehen dem Menschen Unsterbliches dadurch, dass wir im Intellektualismus leben. Bildhaftes Gestalten wirkt nicht nur auf das Intellektuelle, sondern es wirkt auf den ganzen Menschen; es geht in viel tiefere Schichten des Seelenlebens hinein als das begriffliche Denken. Dadurch, dass man versucht, im Bilde zu sprechen, wird wieder synthetisiert dasjenige, was beim Studium durch das Lehrgut atomisiert wird. Es wird in die *Sphäre der Imagination* hinaufgerückt, wird dort plastisch gelöst und musikalisch durchseelt. Dadurch nähert es sich dem, was in der Seele ewig ist, was hinter dem Intellektualistischen steht. Durch imaginativ beseeltes Sprechen führen wir den Menschen zum *substanziellen Inhalt des Wortes,* zum Übersinnlichen, zu dem *schöpferischen Wort, das aus dem Übersinnlichen herausströmt.* Unsterbliches Seelenleben wird erweckt, wenn man aus dem Bilde, aus dem Künstlerischen heraus spricht; unsterbliches Seelenleben wird ertötet, wenn man aus dem Intellektualistischen heraus arbeitet.»[178]

Die *Mysteriengeschichte des Wortes,* an der all ihr Wirken in Vergangenheit, Gegenwart und für die Zukunft teilnahm, beschreibt Marie Steiner im Folgenden.

«Das Wort ergießt sich in die Materie, umfasst sie, ergreift sie, bildet sie – und wenn es sie gebildet hat, formt es sie wieder um und um und um – oder wird von ihr verschüttet, und sein äußerer Schein verdunkelt und erstarrt. Dann hat die Materie gesiegt. Aber dieser Sieg ist nur ein scheinbarer, ist ein partieller, denn das Wort hat ewige Schöpferkraft, und wo die harte Erstarrung ihm Fesseln auferlegt, ballt es seine Kräfte zusammen, lässt sie in den Keim schießen, sprengt ihn, sprengt die winterliche Decke und erglüht in neuem Licht und Feuer. So ist es in der Natur, so ist es im Leben, das sich in der Natur einen Ausdruck schafft. Das Wort lässt sein Leben in die Natur ausströmen und – verbirgt es zunächst in ihr, aber nur, um sich tausendfach neu zu verkünden. Es schuf sich einst eine Weihestätte, als die Menschheit noch jung und träumend war und triebhaft vorwärts drängend, und sprach durch seine eingeweihten Söhne, durch seine Auserkorenen, die helle Geistessinne hatten, in jenen Stätten, die man Orakel nannte oder Mysterienorte, deren Ursprung weit hinter den uns bekannten Geschichtsepochen liegt.

Dort sprach das Wort zu denen, die es verstanden, im Geist und in der Wahrheit – und es sprach dann im Bilde zu denen, die es in seiner Reinheit nicht hätten sehen, in seinem Ursprungsfeuer nicht hätten ertragen können. Es wurde Imagination. Und die Imagination ergoss sich in die Seele des Menschen und machte ihn künstlerisch-schöpferisch. Es war selbstverständlich, dass er mit seiner Kunst vor allem dem Worte diente, das seine Fähigkeiten hervorgezaubert hatte. Wort und Kunst vereinigten sich zum Kultus. Es entstand die Dreiheit von Wahrheit, Schönheit und Starkmut, von Wissenschaft, Kunst und Religion.

Wenn das Wort sich zu den Menschen wenden will, spricht

es am liebsten durch die Flamme. Sie ist sein wesengleiches Element.

Aber wenige verstehen diese Sprache. Die Flamme brennt und schreckt zurück den, der sich schüchtern nur ihr naht. Sie lodert auf, beleuchtet blitzartig die Welt um sich herum, sinkt dann in sich zurück und sucht als Wärme Leben zu nähren und zu fördern.

Dann zieht sie durch die Schächte des irdischen Elementes, und durch die Adern, die es durchpulsen, in das Herz hinein, das sie durchwärmt und zum Schwingen bringt, in die Gedanken, die sie beweglich macht und kühn und tragend.

Das Wort bricht sich Bahn trotz Tod und Starrheit und Erschlaffung. Und wir, der Schlange gleich in Goethes ‹Märchen›, müssen sein lichtes Gold in den Klüften und den Schächten suchen, fern von dem Glanz des Tages. – Was ist erquicklicher als das Licht? – so frägt der goldne König. ‹Das Gespräch› – antwortet der Mann mit der Lampe.

Das Gespräch: die Abdämpfung des Worts, seine Milderung, aber nicht seine Entmündigung, seine Umhüllung, durch die wir seine Schöpferkraft ertragen, solange unsre irdischen Ohren es in seiner Unmittelbarkeit nicht hören, unsre Augen in seinem Wesensglanz nicht sehen können.

Das Gespräch hat viele Wendungen, viele Ausdrucksarten, duftig zarte Wandungen, die weite Fernen ahnen lassen, scharfe Waffen, die sicher treffen, kraftsprühende Wollungen.

Wenn es uns zum Welten-Worte führen soll, darf es sich nicht wegwerfen in kleiner Scheidemünze.

Es muss seinen Ausdruck suchen in der Gestaltung. Es muss in diese Gestaltungen hineinzaubern den schönen Schein, hinter welchem sich das Wesen birgt. Wenn es eine neue Seite dieses Wesens offenbaren muss, dann schafft es sich neue Kunstformen.

Und aus den Formen, die so geschaffen werden, spricht des Wortes Leben wieder neu zu uns, offenbart tiefere Seiten seiner

Wesensfülle, weckt schlummernde Kräfte in uns, sprengt Tore, die verschlossen waren.

Vielleicht wird das neu verstandene, neu ergriffene Wort uns nun emporheben, zu den Armen, die aus dem Seelenlande uns zu sich riefen, uns zu sich ziehen wollten, liebend anspornend.»[179]

Die *Schulungswege des Wortes,* die für sie selbst und unter ihrer Führung auch für ihre Schüler wieder Mysterienwege wurden, hat sie viele Male für ihre Schüler beschrieben. Ihre vielen Anweisungen gerannen gleichsam in eine letzte, alles entscheidende, wichtigste zusammen: das Silbenschreiten. An ihm entscheidet sich, ob der alte orphische Impuls in den neuen Sprachimpuls der Anthroposophie umgewendet werden kann.

«In dem Augenblicke, wo wir auf dem Wege der Logik den Satz in der Prosa zustande bringen, müssen wir ganz auf der Erde stehen. Denn die geistige Welt spricht nicht in menschlichen Worten. Die geistige Welt geht bloß bis zu der Silbe, nicht bis zum Worte ...»[180]

Als die Einundachtzigjährige im Sommer vor ihrem Tod mit Dora Gutbrod *Iphigenie* in der Versfassung einstudierte, wendete sie, die Verse vorsprechend, ihre schmal und zart gewordene Hand immer leise hin und her, die Silben zählend und messend, tausend seelische Nuancen unnachahmlich in das Vorwärtsschreiten der Silben legend. Als Dora Gutbrod sie fragte, was sie noch verbessern könne, sagte sie: «Nun, wenn Sie wollen: noch einfacher.» Der ganze flutende Reichtum ihrer Sprachkunst in den vergangenen Jahren war in die Samengestalten des Silbenschrittes zurückgenommen.

Geheimnisvoll sind die beiden Marksteine ihres Wirkens: *Eleusis* am Anfang, *Iphigenie* am Ende. In *Eleusis* stellte sie nicht die durch die Erdenverkörperungen auf- und niedersteigende, hellsichtige menschliche Seele dar, Persephone, anderes zu lesen, wenn rot werden die Blätter im Herbste, wenn die Früchte reifen; ei anderes auch zu lesen, wenn die Bäume erglitzern in den Schneeflocken, und die Erde mit ihrem Gestein bedeckt ist von der Schneehülle. Ein Jahr lang dauerte dieses Lese das da ging durch Frühling, Sommer, Herbst und Winter. Und in diesem Lesen enthül sich zwischen den Lehrern und den Schülern die Geheimnisse des Menschen selber. Dann fing der Kreislauf von neuem an.

Und wenn wir uns heute in annähernder Weise eine Vorstellung bilden wollen vc dem, was unter der Inspiration des Jahrgottes alte Inspirierte und Initiierte ihren Schül lehrten, so können wir etwa das folgende sagen: Sie wiesen die Schüler zunächst hin a dasjenige, was im Frühling, wenn der Schnee abgelaufen ist und die Sonne neue Kra gewinnt, sich offenbart, indem die ersten Sprossen der Pflanzen aus der wiedererstande Erdenkraft herauskommen. Sie machten ihre Schüler darauf aufmerksam, wie anders d Pflanze von dem Geheimnisse des Weltenalls spricht, welche auf der Wiese gedeiht, w anders diejenige, die im Schatten der Waldbäume wächst. Sie machten ihre Schüler a merksam darauf, wie in der einen und in der andern Pflanze die heraufkommende Soni wärme und das heraufkommende Sonnenlicht in den zackigen und runden Blättern an aus den Weltenweiten zu den Menschen herein auf dem Erdenrunde spricht.

Und was in dieser Weise unter dem Einflusse des Jahrgottes durch jene Buchstab welche die Erde selbst aus sich heraussprossen lässt, geoffenbart werden konnte, das e hüllte in der damaligen Weise den Schülern der Mysterienlehrer als die Geheimnisse (physischen Menschenleibes.

So war es, dass diese Lehrer hindeuteten auf das physische Hervorbringen der Er auf die in die Pflanze hineinspriessende Erdenkraft; an jedem einzelnen Orte des Erder wachstums, auf den die Schüler hingewiesen wurden, stand ein anderer Buchstabe. Die Buchstaben, die lebendige Pflanzenwesen waren, oder auch lebendige Tierformen hatten, die formten sich zusammen, wie wir heute die einzelnen Buchstaben in einem S. zu Worten zusammenformen, sie wurden gesetzt. Man lebte, indem man den Frühling mitlebte, im Lesen der Natur. Darin bestanden die Einweihungen des Jahrgottes. Und man hatte, wenn der Frühling zu Ende gegangen war, etwa im Mai, den Eindruck: je verstehe man, wie der menschliche physische Leib aus dem Schosse des Weltenalls heraus gestaltet, geformt ist.

Dann kam die Sommerszeit. Es wurden dieselben Buchstaben und Worte des grossen Weltenlogos in Anspruch genommen; aber es wurde gezeigt, wie unter den an einfallenden Sonnenstrahlen, dem anders wirkenden Sonnenlicht, der anders wirkenden Sonnenwärme die Buchstaben ihre Formen veränderten, wie die ersten Sprossen die von dem Geheimnisse des physischen Menschenleibes erzählt haben, sich der Sonne öff in den Blüten. Es wurden die vielfarbigen Blüten gelesen, in deren jeder der Sonnenst die aus der Erde sprossenden Pflanzenkräfte in Liebe küsst. Und es wurde aus dem w derbaren, feinen und zarten Weben der kosmischen Kräfte über den Erdkräften der blüh den Pflanzen gelesen jenes Hinausstreben der Erde in die kosmischen Weiten. Man le mit der Erde, die sich öffnete den kosmischen Weiten, den Sternenweiten, man lebte dieser Erde selber in den Unendlichkeiten.

Was aber diese Unendlichkeiten bargen, das enthüllte sich, wenn man auf die blühenden Buchstaben der Pflanzen hinschaute. Da las man aus diesen blühenden Buc

...aben der Pflanzen, wie sich der Mensch verhalten hat, als er heruntergestiegen ist aus den geistigen Welten zum physischen Erdendasein, wie er aus allen Himmelsrichtungen zusammengezogen hat die ätherische Substanz, um seinen eigenen Ätherleib zu formen. Und die Geheimnisse dieses Ätherleibes las man auf diese Weise ab aus dem, was sich im Ätherleben wieder später zwischen der Erde und dem Weltenall im Weltenlogos ereignet, der seine Zeichen hinmalt auf die Erdoberfläche selber, indem er die Pflanzen blühen lässt, indem er den Tieren gewisse Lebensarten während der Hochsommerszeit verleiht.

Beim Herannahen des Herbstes sah man, wie wiederum diese Buchstaben des Weltenlogos sich veränderten, wie die Sonne zurückzieht ihre Wärme und ihre Lichtkraft, wie die Pflanzen ihre Zuflucht nehmen zu dem, was während des Hochsommers die Sonne selber der Erde mitgeteilt hat, wie sie gewissermassen das blühende, sprossende Leben, das sie bekommen haben während der Hochsommerszeit, aushauchen, dafür aber in ihrem Schosse die reifenden Früchte entwickeln, welche das Pflanzenleben wiederum zu sich selbst zurückführen, indem es die Samenkräfte in sich birgt. Wiederum enträtselte man dasjenige, was der Weltenlogos auf die Oberfläche der Erde selbst in den reifenden Pflanzen hingeschrieben hat, wiederum enthüllte und enträtselte man, was die Formen des tierischen Lebens im Herbste enthüllen können. Man las die intimsten Geheimnisse des Weltalls aus dem Zuge der Vögel. Man las diese intimsten Geheimnisse des Weltalls aus der Art und Weise, wie sich die kleinere Tierwelt, wenn der Herbst herannaht, verändert. In der Insektenwelt las man. Man las in dem Zuflucht-Suchen der Insektenwelt bei der Erde, in der Veränderung der Form der Insektenwelt, das Sichzusammennehmen der ganzen Erde gegenüber dem toten Schweigen. Man las dasjenige, was man empfand als ein Auf-sich-selbst-Besinnen der Erde im Kosmos.

Man machte sich dies ganz besonders auch durch gewisse Festlichkeiten klar, welche in der zweiten Hälfte des September gefeiert wurden, und welche in bäuerlichen Gegenden noch ihre alten Reste im Michaelifest zurückgelassen haben. Man erinnerte sich durch diese Feste daran, wie man dann, wenn man gewissermassen als Mensch verlassen ist von allem, was die Menschen in der Erde als Wege in die kosmischen Weiten hinaus finden, wie man sich anschliessen muss an etwas, was nicht an das äussere physische und ätherische Geschehen gebunden ist, wie man sich anlehnen muss mit seiner Seele an den geistigen Inhalt des Kosmos. Und noch in dem verblassten Michaelifest am Ende des September ist erhalten jenes Zufluchtnehmen der Menschheit zu dem Geist der Hierarchien, der die Menschheit auf geistige Art führen soll, wenn die äussere Führung durch die Sterne und durch die Sonne an Kraft nachgelassen hat.

In alledem, was man da las, — ein Lesen, welches sich zu gleicher Zeit umwandelte in ein Sinnen — durch alles, was man da sann, durchdrang man sich mit den Geheimnissen des menschlichen astralischen Leibes. Und es war in der Herbstzeit, wo die Inspirierten und Initiierten des Jahrgottes aus dem Wesen der Natur heraus lasen und mit ihm zusammen ersannen die Geheimnisse des menschlichen astralischen Leibes.

Und in dieser Herbsteszeit war es, wo die Eingeweihten zu ihren Schülern sprachen: Haltet euch an jenes Wesen, das vor dem Antlitz der Sonne steht, — an das der Name Michael noch erinnert — gedenket dieses Wesens, das vor dem Antlitz der Sonne steht. Ihr werdet die Kraft brauchen, wenn ihr durchzugehen habt durch alles das, was ihr in sondern deren göttliche Mutter, Demeter, das kosmische Erden-Äther-Wesen. Als die Griechen Odysseus, Agamemnon und alle die anderen im Kampf um Troja, die alte Bastion des Hellsehens, unsere ganze Zivilisation auf List und Gewalt gründeten, erhielt Iphigenie, die Priesterin, durch ihr Opfer das Band zwischen Menschen und Göttern aufrecht. Beides war Marie Steiner aufgegeben. Zwischen diesen beiden Wächtergestalten – Demeter und Iphigenie – bewegte sich ihr gesamter sprachgestalterischer Schulungsweg.

«Es ist ein langer Weg für den jungen Künstler, bis er diese Hauptforderung eines geistgemäßen Sprechens erkennt: sein Persönlichstes, sein *Denken* nicht mehr im physischen Gehirn verankert zu empfinden, sondern frei schwingend im Aushauch des Atems – und den ganzen Menschen ergreifend; sein *Fühlen* nicht mehr als egozentrisch nach innen gekehrt zu erleben, sondern im Fühlen sein Inneres hinausströmen zu lassen, sodass es die Welt umfängt; sein Kunststreben einem objektiven *Wollen* unterzuordnen und von den unkontrollierten Wallungen des Blutes loszulösen. Es ist dazu eine innere Umstellung des Wesens nötig, ein Herausheben der Seele aus der Passivität, in die sie allzugern versinkt und so zum Spielball wird der eigenen Emotionen und Affekte. Nun aber darf sich der Künstler nicht mehr in ihnen, sondern in einem sie dirigierenden, sie als Werkzeug benützenden, höheren Willensstrom erkennen. Es ist dies ein Weg voll Mühsal: Man muss sich zuerst in seiner *Doppelnatur* entdecken, erfassen, dann sich mit seinem geistigen Ich wirklich identifizieren wollen, es ergreifen, den alten Menschen immer wieder ummodeln und real erfahren, wie man dadurch selbst zum Schöpfer und Gestalter eines echten, eines wahren Menschen-Ichs wird, das aus der Zusammenfügung jener beiden andern besteht: aus dem Zusammenfluss von Kräften des Himmels und des Abgrunds ...

Letzten Endes liegt hier der Schlüssel zu dem ewigen Problem des Künstlers: ob er seine geliebte Persönlichkeit wahren und schützen muss vor den Forderungen geistiger Gesetzmäßigkeiten ... oder ob er sie höheren Forderungen dienstbar zu machen hat, die aus seinem bewussten *Zusammenfließen mit den Kräften des Kosmos* immer überzeugender an ihn herantreten. ...

Aus jenen Welten sind uns ja die Laute gesandt als Boten geistiger Wesen, als Ausdruck von Sternenwirksamkeit. *Aus leuchtendem Sternenkräfteweben ist die Sprache aufgebaut.* Für uns handelt es sich nun darum, die *Starrheit unseres beengenden Verstandes* zu lockern, seine festen Wände zu durchbrechen, um eine Ahnung von der andern Seite des Lebens zu erlangen, um uns erfassen zu lassen von jenen Schwingen, die nicht nur die Kräfte beherrschen, welche Weltenkugeln durch den Raum in harmonischer Ordnung tragen, sondern auch unser steinernes Gedankenwesen, unser mineralisches Bewusstsein in Bewegung bringen können – wenn wir sie nur gewähren lassen ... Er muss ... die Kräfte erhaschen, die den Dichter inspirierten: Sie erweisen sich, wenn es eine rechte Dichtung ist, als regsam und lebenspendend wie jene, die auch in den Lauten selbst enthalten sind, als formbildende Kräfte ...

Die Kunst ist ihm die große Erlöserin, die aus den Labyrinthen des gefesselten Gedankenwesens zum Ich emporträgt – dorthin, wo Licht und Wärme herrschen.

Wie findet das Ich des Sprachkünstlers diese Wege? Nur Schritt für Schritt, indem es ebenso schreiten lernt wie das Kind ... An den *Silben* lernt man es am deutlichsten, weil am eindringlichsten, an den Silbenfüßen guter Gedichte. Aber dieser Sinn des *Silbenabschreitens* muss durch Übung erworben werden ... Das menschliche höhere Ich kann in diese Kräfte untertauchen und durch sie erstarken, kann das so entzündete innere Feuer in die Wortgebärde ergießen: Laute und Wortkonfigurationen werden dann wie zu Empfindungsorganen der Seele. Dazu ist jene stete innere Aktivität notwendig, die nicht nur den Worten nachläuft, sondern in sie hineinschlüpft – um sie zu formen, aus ihnen wieder herausschlüpft – um diese Formen ohne Brechung den nächsten gleichsam symphonisch anzugliedern, die den Sinn des Späteren im Goetheschen Sinne schon vorher erlebt, ‹das Künftige voraus lebendig› macht.

So erst erfassen wir, wie wahr das von Rudolf Steiner geprägte Wort ist, dass in der Sprache ‹das Ich im Ich lebt›, seine seelischen Funktionen wie ein Werkzeug objektiv gebrauchen muss, nicht in ihnen wie in einem Sack stecken bleiben darf. Um dies zu können, muss ein dauernder Austausch mit den Kräften des Kosmos durch den Atem stattfinden. Der Atem ist der Meißel und die Palette des Sprachkünstlers. Und niemals könnte die vorher geschilderte, so notwendige fortschreitende innere Bewegung als künstlerisches Prinzip wirksam werden, wenn nicht die *Technik des Sprechens einer jeden Silbe, eines jeden Lautes* innerhalb des ausströmenden Atems erobert würde. Die Lungenluft muss dabei immer wieder ganz bis aufs Letzte verausgabt werden – und in die neu einströmende Luft muss bewusst hineingesprochen werden ... den Resonanzboden gibt die Luft. Nicht genug kann man empfehlen, auf die Pendelschwingungen des Atems achtzugeben, die, sobald sie gut ausgenutzt werden, eine große Mannigfaltigkeit der Nuancierung ermöglichen und eine richtige Verteilung des innern Wortgewichtes. Es ist eins der Mittel, um der Versuchung zu entgehen, die immer wieder das Verstandesbewusstsein befällt: zu drücken, anstatt die Sprache in Formen schwingen zu lassen, sie in Farben zu tauchen. Alles Drücken verhindert dies, bewirkt Eintönigkeit, äußerste Gleichmäßigkeit, Langeweile, Verdruss.

Dem Künstler weist die Eurythmie die Wege dazu; diese hat nichts mit Verstandeskonstruktionen zu tun, sie greift tief hinein in das Leben und in die Gesetze des Kosmos.

Hüten wir uns davor, jene Quellen zu verschütten, die aus verborgenen Klüften emporsprudeln und das verdorrende Land der Seele, die sterbenden Kulturen wieder auffrischen können.»[181]

Ein letztes Zeugnis ihrer Arbeit von Kurt Hendewerk, geschrieben 1949:

«Zu nahen und schwer lastet noch der Eindruck des Augenblicks, da Frau Dr. Steiner den physischen Plan verlassen hat, auf uns, um jetzt schon erfassen zu können, welch unermesslichen Verlust die gesamte künstlerische Arbeit am Goetheanum durch dieses Ereignis erlitten hat. Und zu wenig Zeit ist verstrichen, als dass sich schon ein abgerundetes Bild von ihrer Tätigkeit auf dem Gebiete der Sprachgestaltung und Schauspielkunst ergeben könnte. Trotzdem sei versucht, einiges aus dieser intensiven, mehr als zwei Jahrzehnte dauernden Schaffenszeit zu berichten.

Den Ausgangspunkt für unsere gemeinsame Arbeit bildete der Kurs für Sprachgestaltung und dramatische Kunst, der im September 1924 von Rudolf Steiner im Rahmen der Sektion für redende und musische Künste in Gemeinsamkeit mit Frau Doktor gegeben wurde. Gleich nach dem Tode Rudolf Steiners, Ostern 1925, begann Frau Dr. Steiner die Einstudierung der Mysteriendramen mit einer Gruppe von Menschen, die sich aus der ehemaligen ‹Kugelmann-Truppe›, den sogenannten ‹Berlinern›, Herrn und Frau Gümbel-Seiling und einigen anderen jungen Menschen zusammensetzte. Im Oktober 1926 kam noch der größte Teil der sich auflösenden ‹Haaß-Berkow-Truppe› hinzu, und diese Menschen bildeten den Grundstock und den sich nur wenig verändernden Kern, mit dem Frau Doktor durch mehr als zwei Jahrzehnte ihre Arbeit aufbaute.

Es war von größter Bedeutung, dass diese Arbeit gerade mit der Einstudierung der Mysteriendramen begann. Galt es doch, sprachlich wesenhafte Formen zu schaffen für gänzlich neue Erlebnisse; für Bewusstseinsstufen, wie sie zum ersten Mal in diesen Dramen künstlerisch durch Rudolf Steiner gestaltet waren; sich zurechtzufinden in anderen Kulturepochen (die mittelalterlichen Szenen im zweiten Mysteriendrama, die ägyptischen in *Der Seele Erwachen*); sich einzuleben in die Poesie der Geistgebiete, der Seelenwelt, der elementaren Welt und ihren bewegten musikalisch-plastischen Ausdruck zu finden, wofür in der gegenwärtigen Zeit wohl noch am wenigsten Verständnis vorhanden ist.

Nein, man machte nicht ‹Sprachgestaltung›, weil Frau Dr. Steiner es so wollte, sondern weil sie in kongenialer Weise den künstlerischen Ausdruck fand für das, was in der Anthroposophie als neue Möglichkeiten lebte. Man musste ‹draußen sprechen›, weil das neue Bild des Menschen nicht mehr abgeschlossen war durch die Grenzen des physischen Leibes, sondern hineingestellt in eine lebendige Wechselwirkung zum gesamten Kosmos. Diese ewige Wechselwirkung von draußen und drinnen, wie konnte sie anders zum Ausdruck gebracht werden als durch ein freies Gestalten der Ein- und Ausatmung! Rudolf Steiner sagte einmal zu Frau Doktor, sie besitze diese völlige Freiheit des Atems. – Was bedeutet dies innerhalb der künstlerischen Gestaltung? Dass Denken, Fühlen und Wollen vom Ich aus so gehandhabt werden können, dass sie nicht zerstückelnd, verschleppend oder übersteigernd in die Atemführung eingreifen, sondern dass sie formend, musikalisch belebend, im freiströmenden Atem das gesprochene Wort gestalten, zum aufnehmenden Menschen hingelangen lassen, ihn nicht durch subjektives Erleben vergewaltigend, sondern ihn zum freien selbstständigen Miterleben aufrufend. Dieses hohe Ziel der Sprachgestaltung wurde vor uns hingestellt und von Frau Dr. Steiner in vollendeter Weise dargelebt.

Man kann sich wohl vorstellen, wie unsagbar mühselig es war, in uns jungen Menschen, die zum großen Teil schon auf ihre eigene Art schauspielerisch tätig gewesen waren, wenn auch in einem bewussten Gegensatz zum Theater, ein Verständnis und die notwendige Begeisterung für diese neue Art zu erwecken. Wir mussten ja erst hören lernen. Unermüdlich wurde nach neuen Ausdrücken gesucht – meistens im Zusammenhang mit den gleichzeitig von Frau Doktor herausgegebenen Vorträgen Dr. Steiners –, um uns von den verschiedensten Seiten zu einem neuen Verständnis des Wortes zu führen.

Hier konnte man erleben, wie diese Persönlichkeit offensichtlich vom Schicksal auserwählt war, die Impulse Rudolf Steiners zu verwirklichen. Immer waren die neu zu erwerbenden Kräfte das Ausschlaggebende in der Arbeit. Aber bei Frau Dr. Steiner waren sie erwachsen aus einer vollständigen Kenntnis und künstlerischen Durchdringung mit der Kultur, die dem zwanzigsten Jahrhundert voranging. So gehört es zu dem Unvergesslichsten, wenn Frau Dr. Steiner von den letzten Jahrzehnten des neunzehnten und den ersten des zwanzigsten Jahrhunderts erzählte. Fast jeden großen Schauspieler hatte sie gesehen, viele bedeutende Persönlichkeiten der Kunst, der Politik, der okkulten Bewegungen der damaligen Zeit gekannt. Niemals habe ich ihr eine Frage auf dem Gebiete der Literatur gestellt, die sie nicht in der lebendigsten und tiefgründigsten Weise beantwortet hätte, und zwar der Weltliteratur, die sie so lebendig beherrschte, weil sie ja fünf Sprachen (Russisch, Deutsch, Französisch, Englisch, Italienisch) fließend sprach.

Verlor man im Anfang der Arbeit manchmal den Mut oder das Vertrauen zu der neuen Art der Sprachgestaltung, so brauchte man nur zu erleben, wie Frau Dr. Steiner eine Helena, eine Maria Stuart sprach, die Chöre der *Braut von Messina* anlegte, Faust-Monologe oder ein Gedicht von C. F. Meyer rezitierte, und man empfand, wie turmhoch diese Leistung an Können und geistiger Auffassung über allem stand, was man von den sogenannten großen Schauspielern des modernen Theaters gehört hatte; und das Vertrauen, ihr auf dem Wege zu neuen künstlerischen Möglichkeiten zu folgen, war wieder geschaffen.

Gleichzeitig mit der Einstudierung der Mysteriendramen

wurde die Bildung des Sprechchors in Angriff genommen. Diese Arbeit lag Frau Dr. Steiner ganz besonders am Herzen, einerseits als künstlerisches Ausdrucksmittel reinster und objektivster Art, andererseits als soziales Erziehungsmittel. Hier konnten alle an dem sprachlichen Schulungswege in gleicher Weise teilnehmen. Chöre aus den alten orientalischen Kulturen, der griechischen Tragödie, aus *Faust, Braut von Messina* usw. wurden angelegt und dann der Versuch gewagt, die Mantren Rudolf Steiners und seine kosmisch-lyrischen Schöpfungen, Jahressprüche, Planetentanz, Tierkreis durch den Chor zu Gehör zu bringen. Sternenkräfte sollten zum Ausdruck gebracht werden, nicht subjektives Erleben. Es galt also, sich mit den objektiven Kräften der Sprache zu verbinden, den Kräften des Lautes, der Rhythmen, der Gebärde und Bewegung der Sprache. Das erforderte das Wachwerden und Beherrschen der Willenskräfte.

Für dieses Erwecken der Willenskräfte in der Gestaltung der Sprache setzte Frau Doktor ihre schier unerschöpfliche Lebenskraft ein. Man stelle sich vor, was es bedeutet, vierundzwanzig Menschen im Chor durch Stunden immer wieder und wieder durch eigenes Vorsprechen, das diese Willenskräfte in gesteigertem Maße enthalten musste, über sich hinauszuheben. Wie oft kam sie durch andere Arbeit ermüdet auf die Probe, nach zwei Stunden waren wir erschöpft, während Frau Doktor ihre Kräfte durch die künstlerische Arbeit regeneriert hatte; und nicht sie, sondern wir mussten nach einer weiteren Stunde die Probe abbrechen. Wie glücklich und dankbar war sie, wenn eine neue Stufe in der Arbeit erreicht war! Wie konnte sie eine gut gelungene Aufführung mit künstlerischer Begeisterung miterleben und in solcher Stimmung oft überschwänglich Lob spenden! Am nächsten Tage aber hieß es von Neuem beginnen. Ausruhen auf den errungenen Lorbeeren gab es nicht. Der eben Gelobte konnte einen ebenso scharfen Tadel erhalten; und eine Form, die nicht mehr mit lebendigen

Kräften erfüllt war, wurde erbarmungslos zerschlagen, um eine neue lebensvolle aufzubauen.

In einzelnen Chorprogrammen wurde weiterhin versucht, die Verschiedenheit im Stil der Dichter herauszuarbeiten. Goethe-, Novalis-, Hebbel-, Conrad Ferdinand Meyer-, Hamerling-, Albert Steffen-, Christian Morgenstern-Programme wurden aufgebaut und in vielen Reisen durch ganz Europa vor die Menschheit hingestellt. Mit dem Dichter Christian Morgenstern verband sie ein besonders inniges künstlerisches Band, und gern erzählte sie, wie sie vor vielen Jahren selber ein Morgenstern-Programm rezitierte und der Dichter ihr nach der Veranstaltung beglückt dankte und zum Ausdruck brachte, dass sie seine Gedichte so gesprochen habe, wie er sie selbst innerlich gehört und empfunden habe.

Nachdem so die Kräfte einigermaßen geschult waren, begann man mit der Einstudierung einzelner Szenen aus Goethes *Faust*. Langsam, nur schrittweise ging die Arbeit voran. Es handelte sich ja nicht allein darum, diese ‹größte Strebensdichtung der Menschheit› in ungekürzter Weise zur Aufführung zu bringen, sondern auch darum, die Erkenntnisse, die Rudolf Steiner in einem mehr als dreißigjährigen Ringen um das Goethe-Faust-Problem erarbeitet und in wunderbaren Faustvorträgen niedergelegt hatte, sowie die künstlerischen Anregungen und Impulse, die er für die eurythmisch-dramatischen Aufführungen einzelner Szenen in den Jahren 1915/16 gegeben hatte, in die Arbeit einfließen zu lassen, für die Nachwelt zu erhalten. 1938 wurde diese Periode durch die Festaufführung des ersten und zweiten Teils des *Faust* abgeschlossen.

Jede einzelne dieser Unzahl von Rollen wurde von Frau Dr. Steiner selbst erarbeitet und dann einstudiert. In die zarte Kindlichkeit Gretchens vermochte sie sich ebenso einzuleben und sie zu gestalten wie in die grandiose Dämonie des Mephisto. Faust wurde in ihrer Darstellung wirklich zum Repräsentanten des strebenden Menschen und der jetzigen Kulturepoche. In der klassischen Walpurgisnacht galt es, aus der Sprache heraus die Charakterisierung der Wesen der griechischen Mythologie zu finden, der Sphynxe, Greifen, Sirenen, der Meer- und Wunderwesen. Wie anders musste ein klassisches Gespenst wie die Erichto einherschreiten als das deklamatorisch gestaltete nordische Gespenst der Sorge. In diesen Proben konnte man mit bewundernder Freude ihre tiefe Wesensverwandtschaft mit Goethe erleben, eine ähnliche Fülle innerer Lebendigkeit, Phantasie und gestaltender Kraft. Bis zuletzt war es ein Herzenswunsch von Frau Dr. Steiner, dass es gelingen möge, das Goethe-Jahr durch die Aufführung von *Faust I* und *II* im Goetheanum würdig zu gestalten.

Während der sieben Jahre, die die Einstudierung des *Faust* in Anspruch nahm, wurden außerdem Dramen von Albert Steffen, *Der Sturz des Antichrist, Hieram und Salomo, Das Todeserlebnis des Manes* einstudiert. Eine ganz besondere Liebe verband sie mit dem Drama *Hieram und Salomo*. Später folgten *Herbstesfeier, Pestalozzi* und *Fahrt ins andere Land*. Wieder galt es, einen neuen Stil herauszuarbeiten, den sprachlichen Ausdruck dafür zu finden.

Das ganze Feuer ihrer Begeisterungsfähigkeit und ihre bis ins höchste Alter bewahrte Jugendblüte konnte Frau Dr. Steiner einfließen lassen in die Arbeit an den Schiller-Dramen. ‹Auf den Flügeln dieser Sprache Schillers wird eine neue Jugend den Zugang zum Geiste finden›, sind Worte Rudolf Steiners.

Frau Dr. Steiner hat dem armen misshandelten Worte geistige Flügelkraft zurückerobert; und in vielen Aufführungen vor jungen und älteren Menschen konnten wir erleben, wie durch ihre Arbeit erst der tiefe geistige Gehalt der Dramen offenbar wurde und auch auf moderne Menschen stärkste Wirkung ausübte. –

Ich hatte beabsichtigt, ein mehr persönliches Bild von Frau Dr. Steiner zu geben; beim Überlesen dieser Zeilen sehe ich, dass es doch nur ein Bericht über die von ihr aufgebaute künstlerische Arbeit geworden ist, wo nur hie und da etwas von ihrem Wesen hindurchschimmert. Aber dies entspricht wohl einer Realität: Immer stand die Arbeit im Leben Frau Dr. Steiners im Vordergrund, ihre Persönlichkeit hielt sich in wahrer Bescheidenheit zurück. Die Leistungen, die im Verlaufe dieser Zeit hingestellt wurden, waren nicht das Ausschlaggebende. Der Weg, auf dem sie errungen wurden, war das Wichtigere. Er verlangte eine innere Wandlung des Menschen, um Zukunftskräfte zu entbinden, die der Entwicklung der Menschheit dienen sollten. In diesem Sinne wurde der sprachliche Schulungsweg auch ein esoterischer. Die Arbeit war eine wirkliche Sektionsarbeit.

Deshalb waren die Anforderungen, die Frau Dr. Steiner an uns stellte, hoch und streng. In gesteigertem Maße stellte sie sie an sich selbst und erfüllte sie. Trotzdem sie ihre eigenen Kräfte und Fähigkeiten aufs höchste entwickelt hatte, sodass sie die Kunst der Sprachgestaltung in wahrer Vollendung beherrschte, suchte sie rastlos weiter. Als ich im Sommer des vergangenen Jahres (1948) Frau Dr. Steiner besuchte und sie zum letzten Male mit mir den ‹Orest› und ‹Johannes› arbeitete, sagte die Einundachtzigjährige zu mir: ‹Jetzt, jetzt glaube ich das Geheimnis der Willenskräfte in der Sprachbehandlung verstanden zu haben.›

‹Arbeiten – voran – voran›, waren ihre letzten Worte.

Möge es uns gelingen, die künstlerische und anthroposophische Arbeit in ihrem Geiste weiterzuführen, damit diese hohe Individualität auch von drüben ihre Kräfte helfend einfließen lassen kann zur Verwirklichung der Impulse Rudolf Steiners und zum Heile der Menschheit.»[182]

Es wird berichtet, dass die Sterbende diesen letzten deutschen Worten noch die russischen Worte folgen ließ: «Kommt alle!» (Priditie wsie!)[183]

*

Wir stehen schon seit Jahrzehnten, aber endgültig mit Ablauf dieses Jahrhunderts, vor einer Situation der neuen Sprachkultur, die Not und Hoffnung birgt. Beides bestand für Marie Steiner 1925 nach dem Tode Rudolf Steiners. Besonnenheit und Mut, mit denen sie diesen Todesabgrund durchschreiten konnte, können uns, den Nachkommenden, Neues Suchenden ein Vorbild sein.

«Ein neues Jahr
1926
Einem Jahr sehen wir entgegen, das anders ist als alle bis jetzt von uns erlebten, ein verwaistes, ein armes Jahr, aus dem das Licht sich herausgezogen hat, das unsere Erde der Zeitenfinsternis entriss. Scheu steht es an der Schwelle, voll banger Fragen in den weit geöffneten Augen. Wie wird es zurechtkommen mit dem ungeheuren Erbe? Es wird als Zeitenwesen einen Werdegang durchmachen nicht unähnlich dem eines organischen Wesens. Es wird, an der Schwelle seines eigenen Wachstums stehend, zuerst traumhaft schlafend sich nähren an den Quellen des Lebens, die ihm geöffnet worden sind. Es wird im spielerischen Trieb, unruhig zerrend und ausschlagend, sich vergreifen an dem Kostbarsten und Schönsten, das sein Leben aufrechthält. Es wird weinen und jammern, oder lärmen und schreien, wenn ihm als Spielzeug nicht das gelassen wird, was ihm Lebensgrundlage und Werdesubstanz sein muss. Durch Hemmung und durch Klage klug geworden, wird es aus seinem Organismus das erste durch Schmerzen frei Gewordene, das erste Erstarkungssymptom herausstoßen: Beim Kinde nennen wir es zahnen. – Das Bild ist tröstlich. Es fordert ein anderes Bild heraus: des Sich-auf-die-Füße-Stellens, des Sich-Aufrichtens. Bald wird das Gehen erlernt sein, trotz vielen Strauchelns.

Kein Wesen kann zu Nichts zerfallen.
Das Ew'ge regt sich fort in allen.
Am Sein erhalte dich beglückt.
Das Sein ist ewig: denn Gesetze
Bewahren die lebendgen Schätze ...

(Aus ‹Vermächtnis› von Goethe)

So darf die Hoffnung weiterleben. So kann auch in der Verwaisung Mut geschöpft werden. Denn das Ewige ist da und regt sich fort. Nichts zwingt uns, zu verzweifeln, *wenn wir das Gesetzmäßige erkennen,* das, durch unsere Unzulänglichkeiten hindurch, seinen Entwickelungsweg sich bahnt.»[184] – Die Frage an die Zukunft wird sein: Wie viel karmisch mitgebrachtes Talent und wie viel zielgerichtetes methodisches Arbeiten werden sich zusammenfinden, um die Inspiration für eine kosmische Gestaltung der Sprache und Bühnenkunst erfassen zu können?

Den Beschreibungen am Anfang mögen zum Abschluss noch drei Erinnerungen aus den letzten Monaten folgen. Die erste ist von Ilona Schubert.

«Ich hatte das Glück, dass ich in den Jahren ihres freiwilligen Exils in Beatenberg Frau Dr. Steiner oft besuchen durfte. Sie hatte im Haus von Frau Dr. Heller-Hirter eine zweite Heimat gefunden und konnte von da aus reiche Gaben an diejenigen austeilen, die ihre Hilfe noch suchten, so vor allem den Schauspielern und Eurythmisten. Wie oft saß ich dann, meistens von vielen Blumen umgeben – sie liebte es auch sehr, ein Sträußchen oder eine einzelne Blüte in den Händen zu halten, um sich an ihrem Duft zu erfreuen –, in ihrem Zimmer oder auf dem großen Balkon mit dem Ausblick auf die herrlichen Berge Eiger, Mönch und Jungfrau, zu deren Füßen die Seen glänzten, das Himmelsblau widerspiegelnd. Welch ein Gottesfriede umstrahlte sie dann, sie, die so viel

Leid durchleben musste, sie, die den Menschen so viel Liebes tat, bis in die Alltäglichkeiten des Lebens.»[185]

Marie Steiner-von Sivers war ja, ihrer Natur nach, wie geboren für das gesellige Gespräch; so, wie es die Goethezeit zu einer hohen Blüte gebracht hat. Unter den wenigen Klagen, Persönliches betreffend, die über ihre Lippen gekommen sind, war eine die, dass ihre Pflichten ihr so wenig Zeit zum Gespräch außerhalb der Anforderungen der Arbeit übrig ließen. Aber manchmal durchbrach sie diese Schranken. Der Arzt, Forscher und Maler Hans Jenny war durch Jahre Marie Steiners Hausarzt. Als er am Abend nach einem ärztlichen Besuch bei ihr bis in die Morgenstunden nicht zurückgekehrt war, rief seine Frau Maria Jenny-Schuster besorgt im Haus an, ob man dort etwas von seinem Verbleiben wisse. Er war immer noch da. Denn aus dem Gespräch der beiden heraus hatte Marie Steiner angefangen, von Russland zu erzählen, seinen Menschen, seiner Natur, seiner Geschichte und Dichtung. Sie entfaltete dabei – so erzählte er mir später – eine Schilderungskraft und elementare Redekunst, geistreich oft, voller Humor und Witz, Stimmungen intensiv wiedergebend, überwältigend in ihrer Gestaltung von Bildern, wie es nur bei den großen russischen Erzählern der Weltliteratur zu finden ist. Beim Abschied sagte Marie Steiner schalkhaft und mit dem großen Charme, der ihr eigen war: «Da war der Junge nun bei der Alten, die ganze Nacht!»

Die zweite Erinnerung ist von Fred Poeppig.

«In diesen drei Tagen, die ich hier oben im Angesicht der ewigen Bergeshöhen verweile, habe ich mehr erfahren als in manchen Wanderjahren. Mir ist, als habe ich eine ‹Einweihung› durchgemacht; eine Einweihung in die Geheimnisse des unerschöpflichen Quells der Sprachgeheimnisse, wie er durch diese Persönlichkeiten aus geistigen Welten stets verjüngend in unsere müde Werkwelt hineinstrahlt. Wem kann man dies Erlebnis vermitteln? Nur sehr wenige Menschen unserer Zeit haben ein Organ für das Einzigartige, das sich hier begibt.

Mein Besuch gilt unter anderem dem Studium einer Rolle aus den Mysteriendramen Rudolf Steiners. Mit unverminderter Kraft wie in früheren Zeiten beginnt Frau Marie Steiner mit mir Szenen aus dem ersten Mysteriendrama ‹Die Pforte der Einweihung› zu arbeiten. Obwohl ihre Stimme keine physische Kraft mehr hat, besitzt sie doch die Fülle geistiger Lebenssubstanz. Es ist, als holte sie aus dem ätherischen Kosmos Ströme geistigen Lebens, die sich, von geistigem Willensfeuer getragen, im Raume ergießen. Eine riesige Schwinge belebt und erfüllt den Raum, zerbricht alle irdischen Wände, und man wird von ihr mit fortgerissen in weite, funkelnde Lichtbezirke. Welche Wucht der dramatischen Gebärde lebt in dieser schon erloschenen Stimme! Welcher Schmerz erzittert in ihr, wie schicksalzermalmend, bei den Worten: ‹O Mensch, erkenne dich!›»[186]

Eine dritte Erinnerung stammt von dem Maler Julius Hebing. «… nach dem Essen brachte mich Frau R. dann in das Zimmer von Frau Doktor. Diese empfing mich, die Dunkelheit des Raumes entschuldigend. Obwohl sie ja völlig erblindet sei, verursache ihr das helle Licht Schmerzen. Sie war sehr anspruchslos gekleidet, in einen weißen wollenen Hausrock. Über ihren Knien lag eine braunrote Wolldecke, die sie lose festhielt. Das Gesicht war eingehüllt in weiße Tücher, wie man es bei alten Frauen auf holländischen Bildern sieht. Es war wie eingerahmt in diese Tücher; leuchtend, strahlend durchsichtig erlebte man das Antlitz, zart und unirdisch wie bei einem kleinen Kinde. Zwischendurch musste man auch an eine Mumienumhüllung denken, wobei man sich aber gar nicht wunderte über das unglaublich intensive Leben, das aus dieser Hülle sprach. Wie ja überhaupt der Haupteindruck war, welch eine Überfülle von Leben von ihr ausstrahlte, mit welch intensiver Konzentration, Klarheit, Milde, Gerechtigkeit, Unerbittlichkeit und Menschlichkeit sie sich äußerte. Man konnte deutlich sehen, welch großen Abstand vom Irdischen sie schon hatte. Sie sprach, als ob sie alles in einer gewissen Entfernung vor sich sähe, aber gerade dadurch umso klarer. Alles war bestimmt und klar geschaut, alles war geformt gesprochen und doch ganz natürlich, alles ohne Affekt, vieles mit Humor, mit einem bezaubernden Lächeln. Wirklich, diese alte Frau gab einem einen Begriff von Schönheit, der nicht so leicht wieder verloren gehen kann. Eine große Menschlichkeit trat einem entgegen, eine durch unsagbare Leiden hindurchgegangene, starke, nicht zu erschütternde Menschlichkeit. Eine Seele sprach hier so sachlich von ihrem ‹kurz bevorstehenden Tode›, ohne jede Absicht und Pointiertheit, dass man sich als Zuhörer in große Weiten erhoben fühlte. Man wurde in seinem innersten Freiheitswesen angesprochen, wurde aufgerufen, frei zu urteilen, ohne Sentimentalität und Schwäche. Einem gigantischen Wesen sah man sich gegenüber. Alle menschliche Gebrechlichkeit, die man sinnlich vor sich sah, wurde von innen durchleuchtet, durchstrahlt. Eine wahrhafte Verwandlung des Stofflichen in ein Geistiges.

So könnte man stundenlang von dem ‹Wie› sprechen, ohne auch nur im Mindesten etwas zu erschöpfen, etwas von der Fülle der Eindrücke zu ergreifen, denen man sich gegenüber sah. Die äußere Hilflosigkeit brachte nur umso stärker die Sieghaftigkeit des Geistes zum Ausdruck, auch wenn immer wieder das ganze Elend der gegenwärtigen Situation und der Zweifel an der Möglichkeit des Durchhaltens zum Ausdruck kam. Jeder Moment war ein Kampf, bei völliger Wahrung der Freiheit des andern. Und wohl nur daraus ergab sich der Eindruck einer unerschöpflichen Lebensfülle. Der äußerlich nahende Tod konnte neben dieser Sieghaftigkeit des Geistes überhaupt gar nichts Wesentliches mehr bedeuten. Er konnte nur zur Steigerung derselben beitragen. Der Tod war überwunden, bevor er eintrat.

Ich versuchte hier nur das ‹Wie› dieser Begegnung zu schildern und muss darauf verzichten, auf das ‹Was›, den Inhalt des zweistündigen Gespräches, einzugehen, das sich vorwiegend mit der Situation der Anthroposophischen Gesellschaft befasste.»[187]

Wenn man sich in diese Berichte lauschend versenkt, so lassen sie ein Empfindungs-Bild entstehen, in dem sich alles zusammenschließen kann, was hier versucht wurde, von der Individualität Marie Steiner-von Sivers’ zu schildern: Der Gottesfriede eines Menschen, von dem ein ganzes Leben hindurch unendliche Liebe ausgeströmt ist, dem darum das Gespräch immer erquicklicher, lieber war als das Licht, das er in Fülle besaß; ein Wesen, das wie mit Riesenschwingen Ströme geistigen Lebens aus dem ätherischen Kosmos herunterzuführen vermochte, dessen bloßes Dasein immerfort Initiation ausstrahlte, gerüstet in jedem Augenblick mit unerschütterlichem Mut für jeden Kampf; ein gigantisches Wesen, das die Sieghaftigkeit des Geistes über allen Tod mit jedem Atemzug unter Beweis stellte, dessen Züge im höchsten Alter durch allen Verfall der Kräfte hindurch das blühende Antlitz und die Anmut eines kleinen Kindes zeigten, verbunden mit dem Weltinteresse, der Erfahrung und Weisheit und dem immer vorwärtsdringenden Fragen eines Suchenden, der in den Kämpfen und der Kraft der Lebensmitte steht – wie kann man schöner, wahrer zusammenschauen, im Bild verinnerlichen die Eindrücke von einem kosmischen Menschen, der immerwährend seinem ihn inspirierenden, ihn segnenden, übermenschliche Stärke verleihenden hierarchischen Geiste hingegeben ist? – –

Nachwort zur Neuauflage

Was war Sprachgestaltung? Eine Frage auf der Suche nach ihrer Zukunft

Was Sprachgestaltung unter Marie Steiners Leitung war und was sie noch während des Ausklingens dieser Goetheanum-Bühnenkunst nach der Mitte des 20. Jahrhunderts auszeichnete, wie sie geklungen hat, wie sie wirkte, was sie in den Gestaltenden und in den Hörenden ausgelöst hat, das habe ich, soweit es mir als Spätgeborenem möglich war, in der Einleitung und im 7. Kapitel dieses Buches zu schildern versucht. Wie die Sprachgestaltung, d. h. die Gestaltung einer Sprache, in der sich Sinn und Laut als ein Einheitliches zusammenschließen, aber geboren wurde und sich zu einer ersten Blüte entfaltet hat, das konnte sie nur aus der karmischen Konstellation heraus, innerhalb der sie entstanden ist. Karmische Konstellationen sind einmalig, unwiederholbar. Mensch und Welt sind in ständiger Bewegung, Veränderung. Kein Zusammentreffen kann dem vorigen gleich sein, es kann sich nie wiederholen. Ein einmaliger Zeit-Geist wohnt jeder Gemeinsamkeit unter Menschen inne.

Als das Kind Marie von Sivers die ersten Gedichte las, stieg ihm aus den Versen ein geheimnisvolles Klingen auf, weshalb sie Poetisches nicht länger nur las, sondern es sich sprechend zum Erlebnis brachte. Verhindert, ein Schauspielstudium aufzunehmen, erlernte sie zu ihren beiden Muttersprachen, Deutsch und Russisch, noch Französisch, Italienisch, Englisch hinzu. Auch diese schrieb und sprach sie fließend wie angeboren. So hatte sie das Hindernis benützt, sich das Erklingen von fünf europäischen Sprachgenien zu erschließen.

Mit achtundzwanzig wurde ihre Lehrerin in der traditionsreichen französischen Rezitationskunst, ganz noch auf der griechischen Sprach- und Sprechchorkunst aufbauend, wie sie aus der Musik der Versmaße hervorströmt, Marie Favart von der Comédie Française. Mit dreißig wurde ihre Schauspiellehrerin Maria von Strauch-Spettini vom Deutschen Theater in St. Petersburg. Etwas später nahm sie zusätzlich in Berlin Unterricht bei Serafine Detschy in dem damals aufkommenden Bestreben – Joseph Kainz war der erste geniale Könner auf diesem Feld –, den Gedanken ganz präzis in der Satzgestaltung und -betonung zum Ausdruck zu bringen. Dabei musste Marie von Sivers ihr Erleben vom geheimnisvollen Erklingen der Poesie selbst in sich zurücknehmen. Mit ihrem fünfunddreißigsten Lebensjahr wurde Rudolf Steiner ihr Lehrer in der kosmisch ausgerichteten Sprachgestaltung. Erst jetzt konnte ihr Genie ergreifen, wofür sie angetreten war. Die erste Etappe der Widerstände und Verzögerungen war durchgekämpft.

In ihren Zwanzigern aus einem sozialen Impuls heraus zur Volksschullehrerin ausgebildet, unterrichtete sie in einer deutschen Volksschule zugleich mit mehreren Lehrerinnen im selben Klassenraum. Der ständige Lärm überanstrengte ihre Stimme so übermäßig, dass ihre Stimmbänder operiert werden mussten. Davon blieb ein lebenslängliches Zittern der Stimme zurück, das, je nach Kräftevermögen, mehr oder weniger hervortrat. Dazu Marie Savitch[94] (S. 104): «Die Stimme klang müde, – etwas rauh –, ohne jeden Schmelz, – aber klar, mit einem Reichtum an feinsten Modulationen und Schattierungen.» Und doch hatte sie eine «mächtige Stimme» (S. 94), die auch sehr tief sein konnte. Aber «ihre damals oft sehr angegriffene Stimme beim Rezitieren konnte ich schwer ertragen». So eine Zuhörerin (Peter Selg, *Marie Steiner-von Sivers,* 2006, S. 318). Das Karma hatte Hürden aufgebaut, die sie selbst und die der Hörer zu nehmen hatte: das

Zittern der Stimme – das viele Schüler/innen als zur Sache gehörig übernahmen –, die Rauheit, Angestrengtheit der Stimme. Eine dritte Hürde bildete für das hochdeutsche Ohr ihr baltischer Akzent mit dem stark rollenden Zungen-R, dessen getreuliche Nachahmung dann noch durch Jahrzehnte als ein missliebiges Etikett der Sprachgestaltung empfunden wurde. Womit nicht die Bevorzugung des Zungen- gegenüber dem Rachen-R gemeint ist, das dem Laut erst seinen Bewegungscharakter ermöglicht.

Hinzu kam der gegen sich selbst rücksichtslose Einsatz für Aufbau und Organisation der Theosophischen, später Anthroposophischen Gesellschaft, ihre Vorstandsverantwortung, die Herausgabe der Werke Rudolf Steiners; neben all dem ihr Aufbau der Lauteurythmie durch ihre Rezitation, später der Sprachgestaltung mit den Schauspielern. Das alles bedeutete eine nie aussetzende Überanstrengung ihrer Lebenskräfte. Nach einem ersten Kräftezusammenbruch 1911 folgte ein zweiter 1916, ausgelöst durch einen infamen Angriff des alten Freundes Edouard Schuré, der aus einer plötzlichen fanatisch-chauvinistischen Sinneswandlung heraus Rudolf Steiner und Marie Steiner öffentlich einer gegen Frankreich gerichteten deutschnationalistischen Parteinahme beschuldigte. So absurd dies war, und so bitter Schuré das später bereut hat, es tat seine Wirkung. Marie Steiner berichtete darüber in *Briefe und Dokumente*, S. 61: «Dieser Wahnsinnsanfall war so schmerzlich, dass ich drei Tage regungslos lag und auch meine Lähmungserscheinungen von daher datieren. Sie meldeten sich dann bei allen Schocks und sind jetzt mein ständiger Zustand.» Und ebenda S. 68 (1945): «Ich habe, durch viel zu lang andauerndes Arbeiten über meine Kraft, schon seit 23 Jahren ein Fußleiden. Zwei böse Verstauchungen, zugezogen bei spätem Ausgehen im Zustand äußerster Übermüdung, waren der Anlass, dass sich dann jeder Schock sozusagen auf die Füße warf und sie lähmte, bis ein Fußmuskelschwund entstand. Als es besser wurde, war ich dennoch darauf angewiesen, in Schienen gehen zu müssen.» In Schienen gehend, wurden alle dreiundzwanzig Jahre der Goetheanum-Sprach- und Bühnenkunst geleistet!

Mit einem eisernen, nie versagenden Willen überwand Marie Steiner alle Barrieren der ihr aus dem Physischen entgegenstehenden Widerstände. Das Physische wurde Tag um Tag, Stunde um Stunde gleichsam verbrannt, um dem übermächtigen Lebenselement ihres Ätherleibes Raum zu geben. Ein Opfergang, der das Materielle und seine Spiegelung im Intellektuellen unaufhörlich eintauschte gegen das geist-reale Kosmische, wie es sich in der Laut- und Sprachgestaltung des strömenden, bildenden Ätherleibes darlebt. So zierlich sie in ihrer physischen Leiblichkeit war, so übermächtig war ihr Äther und Geistformat. Nimmt es Wunder, dass Rudolf Steiner ihr in Schurés *Drama von Eleusis* nicht die Rolle der Persephone, wie sie es wünschte, sondern die der Demeter gab mit der Begründung, «dass sogar mein Mund für diese Rolle besonders geeignet sei ...» (Hella Wiesberger, S. 248). Wer aber war reif dazu, diese ichhaft-karmische Alchimie wahrzunehmen? So musste Rudolf Steiner am 24. Dezember 1923 den zur Weihnachtstagung und zur Neubegründung der Allgemeinen Anthroposophischen Gesellschaft angetretenen Anthroposophen sagen, dass sie noch wenig Verständnis für die neu entstandene Kunst der Eurythmie – ein «Ursprüngliches», ein «Primäres» des ätherischen Kosmos – bewiesen hätten. (GA 260, S. 42) «Ebenso habe ich zum Beispiel in der letzten Zeit viel Blut schwitzen müssen, möchte ich sagen – es ist natürlich symbolisch gemeint – über allerlei Diskussionen über jene Form des Rezitierens und Deklamierens, wie sie in unserer Gesellschaft durch Frau Dr. Steiner ausgebildet worden ist. Ebenso wie die Eurythmie, ist der Grundnerv dieses Deklamierens und Rezitierens derjenige, der aus anthroposophischer Grundlage heraus geholt und gepflegt ist, und auf diesen Grundnerv muss man sich einstellen. Den muss man erkennen und nicht glauben, dass, wenn man da oder dort irgendeinen

Fetzen von dem, was nun gut oder sogar besser in anderen ähnlichen Formationen da ist, hineinführt, so käme etwas Besseres heraus. Dieses Ursprünglichen, dieses Primären, dessen muss man sich bewusst sein auf allen unseren Gebieten.»

Wer konnte das? Mein Vater, Rezitator, Schauspieler und Regisseur mit einem fein ausgebildeten Empfinden für alles Poetische, war zwei Mal für einige Monate Schüler Marie Steiners. Wenn sie, was sie vorsprach, auch interpretierte, konnte er es begeistert aufnehmen; doch nicht unmittelbar über das Gehör. Meine Mutter, als völliger Laie, die ihr Leben lang wechselweise in der Anthroposophie und in Dichtungen lebte, hatte in jungen Jahren Marie Steiners Rezitation der «Hymnen an die Nacht» von Novalis miterlebt. Im hohen Alter danach von mir befragt, konnte sie mir keine Einzelheiten schildern. Sie sagte, ihre Worte lange suchend: «Es ist das Größte, was ich in meinem ganzen Leben erlebt habe.» – Karma.

Anthroposophie ist Wegbereitung in die Ätherwelt, wo seit dem Beginn des 20. Jahrhunderts der Christus wirkt und denen, die dazu bereit sind, erscheint. Der Äther ist strömende Wortgestalt, Sprachgestaltung ein Stufengang empor in seine Welt. Marie Steiner spricht es aus (GA 282, S. 386): «In der Sprache erfasst der Mensch sein göttliches Wesen; die Laute sind Schöpferkräfte, die ihn mit seinem Ursprung verbinden und ihn die Wege zum Geist wieder finden lassen.» Aber immer blieb dieser Weg eine Feuerprobe, in der sie sich Tag für Tag zu bewähren entschlossen war und der sich die ihr karmisch verbundenen Schüler unterzogen haben. Sie sagte: «Wenn das Wort sich dem Menschen nahen will, spricht es am liebsten durch die *Flamme*. Sie ist sein wesensgleiches Element. Aber wenige verstehen diese Sprache. Die Flamme brennt und schreckt zurück den, der sich schüchtern ihr naht. Sie lodert auf, beleuchtet blitzartig die Welt um uns herum, sinkt dann in sich zusammen und sucht als Wärme Leben zu nähren und zu fördern.» (Fred Poeppig,[186] S. 80)

Von einigen der Sprachgestalter/innen, die das Karma Marie Steiners verband und mit denen sie ihre Arbeit aufgebaut hat, wurde bereits in diesem Buch berichtet. Hier noch einiges, das ausspricht, wie dieses Karma sich in Seelen darlebte und aussprach. – Ida Rüchardt berichtete (*Mitteilungen aus der Anthroposophischen Arbeit in Deutschland* Nr. 98, S. 293): «Das war ja gerade das Erzieherische, nicht nur in der Zusammenarbeit mit Frau Doktor, auch im Gespräch mit ihr, dass man durch ihre Wesensart wie selbstverständlich auf eine höhere Stufe gehoben wurde, wo andere Gesetze herrschten als die gewohnten, wo man ... im Lebendigen und Ewig-Beweglichen dachte und sprach, und das konnte nicht jeder ertragen ... Ich betrachte meine Schulung weder als abgeschlossen noch als unterbrochen. Sie liegt in der Sphäre des Unvergänglichen. Die großen Impulse bleiben lebendig – neue Inspirationen erwachen, neue Perspektiven eröffnen sich.»

Von Assja Turgenieff lesen wir in ihren «Erinnerungen an Rudolf Steiner», S. 76, wo sie die Einstudierung der Himmelfahrt in Goethes Faust II beschreibt: «Man konnte hier die Wandlung der Erdentragik, durch die hohe Spiritualität von Marie Steiners Stimme getragen, miterleben.» Das war die Begabung, die das Karma für eine Mitarbeit forderte: nicht die rauhe, überanstrengte Stimme zu hören, sondern was diese Stimme an elementarem Ausdruck durchströmte; ja, Sinne zu haben, für diese einzigartige Individualität überhaupt: (S. 30) «Unvergesslich dieser vertrauensvoll sich öffnende, strahlende Blick, von einer Reinheit, die man sonst nur bei einem Kinde erleben kann.»

Oder Ilona Schubert schrieb (*Selbsterlebtes im Zusammensein mit Rudolf Steiner und Marie Steiner*, S. 69): «... wie schön war es zu sehen, wie sie mit dem Inhalt eines Gedichtes innerlich mitlebte. Ich habe oftmals beim Zuhören den Atem angehalten, weil ich kein Wort verlieren wollte. Und wenn sie zur Eurythmie sprach, dann fühlte man sich wie getragen. Eine

Pause, die sie machte, konnte einen wie auf Flügeln durch den Raum tragen. Wie grandios war ihre Begeisterungsfähigkeit, sie riss einen einfach mit fort. Sie war fortwährender Ansporn und forderte auch immer mehr, als man glaubte leisten zu können, sodass man sich gewaltig anstrengen musste, um ihren Anweisungen nachzukommen.»

Den umfassendsten Bericht von dem überragenden, einmaligen Können in Ausdruck und Formung ihrer Sprachgestaltung hat Kurt Hendewerk in seinem Aufsatz «Unser Weg zur Sprache» gegeben, der jetzt am Ende des 7. Kapitels abgedruckt ist: «... wie turmhoch diese Leistung an Können und geistiger Auffassung über allem stand, was man von den sogenannten großen Schauspielern des modernen Theaters gehört hatte ...»

Drei abschließende Zeugnisse einer intensiven karmischen Verbundenheit mit Marie Steiner mögen hier noch folgen: von Else Klink, von Gertrud Redlich, von Kurt Hendewerk. Sie waren meine Lehrer. Ihnen verdanke ich wesentlich das Nach- und Miterleben der Geburtsstunde dieser neuen Sprachoffenbarung. – Else Klink, die Eurythmistin und große, ganz und gar selbstständige, geniale Künstlerin, schrieb am 12.4.1948 aus Dornach nach Beatenberg:

Sehr verehrte liebe Frau Doktor!
Bevor ich wieder nach Deutschland reise, möchte ich Ihnen aus ganzem Herzen – auf Wiedersehen – sagen, Ihnen aus ganzem Herzen danken für dasjenige, was Sie mit Ihrem großen Wesen ständig für uns tun. Ich will mich bemühen, die künstlerische Arbeit so zu führen, dass sie im guten Dienste für die gesamte Anthroposophie steht ...

> Mit vielen Grüßen und guten
> Wünschen für Ihre Gesundheit
> bin ich Ihre treue
> Schülerin
> Else Klink.

Am Tage vor dem Tod Marie Steiners, dem 27.12.1948, um 15.20 Uhr, gingen am 26.12.1948 von den genannten Persönlichkeiten drei Briefe an sie ab, die sie nicht mehr auf der Erde erreichten. Alle drei dankten für Bücher Rudolf Steiners, die Marie Steiner ihnen als Weihnachtsgeschenke hatte zukommen lassen. In Tagen, da der Tod ihr schon nahe gestanden hatte, veranlasste sie dieses letzte Zeichen ihrer herzlichen Verbundenheit. – Else Klink beendete ihren Brief mit den Zeilen:

> In dem Bewusstsein dass Sie
> Schwerstes ertragen müssen
> mögen meine und unser
> Aller Segenswünsche Sie in
> das neue Jahr geleiten.
> Ihre
> treue Schülerin
> Else Klink.

Gertrud Redlich am 26.12.48, aus Dornach:

Verehrte liebe Frau Dr,
... In Dankbarkeit rückblickend auf die 22 Jahre, die wir nun hier leben und arbeiten durften, drängt es mich, Ihnen, liebe verehrte Fr. Dr., noch einmal aus ganzem Herzen zu danken für alles, was Sie durch diese 22 Jahre jeden einzelnen Tag uns gegeben und uns gelehrt haben. Was wir gelernt und in uns entwickelt und herangebildet haben, jeder nach Vermögen und mit den schwachen Kräften, die ihm zur Verfügung standen, das – fühle ich – konnten wir nur durch ihre eigenen Lebenskräfte, die Sie uns so unerschöpflich zuströmen ließen, jeden Tag aufs Neue. Die Stunden der gemeinsamen Arbeit mit Ihnen sind unauslöschlich eingegraben in meine Seele als das Beste, das Positivste meines ganzen Lebens. Und dem, was Sie uns als künstlerisches Ideal durch Ihr Vorbild vermittelt haben, was in uns als schwa-

che Ahnung aufzudämmern beginnt, treu zu bleiben, ist mein innigstes Streben! Manchmal scheint es mir, als ob einiges von dem, für das Verständnis in uns zu entwickeln Sie so große Mühe hatten, nun lebendiger und selbstverständlicher würde, der Silbenschritt z. B. und die heruntergehenden Vokale. – Oft hat man im Üben plötzlich das Gefühl: Das ist es wohl, was Fr. Dr. da oder dort meinte. Das ist dann ein kleiner Trost, denn im Grunde entbehren und vermissen wir Sie unendlich jeden Tag und jede Stunde, und das Licht und die Wärme, die wir von Ihnen empfangen durften.

Verzeihen Sie diese recht unbeholfenen Worte! Sie sollten Ihnen nur – bevor das Jahr zu Ende geht – noch einmal allerraller innigsten Dank sagen für alle Ihre Liebe und Güte, die für mich – auch wenn Sie in Beatenberg sind – in unserer täglichen Arbeit hier immer weiter spürbar sind.

In Liebe und Verehrung
Ihre Gertrud Redlich

Ihr Gatte unterschrieb mit diesen Worten:

Verehrte, liebe Frau Doktor!
mit einem recht herzlichen Gruß und Dank für das Buch denke ich an Sie in aufrichtiger geistiger Verbundenheit.

Bevan Redlich

Aus Kurt Hendewerks Brief aus Dornach vom 26.12.48:

Sehr verehrte Frau Doktor,
... Ich hatte so sehr gehofft, dass es Ihre Gesundheit Ihnen erlauben würde, wieder nach Dornach zu uns zu kommen, und uns schon durch Ihr einfaches Nähersein zu helfen ... [Es folgen Spielplan- und Gesellschaftsprobleme.] Ich möchte aber jetzt auf diese Dinge nicht weiter eingehen, um nicht Frau Doktor

unnötig Kräfte zu rauben. Sollte es irgend möglich sein, würde ich sehr gerne nach Neujahr wieder einmal nach Beatenberg kommen, um Frau Doktor zu sehen und zu sprechen.

Heute drängt es mich nur, Ihnen, liebe Frau Doktor, nochmals zu danken, für alles, was ich von Ihnen in der künstlerischen Arbeit und als Mensch empfangen durfte.

Möchten nur meine Kräfte ausreichen, um den Impuls, den Sie für das lebendig gesprochene Wort gegeben haben, in mir selbst unverfälscht zu erhalten und an andere Menschen weitergeben zu können.

In dankbarer Liebe und Verehrung
Ihr Kurt Hendewerk.

Das Karma, das hier gewirkt hat, kann nicht hier seinen Anfang genommen und gewiss nicht sein Ende erreicht haben. Wie Rudolf Steiner nach seinem letzten Vortrag (GA 282) zu den Schauspielern, die dann dem Ensemble am Goetheanum angehören sollten, bemerkte: «Arbeiten wir nach dieser Richtung zusammen, dann wird ... etwas von der zukünftigen Zivilisation Gefordertes schon in der Gegenwart im Keim begründet werden können ...»

Kosmisch gesehen: Um was geht es in Eurythmie und Sprachgestaltung? Rudolf Steiner hat es am 18. Juli 1915 in Dornach dar- und klargestellt (GA 162, S. 135):

«Wie wäre Sprachentwicklung und wie wäre Gedankenentwicklung im Erdendasein zur Entfaltung gekommen, wenn nicht luziferische und ahrimanische Einflüsse gewirkt hätten? – Mit anderen Worten: Wie würde der Mensch denken, und wie würde er sprechen und das Gesprochene hören, wenn nur die Geister der Form und ihre Diener [Archai, Archangeloi, Angeloi] die Erde schaffen und leiten würden? Wenn dies der Fall wäre, wenn kein luziferischer und ahrimanischer Einfluss in der Erdenentwickelung sich zur Geltung gebracht hätte, so würde von vornherein in dieser Erdenentwicklung ein völliger Einklang gewesen sein zwischen dem Sprechen und dem Denken, ... Die Menschen würden mit ihren innersten Lebensempfindungen durchdringen das Sprachliche; sie würden sozusagen in dem Laut drinnen stehen, aber im Laut drinnen zu gleicher Zeit den Begriff, die Vorstellung erleben; beides nicht getrennt empfinden, sondern beides als eines empfinden. So haben es die Geister der Form für den Menschen veranlagt gehabt. ... Das Als-eines-Erleben des Sprechens und Denkens haben sie ihm zugedacht gehabt. Wenn wir unser heutiges Auseinandergerissensein von Sprechen und Denken ins Auge fassen, so ist das eben durchaus auf die Einflüsse Luzifers und Ahrimans zurückzuführen ... Drinnenleben – aber jetzt nicht in einem Sprechen, aus dem der Saft des Denkens ausgepresst ist, sondern in einem solchen Sprechen, das in sich das Denken selber, ich möchte sagen, auf seinen Flügeln trägt. ... Und es hätten nach den Intentionen der Geister der Form die Menschen nicht sich unterscheiden sollen nach Sprach-Charakteren auf der Erde, sondern der Unterschied der Nationen war von den Geistern der Form so gedacht, dass er sich nur gründen sollte auf Natur-Untergrundlagen, auf geographische und klimatische Verschiedenheit. Der Mensch sollte sich als Nation fühlen dadurch, dass er sich im Zusammenhang gefühlt hätte mit gewissen, wie selbstverständlich in den Natur-Untergrundlagen seines Daseins wirkenden Mächten.

Dagegen wäre es, wenn die Intentionen der Geister der Form allein ausgeführt worden wären, dem Menschen möglich geworden zu verstehen, wenn er als Angehöriger der einen Nation dem Angehörigen einer anderen Nation entgegengetreten wäre, fühlend zu verstehen von vornherein, was in dem Worte liegt. Verschiedene Sprachen würde es schon gegeben haben. Aber nicht wären die Menschen in Bezug auf das Verständnis der Sprachen verschieden gewesen; sondern im Empfinden dessen, was in dem einzelnen Laut, in dem einzelnen Buchstaben liegt, hätte zwar der Mensch die andere Sprache gehört, aber er hätte nicht gehört das Ausgehülste des Lautes, des Wortes; in dem Wort, in dem Laut drinnen hätte er die Vorstellung gehört, auf den Flügeln des Wortes wäre ihm die Vorstellung gekommen ...

So ist also ein Riss zwischen Sprechen und Vorstellen entstanden ...»

Sprachgestaltung heißt: die Sprache ihrer ursprünglichen Gestalt zurückzugeben, wie die Geister der Form, die Elohim, die Schöpfer des Menschen-Ichs sie im Anfang in dem Menschenwesen veranlagt haben. Luzifer hat die Sprache ihres Inhalts beraubt, hat die Sprache ausgehöhlt, indem er den Gedanken in die Abstraktion hinauf überspannte; Ahriman hat die Sprache ihres Sinn-aussagenden Klanges beraubt und sie in die Vereinzelung der Volkssprachen herunter verdunkelt und verfremdet. Diesen Kampf, der über die Entwicklung der Menschheitskultur entschieden hat, von Neuem aufzunehmen war der Impuls, der aus den Worten des Kurses über «Sprachgestaltung und Dramatische Kunst» (GA 282, 2. Vortrag) spricht:

«... was wir berücksichtigen müssen und worauf wir gleich unsere Aufmerksamkeit richten müssen, wenn wir die praktische Probe, die Frau Dr. Steiner geben wird, wirklich werden fruchtbar machen wollen für dasjenige, was über Sprachgestaltung zu sagen ist ... ist dieses: Wir leben innerhalb der zivilisierten Menschheit in sehr vorgerückten Zivilisationsepochen. Das sind aber solche, in denen namentlich die Sprache ihren Zusammenhang mit ihren Anfängen, ihren eigentlichen Urgründen verloren hat. Die heutigen Sprachen Europas, ... sind nämlich weit weg von ihren Ursprüngen, und sie reden eigentlich so, dass die Worte, aber auch die Intonierung des Lautlichen nur noch ein äußerliches Zeichen ist für dasjenige, was eigentlich zugrunde liegt; ein äußerliches Zeichen sage ich aus dem Grunde, weil man sich der Zeichennatur gar nicht mehr bewusst ist, weil man nicht einmal annimmt, dass die Sprache noch etwas anderes sein kann, als sie im gewöhnlichen Sprechen der heutigen europäischen Sprachen ist.

Daher muss, wenn das Künstlerische der Sprache nun wiederum verstanden, erfasst, wirksam gemacht werden soll, etwas da sein, was ein Bewusstsein davon hat, wie die Sprache wiederum ihrer Wesenheit zurückgegeben werden muss.

Und das ist versucht worden, wenigstens in gewissen Partien meiner Mysteriendramen, dadurch, dass das heute vom Menschen Erlebte, das er durch die Sprache ausdrückt, und das eigentlich im Grunde genommen im gewöhnlichen Sprechen heute gar nichts mehr zu tun hat mit dem, worauf es sich bezieht, wiederum zurückgeführt worden ist zum Laut. Sodass also in gewissen Partien meiner Mysteriendramen der Versuch gemacht worden ist, den heute ja nur noch bestehenden Gedankenrhythmus, das Gedankenmusikalische, das Gedankenbildliche zum Laut wiederum zurückzuführen.

Das kann man nun in der verschiedensten Weise, je nach den Aufgaben, die einem gesetzt sind. Und ich möchte als Erstes eben hingestellt haben dasjenige, was versucht worden ist in einer Szene im Geistgebiet im siebenten Bilde meines ersten Mysteriendramas. Da ist versucht worden, so weit dasjenige, was ausgesprochen werden soll, in den Laut hineinzubringen, dass der Laut selber, ohne dass man über ihn hinausgeht, eine Hinweisung, eine Offenbarung des Geistigen sein kann, wie das in den Ursprachen der Fall war.»

Also: Was *war* Sprachgestaltung? Die Schöpfung eines Original-Genies, einmalig, unwiederholbar. Und die Frage der Suche nach ihrer Zukunft? Doch wohl: die Wege zu gehen, die das Genie mit elementarer Sicherheit gegangen ist – die Wege der Gestaltung der Sprache. Rudolf Steiner enthüllte sie als die Wege des Sprachgenius selbst. Was der Sprachgenius schaffend vorausgegangen ist, wird übend nachgegangen. Durch welche Stationen führt dieser Weg? Fragen wir Marie Steiner selbst. Wie kann ein Gedicht erarbeitet werden? (Ilona Schubert, wie zuvor, S. 68) «... aus dem Laut und aus der Sache herausarbeiten.» Zuerst aus der Sache heraus, aus dem Inhalt, der verstanden und durchlebt werden muss: also der Stoff eines Gedichtes.

«Aus dem Geist einer Sache! Einmal arbeitete sie mit uns an dem Goethegedicht *Wanderers Sturmlied*. Da kommen ja nun so manche griechische Namen drin vor, und jetzt examinierte Frau Doktor den ganzen Kreis der Eurythmisten, die an dem Gedicht beteiligten und die im Saal sitzenden:

‹Was ist Deukalions Flutschlamm, was der kastalische Quell, wer ist Pythius Apollo, wer Vater Bromius, Jupiter Pluvius, was wissen Sie über Anakreon, über Theokrit? usw.› Wir waren glücklich daran, dass die meisten Antworten von einer der jüngsten, gerade aus der Waldorfschule entlassenen Eurythmistin kamen. Frau Dr. Steiner fragte uns: ‹Wie wollen Sie so ein Gedicht richtig darstellen, wenn Ihnen Namen, Landschaft, die Zeit, in der so etwas spielt, nichts sagt und Sie nichts darüber wissen? Ohne ein umfassendes Wissen gibt es keine echte Kunst und schon gar nicht in der Eurythmie.› Wie stark legte sie Wert darauf, dass man streng unterschied, ob etwas von Goethe, Nietzsche, Heine etc. ist, und dass man durch Eingehen und sich Beschäftigen mit den jeweiligen Dichtern beziehungsweise Musikern überhaupt erst den richtigen Stil erfassen könne. Das Gleiche wie bei *Wanderers Sturmlied* spielte sich ab bei *Der Ritt in den Tod* von Conrad Ferdinand Meyer. Auch da sollte der geschichtliche Hintergrund durchaus bekannt sein. Ja, und wie liebte sie den *Cordinand*, wie sie Conrad Ferdinand Meyer nannte, und wie hat sie ihn rezitiert! Welch eine Fülle von Vortragsmöglichkeiten gestaltete Frau Doktor aus. Ob es kleine, zarte, lyrische Gedichtchen waren oder ernst-getragene oder gar dramatische, immer gab es neue Nuancen. Unvergesslich ist mir – und gewiss vielen meiner Kolleginnen –, wie Frau

Doktor rezitierte aus der *Iphigenie:* ‹Und an dem Ufer steh ich lange Tage, das Land der Griechen mit der Seele suchend.› Oder wie schön war es zu sehen, wie sie mit dem Inhalt eines Gedichtes innerlich mitlebte. Ich habe oftmals beim Zuhören den Atem angehalten, weil ich kein Wort verlieren wollte.»

Was so voll und ganz durchlebt ist, drängt von selbst in die Gebärde der Hände, der Arme, des ganzen Körpers bis in die Mimik, bis in den Blick. Als Edwin Froböse sie einmal fragte: Wie machen Sie es, Frau Doktor, dass Sie immer die richtige Nuance im Sprechen treffen? Ganz einfach, sagte sie. Ich habe die Gebärde. Die Gebärde entsteht instinktiv, elementar und unbewusst, wie jede Bewegung des Willens. Und diese Körpergebärde geht direkt und unreflektiert in die Sprachgebärde über, erfüllt die Lautgebärde mit Inhalt.

Fred Poeppig, wie zuvor S. 19: «Die künstlerische Größe dieser Persönlichkeit ging mir in diesen Tagen auf: Sie ergreift jede Sprachgebärde mit absoluter Sicherheit und verkörpert sie mittels des freischwingenden Atems im Reich der Ätherwelt mit derselben Sicherheit, mit der das absolute Gehör des Musikers den richtigen Ton erfasst. Das waren übrigens ihre eigenen Worte, die sie bei einer Korrektur hinzufügte: ‹Ich erlebe eine falsche Sprachgebärde wie der Musiker, der bei einem verkehrten Ton erschrickt!›» Poeppig fragte sie: «‹Dr. Steiner äußerte einmal, dass er in Ihnen eine Kontrolle für die innere Sprachgebärde gehabt habe; in welchem Sinne ist das gemeint?› Sie sann einen Augenblick, um aus meiner Frage die rechte Antwort zu finden, und sagte etwa: ‹Nun, er sah eben eine Möglichkeit, die Gebärde der Sprache, wie sie als innere Eurythmie ihr zugrunde liegt, an mir abzufangen und zu kontrollieren, so wie sie durch mich zum Ausdruck kam.› Es leuchtete mir unmittelbar ein, was Rudolf Steiner damit gemeint hatte: Denn die Einheit von innerem Spracherleben und äußerer Gebärde war bei ihr so eklatant, dass man nur mit Goethes Worten diese künstlerische Vollendung bewundern konnte: ‹Hier ist Notwendigkeit – hier ist Gott!› Das Urphänomen alles dramatischen und sprachlichen Schaffens wurde hier offenbar. – Von diesem Besuch in Beatenberg nahm ich den Eindruck mit: In dieser Frau lebt die Ursubstanz der anthroposophischen Bewegung und die der neuen Sprachschöpfung untrennbar miteinander verbunden. Denn beide gehören zusammen, da sie der nämlichen Wurzel entsprossen sind. Und ich vermeinte das Licht des Lebensbaumes wieder leuchten zu sehen und in seine Fülle einzutauchen, als ich das Erlebnis in mir nachklingen ließ ...»

An ihr war, wie es hier bezeugt wird, erlebbar, dass Sprachgestaltung, so wie sie sich durch sie offenbarte, eins war mit den Intentionen der Geister der Form, damals, bevor die Frucht vom Baum der Erkenntnis gebrochen wurde, als noch der Baum des Lebens sein Sonnengold verströmte.

Was Marie Steiner die Anthroposophie und ein kosmischer Genius lehrte, das hat Rudolf Steiner in seinem Vermächtnis-Kurs (GA 282) greifbar und praktikabel für alle Sprachgestalter und Schauspieler, die das wollen, die von ihrer Bewusstseinsseele uneingeschränkten Gebrauch machen wollen, dargestellt:

1. Den Stoff begreifen und so lange in eigener Prosa improvisieren, bis der Darsteller selber mit dem Stoff, dem Gedankeninhalt, mit den Anschauungen, mit den Empfindungen und Willensimpulsen eins geworden ist.

2. Hieraus die Gebärde des Körpers suchen, stumm, begleitet von einem Sprecher des Textes, bis alles Erlebnis ganz Gebärde, Mimik, Bewegung im Raum geworden ist.

3. Dann ist der Inhalt zweimal verdaut, und die inhaltvolle, erlebnisträchtige Gebärde kann in die bewegliche Gestik des Lautes, in die innere Eurythmie der Vokale, Konsonanten, Silben, Worte, Sätze und Verse übergeführt werden. Dadurch wird der abstrakte Gedanke Luzifer entrissen: Der Astralleib trägt die mit dem Gedanken gesättigte Gebärde des physischen Leibes in den ätherischen Laut, sodass der Gedanke wie-

der aus ihm spricht, aber verwandelt ins Leben; und Ahrimans Machwerk einer im Mechanismus verstummten Fremdsprache wird so verwandelt zur Offenbarung der poetischen Phantasie.

Diese Methodik anzuwenden nannte Rudolf Steiner: die Wege des Sprachgenius gehen. Wege also, welche die Genien unserer Sprachen durchschritten haben, als sie die Sprachen erschufen. Ihre Schöpferwege haben wir zu gehen, wenn wir die Sprache aus ihrem Gewohnheitsschlaf und Dornenhag der Mechanisierung wieder auferwecken wollen. Sprache gestalten heißt: die abgetötete Sprache zu befreien und sie ihrem ursprünglichen Leben und Sagen, ihrer ursprünglichen Gestalt wiederzugeben. Was Rudolf Steiner aus seiner kosmisch erweiterten Menschenkunde neu entwickelt hat, knüpft durchaus an alte Traditionen der Bühnenkunst an. In dem kürzlich erschienenen Buch von Maija Pietikäinen, *Des Herzens Weltenschlag – Biographie von Valborg Werbeck-Svärdström*, Verlag am Goetheanum 2012, S. 69 wird die Methodik geschildert, nach welcher die zu Beginn des 20. Jahrhunderts in Europa weithin berühmte schwedische Opern- und Liedersängerin und spätere Anthroposophin Valborg Svärdström von ihrer bedeutendsten Meisterin, Signe Hebbe, ausgebildet wurde: «Zuerst der Gedanke, dann die Geste und zum Schluss die Worte!»
Ich habe diesen Übungsweg ausführlich dargestellt in meinem Buch: *Die Grundelemente der Sprachgestaltung und Schauspielkunst nach Rudolf Steiner in ihrem methodischen Aufbau* (Band 1). Band II enthält Beispiele der Dichtung. Verlag am Goetheanum 2005. Nach praktischem Umgehen mit diesen methodischen Wegen mit Schülern und Kollegen durch Jahre darf ich sagen: Der Moment, wenn die drei getrennt erübten Tätigkeiten zusammenströmen, eins werden, ist ein Moment objektiver Befähigung und zugleich persönlichster Ausdruck. Objektives und Subjektives befreien sich in eines. Kein Übender macht das genau wie der andere; es

bleibt der Weg ein persönlicher und zugleich ganz der Sache ergeben. Alle Kräfte sind aufzubringen. Das Ergebnis ist ein Geschenk, überraschend, unvorhersehbar. Die Zukunft der Sprachgestaltung, auf Wegen des Sprachgenius heiß und mit letzter Hingabe erkämpft, wird immer überraschend und unvorhersehbar neu sein. Darauf deutete Rudolf Steiner, als er seinen Kurs (GA 282) mit den Worten abschloss: «... wir wollen diesen Kursus als einen Anfang, jeder für sich in seiner Art, betrachten ...» Es gibt nicht *eine* Lehrmeinung, wie das Ergebnis sein soll. Es gibt nur Wege gemeinsamer Arbeit. Die echten Ergebnisse werden neu und ungeahnt hervortreten. Das ist das wunderbar Schöpferische, voller Überraschungen Vorangehende einer Tradition, wie sie Sprachgestaltung werden möge!

Aufzufinden ist diese neu erstehende Sprache in jeder echten Dichtung, alt oder neu, wenn sie auf Wegen des Sprachgenius wieder entzaubert wird. Voll bewusst auf diesen Wegen entstanden, erschaffen, jung, keimkräftig, zur Zukunft befähigt, sind Rudolf Steiners vier Mysteriendramen, ein Fragment von zwölf geplanten Dramen. Von ihrer Entstehung und ihrer Verwirklichung auf der Bühne ein Bild zu geben habe ich versucht in meinem Buch: *Die Uraufführung der Mysteriendramen von und durch Rudolf Steiner, München 1910–1913*, Verlag am Goetheanum 2010.

Den dreifachen Weg übend zu gehen, die Anschauung vom Entstehen, Werden und Verwirklichen der neuen, kosmisch ausgerichteten Dichtung und die Anschauung, wie dieses Buch sie zu vermitteln sucht, von einem Menschen, der in einem neuen, Zukunft verheißenden Sinne selber ganz Wort war, das – so meine ich – könnte zusammen ein Fundament bilden, auf dem der Tempel einer Zukunft der Sprachgestaltung errichtet werden kann.

Anmerkungen

Das Werk Rudolf Steiners erscheint als Gesamtausgabe (= GA) im Rudolf Steiner Verlag, Dornach / Schweiz.

1 Rudolf Steiner, Marie Steiner-von Sivers, *Sprachgestaltung und dramatische Kunst,* GA 282, 3. Auflage 1969.

2 Ilja Duwan, *Sprachgestaltung und Schauspielkunst. Vom Kunstimpuls Marie Steiners. Studien, Übungen, Erinnerungen.* Dornach 1990.

3 Michail A. Čechov, *Die Kunst des Schauspielers,* Stuttgart 1990; und: *Leben und Begegnungen.* Autobiographische Schriften, Stuttgart 1992.

4 Rudolf Steiner, *Die Kunst der Rezitation und Deklamation,* Vortrag vom 29.3.1923, GA 281, Auflage 1967.

5 *Die Kunst der Rezitation und Deklamation,* Seminar von Marie Steiner, Januar / Februar 1928, und Rudolf Steiner, *Methodik und Wesen der Sprachgestaltung,* GA 280, Auflage 1975.

6 Edwin Froböse, *Mein Weg zur Goetheanumbühne. Erinnerungen,* Stuttgart 1979.

7 Marie Steiner war an der Weihnachtstagung 1923 von Rudolf Steiner als Leiterin der *Sektion für redende und musikalische Künste* eingesetzt worden.

8 Der Dornacher Sprechchor, in: *Beiträge zur Rudolf Steiner Gesamtausgabe,* Nr. 101, Dornach, Michaeli 1988.

9 Ida Rüchardt, *Von Moskau nach Dornach,* Heimdall-Verlag.

10 Hella Wiesberger, *Aus dem Leben von Marie Steiner-von Sivers. Biographische Beiträge und eine Bibliographie,* Dornach 1956.
Dieselbe, *Marie Steiner-von Sivers. Ein Leben für die Anthroposophie. Eine biographische Dokumentation,* Dornach 1988.
Dieselbe, *Marie Steiner. Gesammelte Schriften I. Die Anthroposophie Rudolf Steiners,* Dornach 1967.
Edwin Froböse (Hrsg.), *Marie Steiner. Gesammelte Schriften II. Rudolf Steiner und die redenden Künste,* Dornach 1964.

Hella Wiesberger (Hrsg.), *Marie Steiner. Briefe und Dokumente*, Dornach 1981.

Marie Steiner-von Sivers im Zeugnis von Tatjana Kisseleff, Johanna Mücke, Walter Abendroth, Ernst von Schenk, Basel 1985.

Marie Savitch, *Marie Steiner-von Sivers*, 1965.

11 Edouard Schuré, *Die großen Eingeweihten* (1889; dt. 1925), Otto Wilhelm Barth-Verlag, 1992.

12 Den Inhalt dieses und weiterer Vorträge hat Rudolf Steiner in seiner Schrift *Das Christentum als mystische Tatsache und die Mysterien des Altertums* zusammengefasst (GA 8, 8. Auflage 1976).

13 Hella Wiesberger, *Marie Steiner-von Sivers. Ein Leben für die Anthroposophie*, S. III.

14 Rudolf Steiner, *Mein Lebensgang*, GA 28, 7. Auflage 1962, S. 411.

15 Hella Wiesberger, *Marie Steiner-von Sivers. Ein Leben für die Anthroposophie*, S. 233.

16 Rudolf Steiner, *Die Konstitution der Allgemeinen Anthroposophischen Gesellschaft*, GA 260 a, 1. Auflage 1966, S. 404.

17 Rudolf Steiner, *Ursprungsimpulse der Geisteswissenschaft*, Vortrag vom 7.5.1906, GA 96, 1. Auflage 1974.

18 Rudolf Steiner, *Kunst und Kunsterkenntnis. Das Wesen der Künste*, Vortrag vom 28.10.1909, GA 271, 2. Auflage 1961.

19 Hella Wiesberger, *Marie Steiner-von Sivers. Ein Leben für die Anthroposophie*, S. 240.

20 Rudolf Steiner, *Das Ereignis der Christuserscheinung in der ätherischen Welt*, GA 118, 1. Auflage 1965.

21 Rudolf Steiner, *Metamorphosen des Seelenlebens. Pfade der Seelenerlebnisse*, Vortrag vom 20.1.1910, *Die Geisteswissenschaft und die Sprache*, GA 59, 1. Auflage 1984.

«Was jetzt auseinandergesetzt worden ist: der Nachahmungstrieb im physischen Leibe gegenüber den äußeren Tätigkeiten, das Symbolisieren im Ätherleibe gegenüber dem äußeren Reiz, und das, was wir nennen können das Entsprechen von Begierde und Genuss im astralischen Leib, das alles denken wir uns ausgearbeitet mit Hilfe des Werkzeuges der Luft und hineingearbeitet in uns so, dass gleichsam ein plastischer, ein künstlerischer Eindruck davon entstanden ist in unserem Kehlkopf und in unserem ganzen Stimmapparat. Dann werden wir uns sagen können: Diese vor dem Ich liegenden Wesenheiten arbeiteten am Menschen so, dass sie durch die Luft an dem Menschen in der Weise formten und gliederten, dass nach dieser dreifachen Richtung hin die Luft im Menschen zum Ausdruck kommen konnte.

Wenn wir nämlich im wahren Sinne des Wortes das Sprachvermögen betrachten, so müssen wir fragen: Ist es der Ton, was wir hervorbringen? – Nein, der Ton ist es nicht. Was wir tun, das ist, dass wir von unserem Ich aus dasjenige in Bewegung setzen und formen, was durch die Luft in uns hineingeformt und hineingegliedert ist. Gerade so, wie wir das Auge in Bewegung setzen, um das aufzunehmen, was äußerlich als Licht wirkt, während das Auge selbst zu dieser Aufnahme von Licht da ist, so sehen wir, wie in uns selber vom Ich aus jene Organe in Bewegung gesetzt werden, die aus dem Geistigen der Luft heraus gebildet worden sind. Wir setzen die Organe in Bewegung durch das Ich; wir greifen in die Organe ein, die dem Geist der Luft entsprechen, und wir müssen abwarten, bis der Geist der Luft, von dem die Organe gebildet sind, uns selber – als Echo unserer Lufttätigkeit – den Ton entgegentönt. Den Ton erzeugen wir nicht, wie auch nicht die einzelnen Teile einer Pfeife den Ton erzeugen. Wir erzeugen von uns aus dasjenige, was unser Ich als Tätigkeit entfalten kann durch die Benutzung jener Organe, die aus dem Geiste der Luft heraus gebildet sind. Dann müssen wir es dem Geist der Luft überlassen, dass die Luft wieder in Bewegung kommt durch jene Tätigkeit, durch welche die Organe erzeugt worden sind, sodass das Wort erklingt.

So sehen wir in der Tat, wie die menschliche Sprache auf diesem dreifachen Entsprechen, das wir angeführt haben, beruhen muss.»

22 Rudolf Steiner, *Okkulte Geschichte,* GA 126, 5. Auflage 1992.

23 Rudolf Steiner, *Okkulte Geschichte,* Anmerkung zu Seite 56, S. 119 und Notizbuch, Archiv-Nr. 523.

24 Ekkehard Meffert, *Mathilde Scholl und die Geburt der Anthroposophischen Gesellschaft 1912/13,* Dornach 1991.

S. 123: «Nach Berichten von Dr. Berthold Peipers (gestorben im Mai 1990) haben Rudolf Steiner und Marie von Sivers jedesmal nach ihrem Eintreffen mit der Eisenbahn in Köln bereits vom Hauptbahnhof aus zu Fuß die nahe gelegene St. Andreas-Kirche besucht.»

S. 126: «Rudolf Steiner und Marie von Sivers – dieses Mal in Begleitung von Helene Röchling (1866 bis 1940) – besuchten im Jahre 1911 oder 1912 in Köln wieder einmal die unweit des Domes liegende St. Andreas-Kirche. Als sie sich einige Schritte von dem Sarkophag des Albertus Magnus entfernt hatten, blieb Rudolf Steiner stehen und sagte lächelnd – im Dreieck stehend – zu Marie von Sivers: ‹Erinnern Sie sich noch an die Zeit unseres damaligen Wirkens?› Marie von Sivers: ‹Nur sehr undeutlich.› Darauf Rudolf Steiner: ‹Aber damals waren Sie doch mein Lehrer!›»

Dazu Anmerkung 66 auf S. 293: «Der Bericht stammt in dieser Form von Dr. Hartwig von Volkmann und beruht auf einer Schilderung von Ilona Schubert-Bögel (1900 bis 1983). Ihre Mutter, Erna Bögel, hatte eine Lebensfreundschaft mit Helene Röchling, der Zweigleiterin des Mannheimer Zweiges. Über diesen Zusammenhang hat der Ehemann von Ilona Schubert-Bögel, Günther Schubert, Rudolf Steiner direkt befragt und eine Bestätigung erhalten. Diese Angaben werden auch von Hella Wiesberger, Rudolf Steiner Nachlassverwaltung, bestätigt.»

Hella Wiesberger hat mir (W. H.) Folgendes mitgeteilt, das ihr selbst von den genannten Persönlichkeiten anvertraut wurde: Frau Amalie Künstler aus Köln war mit Mathilde Scholl befreundet und hatte zu den esoterischen Schülerinnen Rudolf Steiners gehört; sie hatte von Rudolf Steiner selbst erfahren, dass in Marie Steiner Albertus Magnus wiederverkörpert lebe. In einer esoterischen Stunde, die nicht schriftlich vorliegt, von der ebenfalls Amalie Künstler berichtete, habe Rudolf Steiner auf den karmischen Zusammenhang Hypatia – Marie Steiner hingewiesen.

Anna Samweber, die viele Jahre hindurch zu dem engsten Vertrauenskreis um Rudolf Steiner und Marie Steiner-von Sivers gehörte, hatte sich in die alte Dominikaner-Klosterkirche von St. Andreas begeben, um dort den Sarkophag des Albertus aufzusuchen. Vor diesem stehend hatte sie ein hellsichtiges Erlebnis, das im Zusammenhang mit Albertus stand. Als sie das Erlebnis Marie Steiner erzählte, sagte diese lachend: «Ja, zu diesem Grab des Albertus hat mich Herr Doktor jedesmal geführt, wenn wir im Bahnhof von Köln angekommen waren. Er sagte dann: ‹Damals warst du doch mein Lehrer!›»

Dr. Helmut Boese, ehemals Handschriftenexperte der Landesbibliothek Stuttgart (zuvor Berlin), erzählte mir, dass er durch Jahre mit Anna Samweber bekannt und befreundet war. Sie berichtete auch ihm von den regelmäßigen Besuchen des Grabes von Albertus Magnus durch Rudolf Steiner und Marie Steiner. Anschließend, ins Haus von Künstlers und von Mathilde Scholl heimgekehrt, habe Rudolf Steiner dann mit heiterem Ausdruck gesagt: «Wir haben unseren Bund erneuert.»

Dr. Boese bestätigte auch, dass viele alte Mitglieder diesen karmischen Zusammenhang kannten.

Es wird auch berichtet, dass Marie Steiner immer etwas unwillig war, diesen Besuchen zum Grab des alten Albertus Folge zu leisten, dass aber Rudolf Steiner unverdrossen diese Besuche mit ihr wiederholte.

J. E. Zeylmans van Emmichoven, *Wer war Ita Wegman? Eine Dokumentation*, Band 3, 1992, Seite 174. Anmerkung 80: Aus einem Brief von Dr. Walter Johannes Stein an Marie Steiner vom 12. April 1927: «Frau Linde erzählte mir einmal, Dr. Steiner habe gesagt, Albertus Magnus sei dieselbe Individualität, die als Hypatia verkörpert war. Dies veranlasste mich, Fräulein Mücke darüber zu befragen, und sie bestätigte es.»

25 Dieser Zeitpunkt wird von Rudolf Steiner genannt in *Die Weltgeschichte in anthroposophischer Beleuchtung*, Vortrag vom 26.12.1923, GA 233, 2. Auflage 1962.

26 Margarete und Erich Kirchner-Bockholt, *Die Menschheitsaufgabe Rudolf Steiners und Ita Wegman, Dornach*, 2. Auflage 1981, S. 25.

27 Rudolf Steiner, *Die Philosophie des Thomas von Aquino,* GA 74, 3. Auflage 1967.

Emil Bock, *Rudolf Steiner. Studien zu seinem Lebensgang und Lebenswerk,* Stuttgart 1967, S. 93.

Wilhelm Rath, *Rudolf Steiner und Thomas von Aquino,* Basel 1991.

Sergej O. Prokofieff, *Rudolf Steiner und die Grundlegung der neuen Mysterien,* 2. erw. Auflage Stuttgart 1986. 4. Kapitel, Das irdische und das übersinnliche Goetheanum.

28 Margarete und Erich Kirchner-Bockholt, *Die Menschheitsaufgabe Rudolf Steiners und Ita Wegman,* S. 26.

29 Rudolf Steiner, *Aus der Akasha-Chronik,* GA 11, 5. Auflage 1973.

30 Rudolf Steiner, *Exkurse in das Gebiet des Markus-Evangeliums,* Vortrag vom 19.12.1910, GA 124, 3. Auflage 1963.

31 Eine Überschau der geschichtlichen Zusammenhänge seit Atlantis ist in folgenden Schriften von Sigismund von Gleich zu finden:

a) Marksteine der Kulturgeschichte, Stuttgart 1982.

b) Siebentausend Jahre Urgeschichte der Menschheit, Stuttgart 1987.

c) Der Mensch der Eiszeit und der Atlantis, Stuttgart, 3. Auflage 1991.

32 Rudolf Steiner, *Christus und die menschliche Seele,* Vortrag vom 29.5.1912, GA 155, 1. Auflage 1960. – M. Savitch schildert auf S. 14 (siehe Anm. 10), wie Marie von Sivers in ihrer Kindheit durch Landaufenthalte im Sommer mit dem finnisch-russischen Grenzgebiet in Berührung kam, in dem sich die elementarischen Kräfte des alten Hyperboräa noch erhalten hatten.

33 Rudolf Steiner, *Der Orient im Lichte des Okzidents,* Vortrag vom 27.8.1909, GA 113, 4. Auflage 1960.

34 Rudolf Steiner, *Wo und wie findet man den Geist?,* Vortrag vom 6.5.1909, GA 57, 1. Auflage 1961.

35 Lancelot Lengyel, *Das geheime Wissen der Kelten,* 1985.

36 Rudolf Steiner, *Wo und wie findet man den Geist? GA 57.*

37 Rudolf Steiner, *Die Mission der neuen Geistesoffenbarung,* Ansprache vom 3.3.1911, GA 127, 1. Auflage 1975. Hier wird berichtet, dass ein Teil der keltischen Völker auf ihrem Zug von Atlantis nach Osten in Irland zurückblieben.

38 Jakob Streit, *Sonne und Kreuz,* Stuttgart, 3. Auflage 1993.

39 Rudolf Steiner, *Rhythmus in Kosmos und im Menschenwesen,* Vortrag vom 11.9.1923, GA 350, 1. Auflage 1962.
Der Jahreskreislauf als Atmungsvorgang der Erde, Vortrag vom 30.9.1923, GA 223, 4. Auflage 1976.
Initiations-Erkenntnis, Vortrag vom 26.8.1923, GA 227, 3. Aufl. 1982.
Initiationswissenschaft und Sternenerkenntnis, Vortrag vom 10.9.1923, GA 228, 1. Auflage 1964.
Der Christus-Impuls und die Entwickelung des Ich-Bewusstseins, Vortrag vom 9.3.1910, GA 116, 3. Auflage 1961.

40 Rudolf Steiner, *Aus der Akasha-Chronik,* GA 11, 1986. – *Die Geheimwissenschaft im Umriss,* GA 13, 1968. – *Geistige Hierarchien und ihre Widerspiegelung in der physischen Welt,* GA 110, 1960.

41 Rudolf Steiner, *Die tieferen Geheimnisse des Menschheitswerdens im Lichte der Evangelien,* Vortrag vom 14.11.1909, GA 117, 1. Auflage 1966.

42 Rudolf Steiner, *Der Orient im Lichte des Okzidents,* Vortrag vom 31.8.1909. GA 113.

43 Rudolf Steiner, *Individuelle Geistwesen und ihr Wirken in der Seele des Menschen,* Vortrag vom 19.11.1917, GA 178, 2. Auflage 1974.

44 Maria Christiane Benning, *Alt-irische Mysterien und ihre Spiegelung in der keltischen Mythologie,* Stuttgart 1993.

45 Rudolf Steiner, *Mysteriengestaltungen,* Vorträge vom 7., 8. und 9.12.1923, GA 232, 2. Auflage 1958. – *Die Mission der neuen Geistesoffenbarung,* Ansprache 3.3.1911, GA 127, 1975.

46 Markus Osterrieder, *Sonnenkreuz und Lebensbaum,* Stuttgart 1995.

47 Rudolf Steiner, *Esoterische Betrachtungen karmischer Zusammenhänge,* Vortrag vom 23.3.1924, GA 235, 3. Auflage 1958, S. 238.
Hier wird die Gründung einer Zweigniederlassung der Hybernischen Mysterien im 9. Jahrhundert n. Chr. im Elsass erwähnt. Eine solche wird auch im Burgenland angegeben, zu der Gilgamesch kommt (Vortrag vom 26.12.1923, GA 233); siehe Anm. 25; Gilgameschs Leben verlegt Rudolf Steiner in die Mitte der 3. Kulturepoche (2907 – 747 v. Chr.). Sigismund von Gleich gibt für Gilgamesch

sogar das 23. und 22. Jahrhundert v. Chr. an (*Marksteine*, S. 37). Sodass sich für das Bestehen der Hybernischen Mysterien ein Zeitraum
von nahezu 4000 Jahren, vielleicht sogar mehr ergibt.

48 Rudolf Steiner, *Die Mission einzelner Volksseelen*, Vorträge vom 12.
und 16.6.1910, GA 121, 4. Auflage 1962.

49 Rudolf Steiner, *Individuelle Geistwesen und ihr Wirken in der Seele
des Menschen*, Vortrag vom 19.11.1917, GA 178, 2. Auflage 1974; M.
Chr. Benning, *Altirische Mysterien*, S. 129; Sigismund von Gleich,
Marksteine, S. 179.

50 Marie Steiner, *Gesammelte Schriften*, Bd. 1: *Die Anthroposophie Rudolf
Steiners*, S. 63 f.

51 Rudolf Steiner, *Exkurse in das Gebiet des Markus-Evangeliums*,
Vortrag vom 16.1.1911, GA 124.

52 Emil Bock, *Moses und sein Zeitalter*, Stuttgart 1961.

53 Rudolf Steiner, *Das Hereinwirken geistiger Wesenheiten in den
Menschen*, Vortrag vom 27.1.1908, GA 102, 1974.

54 Sergej O. Prokofieff, *Die zwölf heiligen Nächte und die geistigen
Hierarchien*, Dornach 1992.

55 Sigismund von Gleich, *Marksteine*, S. 283.

56 *1. Buch der Könige*, 5,27. – Rudolf Steiner, *Die Tempellegende und die
goldene Legende*, GA 93, 1. Auflage 1979.

57 Sigismund von Gleich, *Marksteine*, S. 177 und 151.

58 Rudolf Steiner, *Das Lukas-Evangelium*, GA 114, 5. Auflage 1955.

59 Rudolf Steiner, *Vorstufen zum Mysterium von Golgatha*, GA 152,
1. Auflage 1964.

60 Sigismund von Gleich, *Marksteine*, S. 174.

61 Rudolf Steiner, *Ägyptische Mythen und Mysterien*, Vortrag vom
5.9.1908, GA 106, 3. Auflage 1960.

62 Edouard Schuré, *Die großen Eingeweihten*.

63 Rudolf Steiner, *Weltenwunder, Seelenprüfungen und Geistesoffenbarungen*, GA 129, 5. Auflage 1977.

64 Sigismund von Gleich, *Marksteine*, S. 219.

65 Rudolf Steiner, *Weltenwunder, Seelenprüfungen und Geistesoffenbarungen*, GA 129, 5. Vortrag.

66 Rudolf Steiner, *Die Rätsel der Philosophie,* GA 18, 7. Auflage 1955. – *Die Weltanschauung der griechischen Denker; Der Orient im Lichte des Okzidents,* Vortrag vom 26.8.1909. GA 113 – *Das Markus-Evangelium,* Vortrag vom 21.9.1912, GA 139, 4. Auflage 1960.
Sigismund von Gleich, *Marksteine,* S. 177, 282.
Wilhelm Capelle, *Die Vorsokratiker,* Stuttgart, 8. Auflage 1973.
Friedrich Ueberweg, *Grundriss der Geschichte der Philosophie des Altertums,* 1880.
«Der philosophischen Forschung gehen die Versuche der dichtenden Phantasie, sich das Wesen und die Entwickelung der göttlichen und menschlichen Dinge zu veranschaulichen, vorbereitend und anregend voraus. Die theogonischen und kosmogonischen Anschauungen des Homer und Hesiod üben nur einen entfernteren und geringen, vielleicht aber gewisse orphische Dichtungen, welche dem sechsten Jahrhundert v. Chr. anzugehören scheinen, wie auch die Kosmologie des Pherekydes von Syros (der zuerst in Prosa schrieb, um 600), und andrerseits die beginnende ethische Reflexion, die sich in Sprüchen und Dichtungen kund giebt, einen näheren und wesentlichen Einfluss auf die Entwickelung der ältesten griechischen Philosophie.»

67 Sigismund von Gleich, *Marksteine der Kulturgeschichte,* 1982, S. 65:

	3400			
		}	Mond	– Gabriel
	3050			
3101: Beginn des Kali-Yuga (fünf Jahrtausende dauernd)		}	*Sonne*	– *Michael*
	2700			
		}	Saturn	– Oriphiel
	2350			
		}	Venus	– Anael
	2000			
		}	Jupiter	– Zachariel
	1650			
		}	Merkur	– Raphael
	1300			

		}	Mars	–	Samael
	950				
		}	Mond	–	Gabriel
601: genaue Mitte	601				
des Kali-Yuga		}	*Sonne*	–	*Michael*
	247				

Eintragung Rudolf Steiners im Notizbuch Archiv-Nr. 314 für den Vortrag vom 18.8.1924 in: *Das Initiatenbewusstsein,* GA 243, 5. Auflage 1993, S. 242:

150 v. Chr. – 200 n. Chr.	Oriphiel
150 – 500	Anael
500 – 850	Zachariel
850 – 1190	Raphael
1190 – 1510	Samael
1510 – 1879	Gabriel

68 Rudolf Steiner, *Weltenwunder, Seelenprüfungen und Geistesoffenbarungen,* Vortrag vom 24.8.1911. GA 129.

69 Rudolf Steiner, *Die Impulsierung des weltgeschichtlichen Geschehens durch geistige Mächte,* GA 222, 2. Auflage 1966, Vorträge vom 16., 17., 18., 23.3.1923.

70 Kurt Treu, *Synesios von Kyrene.* Im Kommentar zu seinem *Dion,* 1958, S. 91, findet sich der Satz:

«Die unter den Namen des ‹Hermes Trismegistos› gestellten Schriften ... dürfte Synesios aus dem Unterricht der Hypatia gekannt haben, deren Vater Theon die Hermetica kommentierte.» – Diese Bemerkung lässt die Frage aufkommen, wie viel okkultes, altes Mysterienwissen Theon und Hypatia über ihre philosophische und wissenschaftliche Gelehrsamkeit hinaus besessen und gelehrt haben.

71 *Philologus, Zeitschrift für das klassische Altertum,* 15. Jahrg. 1860. Richard Hoche, «Hypatia, die Tochter Theons.» – Alle unbezeichneten Zitate aus den Briefen des Synesios sind hier entnommen. Arnulf Zitelmann, *Hypatia,* Roman, Weinheim 1996.

Aus dem Nachwort:

«Dieses Buch ist dem Andenken von Hypatia gewidmet. Hypatia, die Tochter eines Philosophen und Mathematikers, lehrte um 400 nach Christus an der Hochschule von Alexandria Philosophie, Mathematik und Astronomie. In der Vorosterzeit des Jahres 415 fand sie unter den Händen von fanatisierten Christen ihr Ende.

Die Geschichtsschreibung räumt Frauen in der Regel nur am Rand ihrer Berichterstattung einen Platz ein. Das gilt selbst für jene, die in Wissenschaft und Technik Hervorragendes geleistet haben. Von ihren Zeitgenossen befeindet oder belächelt, werden sie noch nach ihrem Tod ignoriert und endgültig verdrängt. Das trifft auch auf Hypatia zu. Neben dem englischen Historiker Gibbon im 18. Jahrhundert verdanken wir es hauptsächlich einer Handvoll Schriftstellern, dass ihr Name nicht gänzlich dem Vergessen anheimfiel. In Frankreich feierte ein Artikel der von Voltaire mitherausgegebenen Enzyklopädie Hypatia als Vorkämpferin der Aufklärung, Friedrich Schiller plante ein Bühnenstück zu den Umständen ihrer Ermordung, und in England erschien Mitte des vorigen Jahrhunderts der vielgelesene Roman *Hypatia* von Charles Kingsley, durch den die antike Philosophin erstmals weiten Kreisen bekannt wurde. Seitdem ist jedoch keine neue größere Veröffentlichung über sie erschienen, und auch eine zusammenfassende Aufarbeitung des historischen Materials zu ihrer Person und Umwelt steht noch aus.

Die Hauptquelle zu Hypatias Leben ist der folgende Bericht eines spätantiken Kirchengeschichtsschreibers:

‹In Alexandria lebte eine Frau mit Namen Hypatia, die eine Tochter des Philosophen Theon war. Sie verfügte über eine so herausragende Bildung, dass sie sämtliche Philosophen ihrer Zeit ausstach. Ihre Lehrtätigkeit brachte sie an die Spitze der platonischen Schule, die sich von Plotin herleitet, und sie unterrichtete jedermann in allen Wissensgebieten, der danach verlangte. Den Behörden gegenüber trat sie freimütig und mit dem Selbstbewusstsein auf, das ihre Bildung ihr verlieh, und sie zeigte auch keine Scheu, sich in der Gesellschaft von Männern zu bewegen. Wegen ihrer außergewöhnlichen Intelligenz und Charakterstärke begegnete ihr nämlich jeder mit Ehrfurcht und Bewunderung. Diese Frau wurde nun damals das Opfer von gewissen Machenschaften. Weil sie nämlich häufiger mit Orestes, dem kaiserlichen Statthalter, zusammentraf, ging in der christlichen Bevölkerung das verleumderische Gerücht um, Hypatia sei es, die Orestes daran hindere, mit Kyrill, dem Bischof der Stadt, freundschaftliche Beziehungen zu pflegen. So verschworen sich verschiedene Hitzköpfe unter Führung des kirchlichen Vorlesers Petrus miteinander und überfielen die Frau hinterrücks, als sie bei irgendeiner Gelegenheit nach Hause zurückkehrte. Die Männer rissen sie aus der Sänfte und schleiften sie gewaltsam zu der Kirche, die unter dem Namen Kaisarion bekannt ist. Dort zogen sie ihr die Kleider aus und zerfleischten ihren Leib mit Scherben. Glied um Glied rissen sie die Frau in Stücke, trugen danach alles auf dem sogenannten Kinaron zusammen und verbrannten es. Die Tat trug Kyrill und auch der Kirche von Alexandria große Schande ein. Denn was könnte denen, die wie Christus gesinnt sind, ferner liegen als Mord, Blutvergießen und dergleichen?›

Der Verfasser des Berichtes, Sokrates, genannt Scholastikos, war ein Zeitgenosse Hypatias. Sein wissenschaftliches Werk zeichnet sich durch Zuverlässigkeit und Genauigkeit aus. Doch leider lässt der Text viele Fragen offen, zum Beispiel die, welche Rolle Kyrill nun tatsächlich in dieser Angelegenheit spielte.

Weitere Nachrichten zu Hypatias Person finden sich nur verstreut und sind dürftig. Ein Preisgedicht des berühmten Palladas zu ihren Ehren ist uns erhalten: ‹Deinen Anblick ehrend, deine Botschaft, blick ich zum Sternbild der Jungfrau auf …› Das Epigramm belegt Hypatias Forschungstätigkeit und spielt dabei zugleich auf Ehelosigkeit an.

Ein spätantikes Gelehrtenlexikon bestätigt die Ehelosigkeit der Philosophin. Dort heißt es: ‹Sie blieb unverheiratet, obwohl sie überaus schön und wohlgestaltet war.› In dem Artikel werden außerdem ihre Lehrtätigkeit und ihre wissenschaftlichen Leistungen hervorgehoben: ‹Sie hielt Vorlesungen über Platon und Aristoteles und andere Philosophen, und sie verfasste Kommentare zu Diophantes, zum astronomischen System und zu den Kegelschnitten des Apollonius.› »

72 *Heidelberger Abhandlungen zur Philosophie und ihrer Geschichte,* 1926. Wolfram Lang, *Das Traumbuch des Synesius von Kyrene.*

73 Dr. Georg Grützmacher, *Synesios von Kyrene,* 1913.

74 Bei Richard Hoche (siehe Anm. 71) findet sich zu dem griechischen Originaltext eine lateinische und eine deutsche Übersetzung:

Colat necesse est litteras, te qui videt,
Et virginalem spectat astrigeram domum.
Negotium namque omne cum coelo tibi,
Hypatia prudens, dulce sermonis decus,
Sapientis artis sidus integerrimum.

« wann ich dich seh, dein wort vernehm', bet ich dich an,
der hehren jungfrau sternbedecktes haus erblickend;
denn auf den Himmel nur erstreckt sich all' dein thun,
du jeder rede zier und schmuck, Hypatia,
der höchsten weisheit reiner, unbefleckter Stern! »

Louis Locher-Ernst, *Mathematik als Vorschule zur Geisterkenntnis,* Dornach 1973. Im Kapitel über Hypatia findet sich eine freiere Übersetzung, die aber den tiefen Sinn der Zeilen intimer zum Ausdruck bringt, zusammen mit dem griechischen Originaltext:

ὅταν βλέπω σε, προςκυνῶ, καὶ τοὺς λόγους,
τῆς παρθένου τὸν οἶκον ἀστρῶον βλέπων,
εἰς οὐρανὸν γὰρ ἐστι σοῦ τὰ πράγματα,
Ὑπατία σεμνή, τῶν λόγων εὐμορφία,
ἀχραντον ἀστρον τῆς σοφῆς παιδεύσεως.

Diese ergreifenden Worte lassen sich etwa wie folgt wiedergeben: Wenn ich dich sehe, deine Worte vernehme, lebt Ehrfurcht in mir,

Der Jungfrau Sternenwohnung erschauend,
Denn all dein Handeln ist dem Himmel zugetan,
Hypatia, du Hehre, du Schöngestalt der Rede,
Du der errungenen Weisheit reiner Stern.

In meiner Übersetzung habe ich versucht, das rückwärts und vorwärts gewandte Karmisch-Empfundene der Zeilen herauszuarbeiten, in dem, wie ich glaube, das Geheimnis dieser wunderbaren,
genial konzipierten Verse liegt. (W. H.)

75 Karl Heyer, *Vom Genius des Mittelalters,* Basel 1990.

76 Rudolf Steiner, *Die Philosophie des Thomas von Aquino,* GA 74, 1967,
S. 20.

77 Ebenda, S. 36.

78 Dieses und alle folgenden Zitate sind entnommen aus: Albertus
Magnus, *Ausgewählte Texte.* Lateinisch-Deutsch. Herausgegeben
und übersetzt von Albert Fries, Darmstadt, 3. Auflage 1994. Paragraphen 24, 25, 31, 32, 30, 189 b, 39, 244, 162, 202, 99, 101, 135.

79 Rudolf Steiner, *Die Philosophie des Thomas von Aquino,* GA 74, 1967,
S. 45.

80 Ebenda, S. 56.

81 Jakob Streit, *Albertus Magnus.* – Renate Riemeck, *Glaube – Dogma –
Macht. Geschichte der Konzilien,* Stuttgart 1985.

82 Rudolf Steiner, Notizbucheintragung, siehe Anm. 67.

83 Werner Heisenberg, *Das Naturbild der heutigen Physik,* 1965.

84 Albertus Magnus, *De mineralibus,* herausgegeben von Günther Gold-
schmidt, 1983.

85 Albertus Magnus *Ausgewählte* Texte, Paragraphen 99, 101, 135.

86 Heribert Christian Scheeben, *Albertus Magnus,* 1954.

87 Rudolf Steiner, *Mysteriendramen,* GA 14, 1981.

88 Emil Bock, *Rudolf Steiner. Studien zu seinem Lebensgang und Lebenswerk,* Stuttgart 1961.

89 Rudolf Steiner, Marie Steiner-von Sivers, *Briefwechsel und Dokumente
1901 – 1925,* GA 262, 1967, Brief 11.

90 Rudolf Steiner, *Aus der Akasha-Forschung. Das Fünfte Evangelium,* Vortrag vom 5.10.1913, GA 148, 1. Auflage 1963.

91 Rudolf Steiner, *Esoterische Betrachtungen karmischer Zusammenhänge,* Vortrag vom 28.7.1924, GA 237, 3. Auflage 1959, und Vortrag vom 19.7.1924, GA 240, 1961.

92 *Erinnerungen an Rudolf Steiner.* Gesammelte Beiträge aus den «Mitteilungen aus der anthroposophischen Arbeit in Deutschland 1947 – 1978», Stuttgart 1979. Oskar Schmiedel, *Erinnerungen an die Proben zu den Mysterienspielen in München 1910 – 1913,* S. 102.

93 Marie Steiner II, *Rudolf Steiner und die redenden Künste,* «Über die Mysterienspiele in München», S. 33.

94 Marie Savitch, *Marie Steiner-von Sivers,* 1965, Seite 13.

95 Rudolf Steiner, *Entwürfe, Fragmente und Paralipomena zu den vier Mysteriendramen,* GA 44, 1. Auflage 1969.

96 Hans Peter van Manen, *Marie Steiner. Über ihre Stellung im Weltenkarma,* Dornach 1994.

H. P. van Manen hat in der Nachschrift seines Vortrages vom 11.12.1991 im Goetheanum eine «Erkenntnisfrage» gestellt: nämlich ob die Beziehungen zwischen Rudolf Steiner und Marie Steiner einerseits und die zwischen Aristoteles und seinem Schüler, Nachfolger in der Leitung des Peripatos und Erben seines «Nachlasses» – an diesem Wort entzündete sich der Gedanke – Theophrast andererseits in ihrer Parallelität nicht ein Hinweis auf ein früheres Erdenleben Marie Steiners sein könnten. Wie die von mir selbst gestellten Fragen halte ich auch diese hypothetische Erkenntnisfrage nur für beantwortbar durch konkrete geisteswissenschaftliche Forschung. Van Manen betont, dass er durch seine Erkenntnisfrage – die für ihn selbst mehr als bloße Spekulation geworden ist – das «Gespräch» anregen möchte, was ich hiermit aufgreifen will. – Van Manen geht in Bezug auf frühere Erdenleben von der Auffassung aus: «Über Marie Steiner ist – wenn man absieht von einer mündlichen Überlieferung, die nicht einmal gesichert ist – eigentlich so gut wie nichts bekannt.» Und: «Gesicherte Fakten fehlen vollständig.» (Die mündliche Überlieferung betrifft wahrscheinlich die unter Anm. 24 angeführten Berichte von E. Meffert. Alles, was in diesem Buch an gesicherten Fakten angeführt wird, war van Manen offenbar unbekannt.) Unter solchen Voraussetzungen entsteht selbstverständlich ein leerer Raum, in dem vieles für möglich gehalten werden kann, was aber anders erscheint, wenn eine Kette von karmischen Metamorphosen überschaubar wird. Wenn ich den Sinn, der sich durch ein jahrzehntelanges Üben im Erleben konkreter Reinkarnations-Metamorphosen auf schauspielerischem und regielichem Wege, durch Kurse und Vorträge, auch durch schriftstellerische Verarbeitung gebildet hat, auf die Frage anwende: Theophrast, ja oder nein?, so geht es mir so: Die «Melodie», die sich durch die Folge von Wiederverkörperungen, wie sie in dieser Schrift aufgeführt wurden, hindurchzieht, dynamisch, immer in einer Art rhythmischem Wechselgeschehen, urverschieden im «Ton» der Persönlichkeiten und Zeiten – diese Melodie beginnt bei einem Einbeziehen von Theophrast zu stocken wie ein Schiff, das knirschend auf Sand auffährt und so auf seinem Wege von dem Orphiker zu Hypatia nicht mehr flottkommt. Und das gerade wegen der von van Manen angeführten Parallelität. Und dann: das so intensiv durchlebte Griechentum, das Hypatia 400 Jahre nach dem Mysterium von Golgatha noch nicht verlassen konnte und das aus Marie Steiners unbewussten Seelengründen so überwältigend stark als verzehrende Sehnsucht aufstieg, verwandt den Schmerzen eines Hölderlin und verwandt auch der tiefen Erquickung, die ein Goethe aus allem griechischen Wesen erfuhr – kann das in der großen, ganz und gar ausdifferenzierten Gelehrtenexistenz eines Theophrast, bei absteigender Kulturepoche, seinen Ursprung haben? Muss es nicht in der Hochkultur, insbesondere in der Einmaligkeit griechischer *Kunst* urständen, wenn diese nach über 2000 Jahren noch so überwältigend aus homerischer Dichtung, so voll verwurzelt in dem damals Erlebten, nachzuwirken imstande ist? – Zu einem Urteil: Theophrast, ja oder nein? fühle ich mich nicht legitimiert. Aber das widerfährt mir an dieser Hypothese.

Ein weiteres Problem ergibt sich für mich aus der Auffassung van Manens, in Marie Steiners Leben liege in ihrem 33. Lebensjahr ein Bruch vor, indem sie auf eine große Bühnenlaufbahn verzichtet habe. Ich habe versucht zu zeigen, wie Marie Steiner ihre dreifachen Fähigkeiten in dreimaligem Anlauf wirksam zu machen suchte: das erste Mal als Kind und junges Mädchen, wobei ihre Kräfte von ihrer Umgebung zurückgewiesen wurden; das zweite Mal vom 28. bis 30. Lebensjahr, wo diese Kräfte zum Leben erwachen durften; und dann ihr volles, fruchtbares Wirksamwerden für die Anthroposophie ab 1900. Dieselben Impulse entwickeln sich kontinuierlich fort, stark durch das Karma gestaltet. Das Theater in Berlin ließ Marie von Sivers hinter sich als etwas, was nicht den Raum bot für das, was sie von Kindheit an suchte. Das war kein Bruch, es war ein Irrtum, der mehr bei ihrer Umgebung als bei ihr selbst lag. Diese Tatsache wird von Tatjana Kisseleff in ihrer Lebensbeschreibung in schöner Weise bestätigt:

«Mit voller Evidenz steht die Tatsache hier vor uns, dass Spiritualität, dass echte Keuschheit einerseits und das moderne Theaterleben andererseits, das der Mysterien-Quelle jeder wahren Kunst völlig fremd ist, zwei schwer zu versöhnende Dinge sind. – Die Berührung mit der groben Wirklichkeit einer der Geistigkeit und der seelischen Tiefe entfremdeten Epoche und die Weigerung, mit dieser einen Kompromiss zu schließen, wird zu dem Ereignis, welches das weitere Schicksal von Marie von Sivers bestimmt: Sie wird nicht den Pfad der Erfolge und des Ruhmes in der äußeren modernen Theaterwelt beschreiten ...

Nachdem sie dies von sich gewiesen hatte, arbeitete sie unermüdlich für sich allein weiter an der von ihr so geliebten Kunst. Das leuchtende, hohe Ziel einer aus den Mysterien heraus erneuerten Theaterkultur steht wie ein Leitstern vor ihr. So setzt sie ihren kompromisslosen Weg fort, bis sie über die Begegnung mit Edouard Schuré, der sie auf die Theosophie hinweist, im ersten Jahre des 20. Jahrhunderts Rudolf Steiner trifft und seitdem ihre wahre große Lebensaufgabe, die ihr schicksalsgemäß vorbestimmt war, an seiner Seite schreitend, erfüllen kann.

Die Ereignisse und die damit verbundenen Erlebnisse ihres bisherigen Lebensweges bilden gleichsam einzelne Stufen zu diesem Kulminationspunkt. Es ist ein gerades, sicheres Vorwärtsschreiten zum hohen Ziele, eine Reihe von Schritten aufwärts, von denen ein jeder Marie von Sivers näher zu den auf sie wartenden Aufgaben führt.»

97 Rudolf Steiner, *Wahrspruchworte,* GA 40, 1969, «Suche nach dem Licht des Weges», S. 204. Für Marie von Sivers in das Buch *Licht auf den Weg* von Mabel Collins 1904 (die dort angegebene Jahreszahl 1906 wurde von Hella Wiesberger korrigiert). – Der klare Gedankeninhalt vertieft sich für die Empfindung, wenn diese auf dem Fortgang der Laute ruht. Die drei Satzteile setzen dreimal mit u an, im zweiten und dritten Teil durch o verstärkt; wobei das u der 1. Zeile sich in der 2. verdreifacht und o nur in dieser Zeile auftaucht. Die erste Zeile zeigt das eine i vorher und nachher von e umschlossen; in der letzten Zeile verdreifacht sich das i, das einzige e umschließend. In der mittleren Zeile fehlt das i. Was als äußeres i-Licht erscheint, wird im aktiven Wiederholen Ich-Licht. – Die Konsonantenfolge s, l, w bestimmt die erste Zeile; n und d treten mehr zurück. In der zweiten Zeile verstärkt sich das d. In der dritten Zeile tritt das n am Anfang hervor; dann folgen wieder s, l, w. Wobei das s herausformt, das l Gestalt bildet, das w in Wärme verströmt. Eine einfache i-Stimmung (Licht) verinnerlicht sich im o u u, verweilt resignierend im e e e, erneuert und verstärkt sich im o u, um im dreifachen i i i die Hingabe des Ich triumphierend anzukünden. Die Folge: s = der Wille formt heraus, l = ich fühle werdende Gestalt, w = Menschengedanken verströmen erwärmend in Weltgedanken, diese Folge bleibt weit in der 1. Zeile; in der 2. wird das s durch das d gestaut und gelangt nicht bis zu l und w; bis in der 3. Zeile erneut sich s, l, w befeuernd zusammenziehen und aufrichten.

98 Hella Wiesberger, *Marie Steiner-von Sivers. Ein Leben für die Anthroposophie,* S. 111.

99 Rudolf Steiner, *Mein Lebensgang,* aus dem 31. und 34. Kapitel, GA 28.

100 Rudolf Steiner, *Die Geschichte und die Bedingungen der anthropo-*

sophischen Bewegung im Verhältnis zur anthroposophischen Gesell-schaft, GA 258, 2. Auflage 1959.

101 Hella Wiesberger, *Marie Steiner-von Sivers. Ein Leben für die Anthro-posophie,* S. 118. – Rudolf Steiner, *Die okkulte Bewegung im 19. Jahr-hundert und ihre Beziehung zur Weltkultur,* Vortrag vom 11.10.1915, GA 254, 1969; sowie *Zur Geschichte und aus den Inhalten der ersten Abteilung der Esoterischen Schule 1904 bis 1914,* GA 264, 1. Auflage 1984, S. 406.

102 Hella Wiesberger, *Marie Steiner-von Sivers. Ein Leben für die Anthro-posophie,* S. 111.

103 Rudolf Steiner, *Mein Lebensgang,* 34. Kapitel. GA 28.

104 *Marie Steiner, Ihr Weg zur Erneuerung der Bühnenkunst durch die Anthroposophie. Eine Dokumentation,* herausgegeben durch Edwin Froböse, 1973.

105 *Marie Steiner-von Sivers im Zeugnis von Tatjana Kisseleff, Johanna Mücke, Walter Abendroth, Ernst von Schenk,* Basel 1985. Tatjana Kisseleff war die erste Leiterin der Eurythmiegruppe am Goethe-anum unter Rudolf Steiner und Marie Steiner. Sie war Russin, hatte in Lausanne ein Jurastudium absolviert – im Hörsaal mit ihr saß Mussolini, der spätere Diktator Italiens – und war eine ganz der Geistigkeit der Eurythmie hingegebene Persönlichkeit; mit stärks-ter Ausdruckskraft im Eurythmisch-Sprachlichen und sehr viel Hu-mor. Berühmt war sie als Ur-Palmström im Bunde mit von Korf durch Mieta Waller-Pyle, der Freundin Marie Steiners und ersten Darstellerin des Johannes Thomasius in München. (Palmström und von Korf aus den Humoresken von Christian Morgenstern.)

106 *Mitteilungen aus der anthroposophischen Arbeit in Deutschland,* Nr. 133, Michaeli 1980.

107 Rudolf Steiner, *Die Geheimwissenschaft,* GA 13. Im Kapitel «Die Er-kenntnis der höheren Welten», Seite 392, findet sich eine Über-schau über die 7 Einweihungsstufen, deren 6. Stufe als «das Eins-werden mit dem Makrokosmos» bezeichnet wird. Es kann dies ein Licht werfen auf den Ausdruck «kosmisches Wesen», wenn man dabei scharf unterscheidet zwischen dem Bewusstseinszustand des

Eingeweihten und einer schicksalhaft erlangten Wesenseigenschaft, um die es sich bei Marie Steiner handelt.

«Wenn der Geistesschüler bis zu solcher Erkenntnis sich durchgerungen hat, dann kann für ihn ein neues Erlebnis eintreten. Er fängt an, sich wie mit dem ganzen Weltenbau verwachsen zu fühlen, trotzdem er sich in seiner vollen Selbstständigkeit empfindet. Es ist diese Empfindung ein Aufgehen in die ganze Welt, ein Einswerden mit derselben, aber *ohne* die eigene Wesenheit zu verlieren. Man kann diese Entwickelungsstufe als ‹Einswerden mit dem Makrokosmos› bezeichnen. Es ist bedeutsam, dass man dieses Einswerden nicht so zu denken hat, als wenn durch dasselbe das Sonderbewusstsein aufhören und die menschliche Wesenheit in das All ausfließen würde. Es wäre ein solcher Gedanke nur der Ausdruck einer aus ungeschulter Urteilskraft fließenden Meinung.»

108 Hella Wiesberger, *Marie Steiner-von Sivers. Ein Leben für die Anthroposophie,* S. 55.

109 Ilja Duwan, Erinnerungen an Marie Steiner, in: *Mitteilungen aus der anthroposophischen Bewegung,* Nr. 53 – Ostern 1973.

110 *Mitteilungen aus dem anthroposophischen Leben in der Schweiz,* Nr. III, März 1996: Zu Rudolf Steiners Wort «Über Marie Steiner kann man keine Biographie schreiben, sie ist kosmisch», Hella Wiesberger, Vortrag, 28.1.1996.

111 Rudolf Steiner, *Okkulte Geschichte,* Vortrag vom 27.12.1910. GA 126.

112 Rudolf Steiner, *Das Matthäus-Evangelium,* GA 123, 3. Auflage 1949, Vorträge vom 3. und 5.9.1910.

113 Rudolf Steiner, *Exkurse in das Gebiet des Markus-Evangeliums,* GA 124, Vortrag vom 19.12.1910.

114 Rudolf Steiner, *Das Matthäus-Evangelium,* Vortrag vom 12.9.1910. GA 123.

115 Andrej Belyj, *Verwandeln des Lebens. Erinnerungen an Rudolf Steiner,* Basel 1975.

116 Margarita Woloschin, *Die grüne Schlange. Lebenserinnerungen,* Stuttgart, 7. Auflage 1979.

117 *Mitteilungen aus der anthroposophischen Bewegung,* Nr. 54 – Michaeli

1973. Lea van der Pals, «Von Frau Dr. Steiners Arbeit an der Eurythmie». Lea van der Pals war eine der großen Bühnenkünstlerinnen der Eurythmie am Goetheanum und langjährige Leiterin einer der dortigen Eurythmie-Schulen.

118 *Marie Steiner-von Sivers im Zeugnis von Tatjana Kisseleff ...*, S. 55. – Rudolf Steiner, *Initiations-Erkenntnis*, GA 227, 1960.

119 Marie Steiner II, *Rudolf Steiner und die redenden Künste*, Vorwort zu *Wahrspruchworte*, 1. Auflage, S. 63.

120 Marie Steiner II, *Rudolf Steiner und die redenden Künste.* Einige Worte zur Silvesterfeier 1945, S. 283. Die beiden verstorbenen führenden Mitglieder der Anthroposophischen Gesellschaft waren Curt Englert und Harry Collison.

121 *Marie Steiner, Ihr Weg zur Erneuerung der Bühnenkunst*, S. 33.

122 Rudolf Steiner, *Mein Lebensgang*, 31. Kapitel. GA 28.

123 Rudolf Steiner, *Ursprungsimpulse der Geisteswissenschaft*, GA 96, 1. Auflage 1974.

124 Rudolf Steiner, *Wahrspruchworte*. GA 40.

125 Rudolf Steiner, *Ursprungsimpulse der Geisteswissenschaft*. GA 96.

126 Rudolf Steiner, *Vier Mysteriendramen*, 4. Drama, 8. Bild. GA 14.

127 Rudolf Steiner, *Wahrspruchworte*. GA 40.

128 Marie Steiner II, *Rudolf Steiner und die redenden Künste*, S. 60.

129 Rudolf Steiner, *Wahrspruchworte*. GA 40.

130 Rudolf Steiner, *Eine okkulte Physiologie*, GA 128, 2. Auflage 1957.

131 Hella Wiesberger, *Marie Steiner-von Sivers. Ein Leben für die Anthroposophie*, S. 183.

132 *Mitteilungen aus der anthroposophischen Bewegung*, Nr. 71 – November 1981. Aus «Bleibende Erinnerung von Ilona Schubert», 4.5.1981.

133 Hella Wiesberger, *Marie Steiner-von Sivers. Ein Leben für die Anthroposophie*, S. 248.

134 *Lob der Demeter*, in der Prosa-Übersetzung von Curt Englert-Faye. «Für Frau Marie Steiner, geborene von Sivers, zum 14. März 1937.»

135 Rudolf Steiner, *Weltenwunder, Seelenprüfungen und Geistesoffenbarungen*, Vortrag vom 18.8.1911, GA 129.

136 Marie Steiner II, *Rudolf Steiner und die redenden Künste*, S. 323.

137 Rudolf Steiner, *Weltenwunder, Seelenprüfungen und Geistesoffenbarungen*, Vortrag vom 18.8.1911, GA 129.

138 Rudolf Steiner, *Sprachgestaltung und dramatische Kunst*, Vortrag vom 6.9.1924, GA 282.

139 Hella Wiesberger, *Marie Steiner-von Sivers. Ein Leben für die Anthroposophie*, S. 300.

140 Marie Steiner II, *Rudolf Steiner und die redenden Künste*, S. 52.

141 Marie Steiner II, *Rudolf Steiner und die redenden Künste*, S. 351.

142 Marie Steiner II, *Rudolf Steiner und die redenden Künste*, S. 205.

143 Marie Steiner II, *Rudolf Steiner und die redenden Künste*, S. 241.

144 Marie Steiner II, *Rudolf Steiner und die redenden Künste*, S. 247.

145 Rudolf Steiner, Marie Steiner-von Sivers, *Briefwechsel und Dokumente 1901 – 1925*, GA 262, 1. Auflage 1967, S. 161.

146 Rudolf Steiner, *Die Geheimwissenschaft im Umriss*, GA 13, 1962, «Wesen der Menschheit»:

«Wenn das Ich die Antriebe, die aus der Religion fließen, immer wieder und wieder auf sich wirken lässt, so bilden diese in ihm eine Macht, welche bis in den Ätherleib hineinwirkt und diesen ... wandelt. ... In ähnlicher Art wirken die Einflüsse der wahren Kunst auf den Menschen. Wenn er durch die äußere Form, durch Farbe und Ton eines Kunstwerkes die geistigen Untergründe desselben mit Vorstellen und Gefühl durchdringt, dann wirken die Impulse, welche dadurch das Ich empfängt, in der Tat auch bis auf den Ätherleib.»

147 Rudolf Steiner, *Entwürfe, Fragmente und Paralipomena zu den vier Mysteriendramen*, GA 44, 1. Auflage 1969, S. 87.

148 Rudolf Steiner, *Die Kunst der Rezitation und Deklamation*, GA 281.

149 Rudolf Steiner, *Wahrspruchworte*. GA 40.

150 Rudolf Steiner, *Entwürfe, Fragmente und Paralipomena zu den vier Mysteriendramen*, GA 44, 1. Auflage 1969, S. 88.

151 Rudolf Steiner, *Wahrspruchworte*.

152 Marie Steiner I, *Die Anthroposophie Rudolf Steiners*, S. 54.

153 Rudolf Steiner, *Geheimwissenschaft*, S. 217. GA 13.
Bezüglich der Arbeit des Ich am physischen Leib (Geistesmensch)

führt Rudolf Steiner in seiner *Geheimwissenschaft* aus: «Einen An-
flug von dem Einflusse des Ich auf den physischen Leib kann man
sehen, wenn durch gewisse Erlebnisse z.B. Erröten oder Erbleichen
eintreten.» Diese Eigenschaft besaß Marie Steiner in höchstem
Maße. Sie wechselte dauernd die Farbe des Gesichts. Ihr Ich war intensiv, vor allem im künstlerischen Gestalten, mit der Umgestaltung
des physischen Leibes befasst.

154 Rudolf Steiner, *Wahrspruchworte*. GA 40.

155 Rudolf Steiner, *Eurythmie, die Offenbarung der sprechenden Seele*, GA
277, 1. Auflage 1972, Ansprache 8.7.1923.
«Bei der gewöhnlichen Gebärde, wo der Mensch in dezenter Weise
neben der Lautsprache das ausdrückt, was er sagen will, helfen dem
Menschen engelartige Naturen, um seine Erdensprache zu unter-
stützen. Wird aber dasjenige, was alltägliche Gebärde ist, in die arti-
kulierte Gebärde der Eurythmie umgesetzt, dann ist dasjenige, was
man sieht, wenn es umgesetzt gedacht wird in die Sprache, die von
Wesen zu Wesen fließt, eigentlich das, was die Erzengel miteinander
sprechen.»

156 Rudolf Steiner, Marie Steiner-von Sivers, *Briefwechsel und Dokumente
1901 – 1925*, GA 262, Briefe 26.10. und 2.10.1924.

157 Ita Wegman, *An die Freunde*, 19.4.1925; *Das Krankenlager. Die letzten
Tage und Stunden Dr. Steiners*, 1960. Dazu: Dr. Margarete Kirch-
ner-Bockholt, Vortrag vom 30.3.1964. *Was in der anthroposophischen
Gesellschaft vorgeht*, Nr. 1 / 2, 30. März 1997.

158 Ilona Schubert, *Selbsterlebtes im Zusammensein mit Rudolf Steiner
und Marie Steiner*, 2., erweiterte Auflage, Basel 1977, S. 65:
«Seit Dr. Steiners Tod wird immer wieder die Frage gestellt, ob an
dem Gerücht, dass er vergiftet worden sei, etwas Wahres daran ist.
Bislang kamen die Fragen immer aus dem Kreise der Mitglieder.
Nun hat in jüngster Zeit ein Mann der Öffentlichkeit, ein Journa-
list, mir dieselbe Frage gestellt, und zwar so, dass ich daraus ent-
nehmen musste, er habe schon ziemlich viel darüber gehört, was
aber doch sehr ungenau und irreführend war. Durch all die Jahre
habe ich nichts erzählt von dem, was ich selbst erlebt habe. Nun

aber fühle ich mich verpflichtet, den Gerüchten entgegenzustellen, was ich damals selbst miterlebte. – Beim sogenannten Rout an der Weihnachtstagung am 1. Januar 1924 haben einige Eurythmistinnen die Gäste bedient, die in dem großen Saal der Schreinerei an kleinen Tischen saßen. Von dem Saal führte ein Gang an der Bühne vorbei zu den Garderoberäumen. In einem solchen Raum war eine Teeküche eingerichtet worden, und von da aus brachten wir Tee, Kaffee und Kuchen zu den Gästen. So ging auch ich einmal mit einer Tasse Tee durch den Gang. Da teilte sich der Vorhang, der den Gang von dem Saal abschloss, und Dr. Steiner kam mir wankend entgegen, schneebleich und heftig stöhnend. Ich setzte schnell meine Tasse ab und konnte ihn gerade noch zu einem Sessel führen. Er sagte nur: ‹Mir ist ja so schlecht.› Ich wollte schnell Frau Dr. Steiner und Frau Dr. Wegman holen, aber er hielt meine Hand ganz fest und sagte: ‹Nein, bleiben Sie bei mir – bitte Wasser, Wasser.› Fräulein Mitscher, die gerade dazukam, lief gleich, es zu holen, ich konnte nicht weggehen, da ich mit meinem Arm Dr. Steiner stützte. Er leerte das Glas Wasser, das Fräulein Mitscher ihm reichte. Wir fragten, was denn geschehen sei, und da sagte er: ‹Man hat mich vergiftet.› Man konnte sehen, dass er furchtbare Schmerzen hatte, er war eiskalt und schweißbedeckt. Fräulein Mitscher und Frau Turgenieff, die auch dazugekommen war, und ich beschlossen nun, sofort Hilfe zu holen. Da kam Frau Dr. Steiner aus dem Saal und fragte: ‹Ist etwas geschehen?› Als sie Herrn Doktor so im Stuhl liegen sah, trat sie zu ihm und fragte wieder: ‹Was ist denn?› Dr. Steiner sagte auch zu ihr: ‹Man hat mich vergiftet – wie geht es den anderen Vorstandsmitgliedern?› Frau Doktor sagte, dass sie alle sich ruhig unterhielten, nur sie selbst hätte sein langes Fernbleiben beunruhigt. – Mit Mühe brachten wir Dr. Steiner dann in sein Zimmer und betteten ihn auf das Sofa. Dann holte Frau Turgenieff Frau Dr. Wegman. Fräulein Mitscher, Frau Turgenieff und ich warteten vor der Zimmertüre auf einen Bericht. Nach einer Weile kam Frau Doktor heraus und sagte, Dr. Steiner bitte darum, dass wir niemandem etwas sagen sollten. Man hat dann Dr. Steiner nach Hause in die Villa Hansi gebracht, und nach ärztlicher Behandlung und einer Milchkur ging es ihm bald wieder besser.

Bis zu seinem Tode im März 1925, also lange Zeit nach dem Rout, hat er noch sehr viel gearbeitet und ist auf Vortragsreisen gegangen, sodass man nicht sagen kann, er sei an der Vergiftung gestorben. Die Todesursache war laut ärztlichem Befund eine ganz andere. Dass es ihm aber von dem oben erzählten Geschehen an nie mehr so ganz gut ging, ist auch eine Tatsache. – Wie oft und wie eindringlich Fräulein Mitscher, Frau Turgenieff und ich auch darüber nachgegrübelt haben, was eigentlich die Ursache bei dem Rout war und wie es hatte geschehen können – es gab nie eine Lösung dieser Frage. – » Isabella de Jaager, Mitglied der ersten Eurythmiegruppe und erste langjährige Leiterin der Dornacher Eurythmie-Schule, waren drei Mitglieder bekannt, die ihr denselben Bericht mitgeteilt haben. Dasselbe Wissen besaß die erste Leiterin der Malschule am Goetheanum, Henni Geck. Ebenso die Leiterin durch Jahrzehnte des Eurythmeum Stuttgart, Else Klink; sie war Marie Steiner und Rudolf Steiner von früher Kindheit an verbunden. – Ich führe nur diese vier Menschen an, die mir persönlich bekannt waren und von denen zwei mir gegenüber dieses Wissen ausgesprochen haben. Von Henni Geck berichtete mir deren Schülerin und Pflegerin auf dem Totenbett, Gisela Grupp. Selbstverständlich waren es aber viel mehr damalige Mitarbeiter, die von dieser Tatsache wussten. Die von Ilona Schubert angeführte Anweisung Rudolf Steiners wurde von seinen nächsten Mitarbeitern strikt befolgt. Als ich Helene Lehmann, die dem Haushalt Marie Steiners und Rudolf Steiners durch Jahrzehnte vorgestanden hatte, schon zu Berliner Zeiten, nach diesem Sachverhalt fragte, schwieg sie zunächst, brachte mir aber nach ein paar Tagen handschriftlich das Nachwort Marie Steiners zum «Lebensgang», das diese nach Rudolf Steiners Tod herausgegeben hatte, wo der vernichtende Angriff auf Rudolf Steiner und sein Werk mit den Worten «Gift und Flamme» von ihr ausgesprochen wurde. – Da es viel Meinungsstreit über diese Sache gegeben hat und gibt, erscheint es notwendig, Marie Steiner-von Sivers von dem Gerücht zu reinigen, sie habe ihre Urteils-

bildung in so schwerwiegender Sache auf eben einem solchen bloßen
Gerücht, ja, wie auch gesagt wird, bloßen Gerede aufgebaut. – In der
Sache, wie es Ilona Schubert bemerkt, besteht zwischen den Tatbe-
ständen der beiden Dokumente kein Widerspruch.

159 Rudolf Steiner, Marie Steiner-von Sivers, *Briefwechsel und Dokumente
      1901 – 1925,* GA 262, Sprüche 189, 190.

160 Ilja Duwan, *Erinnerungen an Marie Steiner.*

161 Rudolf Steiner, Marie Steiner-von Sivers, *Briefwechsel und Doku-
      mente 1901 – 1925,* GA 262, Brief 9.11.1924.

162 Rudolf Steiner, *Dramatischer Kurs,* Vortrag vom 6.9.1924. GA 282.

163 Rudolf Steiner, *Dramatischer Kurs,* Vortrag vom 8.9.1924. Die Über-
      setzung wurde für diese Schrift hergestellt von Ruth Dubach, der
      langjährigen Sprachgestalterin und Schauspielerin am Goetheanum
      in deutscher, englischer und französischer Sprache. Hier der franzö-
      sische Originaltext, wie er von Marie Steiner rezitiert wurde:

Hypatie et Cyrille de Leconte de Lisle

HYPATIE:

Ne le crois pas, Cyrille! Ils vivent dans mon cœur,
Non tels que tu les vois, vêtus de formes vaines,
Subissant dans le Ciel les passions humaines,
Adorés du vulgaire et dignes de mépris;
Mais tels que les ont vus de sublimes esprits:
Dans l'espace étoilé n'ayant point de demeures,
Forces de l'univers, Vertus intérieures,
De la terre et du ciel concours harmonieux
Qui charme la pensée et l'oreille et les yeux,
Et qui donne, idéal aux sages accessible,
A la beauté de l'âme une splendeur visible.
Tels sont mes Dieux! Qu'un siècle ingrat s'écarte d'eux,
Je ne les puis trahir puisqu'ils sont malheureux.
Je le sens, je le sais: voici les heures sombres,
Les jours marqués dans l'ordre impérieux des Nombres.

Aveugle à notre gloire et prodigue d'affronts,
Le temps injurieux découronne nos fronts;
Et, dans l'orgeuil récent de sa haute fortune,
L'Avenir n'entend plus la voix qui l'importune.
O Rois harmonieux, chefs de l'Esprit humain,
Vous qui portiez la lyre et la balance en main,
Il est venu, Celui qu'annonçaient vos présages,
Celui que contenaient les visions des sages,
L'Expiateur promis dont Eschyle a parlé!
Au sortir du sépulcre et de sang maculé,
L'arbre de son supplice à l'épaule, il se lève;
Il offre à l'univers ou sa croix ou le glaive,
Il venge le Barbare écarté des autels,
Et jonche vos parvis de membres immortels!
Mais je garantirai des atteintes grossières
Jusqu'au dernier soupir vos pieuses poussières,
Heureuse si, planant sur les jours à venir,
Votre immortalité sauve mon souvenir.
Salut, o Rois d'Hellas! – Adieu, noble Cyrille!

Cyrille:
Abjure tes erreurs, ô malheureuse fille,
Le Dieu jaloux t'écoute! O triste aveuglement!
Je m'indigne et gémis en un même moment.
Mais puisque tu ne veux ni croire ni comprendre
Et refuses la main que je venais te tendre,
Que ton cœur s'endurcit dans un esprit mauvais,
C'en est assez! j'ai fait plus que je ne devais.
Un dernier mot encore: – n'enfreins pas ma défense;
Une ombre de salut te reste: – le silence.
Dieu seul te jugera, s'il ne l'a déjà fait;
Sa colère est sur toi; n'en hâte point l'effet.

HYPATIE:

Je ne puis oublier, en un silence lâche,
Le soin de mon honneur et ma suprême tâche,
Celle de confesser librement sous les cieux
Le beau, le vrai, le bien, qu'ont révélés les Dieux.
Depuis deux jours déjà, comme une écume vile,
Les moines du désert abondent dans la ville,
Pieds nus, la barbe inculte et les cheveux souillés,
Tout maigris par le jeûne, et du soleil brûlés.
On prétend qu'un projet sinistre et fanatique
Amène parmi nous cette horde extatique.
C'est bien. Je sais mourir, et suis fière du choix
Dont m'honorent les Dieux une dernière fois.
Cependant je rends grâce à ta sollicitude
Et n'attends plus de toi qu'un peu de solitude.

                    (Cyrille et l'acolyte sortent.)

LA NOURRICE:
Mon enfant, tu le vois, toi-même en fais l'aveu:
Tu vas mourir!

HYPATIE:
Je vais être immortelle. Adieu!

164 Rudolf Steiner, Marie Steiner-von Sivers, *Briefwechsel und Dokumente 1901 – 1925,* GA 262, 1967, S. 259.

165 Marie Steiner II, *Rudolf Steiner und die redenden Künste,* Einleitende Worte zu Vorträgen über Novalis, S. 150.

166 Rudolf Steiner, *Mein Lebensgang,* Ausgabe 1932. Einleitende Worte zur Neuauflage und Nachwort.

167 Zu dieser banausischen Auffassung macht Christopher Fry, einer der erfolgreichsten englischen Dramatiker der Jahrhundertmitte, der um ein poetisches Drama in freien Versen gerungen hat, die witzig-treffende Bemerkung:

«Poesie ist die Sprache, in der der Mensch Himmel und Erde in

einem Wort sagt. Sie hat die Fähigkeit, in der halben Zeit doppelt
so viel sagen zu können, wie Prosa – wenn man ihr jedoch nicht die
volle Aufmerksamkeit schenkt, scheint sie nur halb so viel in der
doppelten Zeit zu sagen.»

168 Marie Steiner II, *Rudolf Steiner und die redenden Künste*, S. 11. Der
folgende Aufsatz wurde verfasst im Sommer 1921 für die Kon-
gress-Nummer der Monatsschrift für Anthroposophie und Dreigliederung *Die Drei* auf Wunsch der Schriftleitung. Der Kongress fand
statt in Stuttgart vom 28. August bis zum 7. September mit dem
Thema: Kulturausblicke der anthroposophischen Bewegung.

169 Marie Steiner II, *Rudolf Steiner und die redenden Künste*, S. 79.

170 Marie Steiner II, *Rudolf Steiner und die redenden Künste*, S. 120.

171 *Marie Steiner, Ihr Weg zur Erneuerung der Bühnenkunst durch die
Anthroposophie.*

172 Marie Steiner II, *Rudolf Steiner und die redenden Künste*, S. 54 u. 242.

173 Ilja Duwan, *Erinnerungen an Marie Steiner.*

174 Marie Steiner-von Sivers im Zeugnis von Tatjana Kisseleff, S. 58.

175 *Mitteilungen aus dem anthroposophischen Leben in der Schweiz*, Maria
Jenny-Schuster, S. 35.

176 Rudolf Steiner, Marie Steiner-von Sivers, *Briefwechsel und Dokumente
1901 – 1925*, GA 262, S. 264.

177 Die reale Verwandtschaft, ja, Übereinstimmung zwischen der Entwicklung der Geistesaugen durch Maria und die Ausbildung einer kosmischen Sprache durch Marie Steiner kann noch intimer
beleuchtet werden. – Der Einweihungsvorgang wird von Rudolf
Steiner folgendermaßen beschrieben (*Das Johannes-Evangelium*,
GA 103, 1975; Vortrag vom 22.5.1908). Für die Vorbereitung, die zur
Erlangung der Hellsichtigkeit erforderlich ist, gilt es zunächst, die
gesamte Erlebnisfähigkeit des Astralleibes durch Meditation und
moralische Schulung so weit umzuwandeln, dass die geistigen Sinne
vorgebildet werden. Dann – beim zweiten Schritt – handelt es sich
darum, «dass alles, was der astralische Leib in sich aufgenommen
hatte, sich in den Ätherleib eindrückt, wie die Worte eines Petschafts
sich in den Siegellack eindrücken». Danach erlebt der Mensch be-

wusst die geistige Welt. Es handelt sich also für das Erringen des
Hellsehens um eine Arbeit zwischen Astralleib und Ätherleib. Das
ist aber auch bei dem Kunstprozess der Sprach-Gestaltung der Fall,
wie Rudolf Steiner es im 17. Vortrag (21.9.1924) des *Dramatischen
Kurses* zeigt: «Man muss das Gefühl durchgemacht haben, was es
heißt – Gefühl, sage ich, nicht Anschauung –, es hat sich gewissermaßen ein zweiter Mensch, der in dieser Arbeit zwischen astralischem
Leib und Ätherleib besteht, losgelöst und lebt in der Sprache.»
Durch eine Übung (hum, ham, hem, him) muss der Schüler dahin
geführt werden, dass er «gewahr werden kann, wie da in ihm der
astralische Leib den Ätherleib abfängt».

Immer, wenn das Prosaempfinden in das poetische übergeht, geschieht dieser Vorgang. Nachdem die innere Erlebnisfähigkeit des
Astralleibes aufs äußerste gesteigert worden ist, gilt es, den Ätherleib abzufangen, um den sprachkünstlerischen oder eurythmischen
Ausdruck zu schaffen: Stoff wird Form. Warum ist das so? «Der
ätherische Mensch ist das Wort, das das ganze Alphabet umfasst»
(*Eurythmie als sichtbare Sprache*, GA 279, 1968, Vortrag vom
24.6.1924). Diese Ätherlautformen, die wir der Luft einprägen, sind
aber zugleich der Siegelabdruck der Planetenkräfte und des Tier-
kreis-Wirkens. Wie das Auge am Licht für das Licht gebildet ist,
so ist die Sprache am Weltenwort für das Weltenwort gebildet. Das
heißt aber, dass die Laute zugleich die Sinne für das Erleben der geistigen Welt sind. Das ist gemeint, wenn Rudolf Steiner formuliert:
«Die Poesie ist das Spiegelbild der Imagination.» Imagination als
unterste Wahrnehmung der geistigen Welt.

Im Astralleib ist jede Willkür möglich. «Alles ist erlaubt!» Beim
Ätherleib fängt die Gesetzmäßigkeit an und mit ihr die Kunst. Das
Können der Sprachkunst liegt da, wo der Astralleib in der richtigen
Weise den Ätherleib abfängt. Denn Kunst ist die Stellvertreterin des
Hellsehens auf Erden. Was der Hellseher bewusst erschaut, das wird
von dem wirklichen Dichter oder Sprachkünstler träumend erfühlt.
Für beide aber erschließt sich ein reales Verhältnis zur geistigen Welt.

*

Eine Entwicklungsperspektive, in welcher der Erneuerungsimpuls für die Sprache durch Rudolf Steiner und Marie Steiner gesehen werden muss, soll hier nur andeutend berührt werden. Ihre ausführliche Behandlung würde den Rahmen dieser Schrift, wie ich ihn mir setzen konnte, sprengen; sie nicht erwähnt zu haben würde bedeuten, ein Wesentlichstes dessen, was in der Sprachgestaltung Marie Steiners enthalten ist, nicht berichtet zu haben.

Diese Entwicklungsperspektive ist die folgende:

«Es gibt heute im Menschen Organe, die sozusagen an ihrem Abschluss angelangt sind; sie werden später nicht mehr im Menschenleib sein. Andere gibt es, die werden sich umbilden, so unser Kehlkopf, der eine gewaltige Zukunft hat, freilich im Zusammenhange mit unserem Herzen. Heute ist der Kehlkopf des Menschen erst im Beginne seiner Entwickelung, er wird dereinst das in das Geistige umgewandelte Fortpflanzungsorgan sein. Sie werden eine Vorstellung von diesem Mysterium bekommen, wenn Sie sich klarmachen, was heute der Mensch mit seinem Kehlkopf bewirkt. Indem ich hier spreche, hören Sie meine Worte: Dadurch, dass dieser Saal von Luft erfüllt ist und in dieser Luft gewisse Schwingungen hervorgerufen werden, werden Ihnen meine Worte zu Ihrem Ohr, zu Ihrer Seele übertragen. Wenn ich ein Wort ausspreche, zum Beispiel ‹Welt›, schwingen Wellen der Luft – das sind Verkörperungen meiner Worte. Das, was der Mensch heute so hervorbringt, nennt man das Hervorbringen im mineralischen Reiche. Die Bewegungen der Luft sind mineralische Bewegungen; durch den Kehlkopf wirkt der Mensch mineralisch auf seine Umgebung. Aber der Mensch wird aufsteigen und einst pflanzlich wirken; nicht nur mineralische, sondern auch pflanzliche Schwingungen wird er alsdann hervorrufen. Er wird Pflanzen sprechen. Die nächste Stufe wird dann sein, dass er empfindende Wesen spricht; und auf der höchsten Stufe der Entwickelung wird er durch seinen Kehlkopf seinesgleichen hervorrufen. Wie er jetzt nur den Inhalt seiner Seele durch das Wort aussprechen kann, wird er dann sich selbst aussprechen. Und wie der Mensch in der Zukunft Wesen sprechen wird, so waren die Vorgänger der

Menschheit, die Götter, mit einem Organ begabt, mit dem sie alle Dinge aussprachen, die heute da sind. Sie haben alle Menschen, alle Tiere und alles andere ausgesprochen. Sie alle sind ausgesprochene Götterworte im wörtlichen Sinne.

‹Im Anfang war das Wort, und das Wort war bei Gott, und ein Gott war das Wort!› Das ist nicht ein philosophisches Wort im spekulativen Sinne – eine Urtatsache hat Johannes hingestellt, die ganz wörtlich zu nehmen ist.

Und am Ende wird das Wort sein, und die Schöpfung ist eine Verwirklichung des Wortes; und was der Mensch in der Zukunft hervorbringen wird, wird eine Verwirklichung dessen sein, was heute Wort ist. Dann aber wird der Mensch nicht mehr solche physische Gestalt haben wie heute; er wird bis zu jener Gestalt vorgeschritten sein, die auf dem Saturn war, bis zur Feuermaterie.» (Rudolf Steiner, *Bilder okkulter Siegel und Säulen*, GA 284/285, 1977, Vortrag 16.9.1907).

Die zeugende Kraft des Wortes in der Zukunft wird im eminentesten Sinne karmisch wirksam und kosmisch bedingt sein. Das erfordert, dass diese Kraft in sich eine Menschensubstanz tragen muss, die nur höchste Moralität sein kann, Moralität als Religion, magischer Kultus des Guten. Hinführend zu solchen zu erringenden Fähigkeiten ist die führende Wesenheit, die im Okkultismus des Ostens Maitreya Buddha genannt wird. Ihre Wirksamkeit beschreibt Rudolf Steiner so:

«Das aber wird der Sinn der inneren Entwickelung sein, dass die Ideen, die wir fassen von dem Guten, unmittelbar auch moralische Antriebe sind. Das wird zu der Entwickelung gehören, die wir in den nächsten Zeiten erleben. Und die Lehren auf der Erde werden immer mehr so werden, dass in die folgenden Jahrhunderte und Jahrtausende herein die menschliche Sprache noch eine ungeahnt größere Wirkung bekommen wird, als sie in verflossenen Zeiten hatte oder in der Gegenwart hat. Heute könnte jemand in den höheren Welten klar sehen, welches der Zusammenhang zwischen Intellekt und Moralität ist; aber es gibt heute noch keine mensch-

liche Sprache, die so magisch wirkt, dass, wenn man ein moralisches Prinzip ausspricht, es sich so hineinsenkt in einen fremden
Menschen, dass dieser es unmittelbar moralisch empfindet und
dass er gar nicht anders kann, als es als einen moralischen Impuls
auszuführen. Nach dem Ablauf der nächsten drei Jahrtausende
wird es möglich sein, in einer solchen Sprache zu Menschen zu
sprechen. Der Maitreya Buddha aber wird so sprechen, dass eine
Sprache von seinen Lippen kommen wird, welche das verwirklichen wird, was eben charakterisiert worden ist: dass Intellektualität unmittelbar ein Moralisches ist. Ein Bringer des Guten durch
das Wort, durch den Logos, wird der künftige Bodhisattva sein,
der alles, was er hat, in den Dienst des Christus-Impulses stellen
wird ...» (Rudolf Steiner, *Von Jesus zu Christus,* GA 168, Vortrag
14.10.1911).

Was für diese Entwicklungsrichtung der Menschheit auf der Stufe
von Wahrheit und Schönheit des Wortes, der Sprache geleistet werden muss – so darf man in Verehrung ahnen –, haben Rudolf Steiner
und Marie Steiner auf höchster Ebene geleistet.

178 Marie Steiner II, *Rudolf Steiner und die redenden Künste,* S. 130.

179 Marie Steiner II, *Rudolf Steiner und die redenden Künste,* S. 114. Vorwort zu «Eurythmie als sichtbarer Gesang». GA 278.

180 Rudolf Steiner, *Rezitation und Deklamation,* Vortrag vom 29.3.1923.
GA 281.

181 Marie Steiner II, *Rudolf Steiner und die redenden Künste,* S. 264.

182 *Mitteilungen aus der anthroposophischen Bewegung* Nr. 54 – Michaeli
1975. Kurt Hendewerk, *Unser Weg zur Sprache. Aus der Sektionsarbeit mit Frau Dr. Steiner.*

183 *Marie Steiner-von Sivers, im Zeugnis von Tatjana Kisseleff ...,* Nachwort von Conrad Schachenmann, 1984, S. 61:
«Fräulein (Helene) Dubach – eine Deutsch-Schweizerin, die in
Russland aufgewachsen war und die russische Sprache beherrschte,
erzählte mir nach ihrer Rückkehr aus Beatenberg, dass sie Marie
Steiner folgende Worte *auf Russisch* aussprechen hörte: *Priditie
wsie!* – was auf Deutsch heißt: *Kommt alle!* Frl. Dubach sagte, das

seien die letzten Worte gewesen, die Marie Steiner vor ihrem Tode ausgesprochen hätte.»

Fräulein Helene Dubach gehörte durch Jahrzehnte zum Hauswesen Rudolf und Marie Steiners. Ich nehme die Gelegenheit an dieser Stelle, von ihr und den anderen guten Geistern im Hause zu berichten. Sie würden mir sicher nicht gestattet haben, auf denselben Seiten mit Frau Doctor vorgestellt zu werden; aber als Anmerkung zu dem großen Leben, das zu behüten und zu pflegen sie ihr Leben und ihre ganze Freude hingegeben haben, würden sie es sich wohl – mit einem zögernden Lächeln zwar – aber doch gefallen lassen haben. Ich war mit ihnen allen gut bekannt und in herzlicher, freundschaftlicher Weise verbunden. – Als ich Helene Dubach kennen lernte, führte sie, wegen ihres Alters, schon nicht mehr Küche und Haushalt. Alles an ihrer Gestalt war rund wie ein Tropfen reinster Empfindung und des Gefühls: die großen blauen, Liebe ausstrahlenden Augen, die Wangen, Nase und Kinn, der blaue Turban auf ihrem Kopf, das Stolenkleid, das auch Frau Doctor seit München immer trug, lag rund um ihre liebenswürdige Gestalt. Sie war nur Sympathie und Hingabe; Antipathien habe ich nie an ihr wahrgenommen. Über alles liebte sie Poesie und Sprachgestaltung. Wenn sie einem beim Rezitieren zuhörte, war sie nur Ohr und lauschend atmendes Gefühl. Was man sonst immer als Rezitator mit zu verkraften hat, querschießende Abschweifungen kritischer Nebengedanken, das gab es bei ihr nicht. Ihr Hören eröffnete einen großen, warmen Raum, in den sich alles unverletzt hineinbilden ließ; und es kam einem rein, ja schöner zurück. Sie also hatte für Rudolf und Marie Steiner gekocht, geputzt, gesorgt. Sie allein durfte nach dem Rout die Milch bei einem bestimmten Bauern holen. An ihr konnte man erfahren, was ganz und gar selbstlose Verehrungskräfte sein können. – Kam man in die Rudolf Steiner-Halde, wo Marie Steiner etwa ab 1930 gewohnt hatte, so erschien, wenn sich die Türe öffnete – eine mächtige Gestalt, welche die Türe ganz ausfüllte: Fräulein Helene Lehmann. Ihr Blick war durchdringend und geübt, denn sie hatte in den bewegten Jahrzehnten als die

Torhüterin gelernt, wer lieb und wer unliebsam ist. An ihr war niemand vorbeigekommen, der im Hause hätte Schaden anrichten können. Sie war Berlinerin, wach in jedem Augenblick, schlagfertig, um keine Antwort verlegen, ganz Würde und Autorität. Wenn man ihr Herz gewinnen konnte – und ich hatte das Glück –, so war ihr Herz groß, voll von Geschichten über Herrn und Frau Doctor; und voller Interesse für den, der vielleicht ähnlich wie sie diejenigen lieben und verehren würde, denen ihr ganzes Leben uneingeschränkt gehört hatte. – Ihre Schwester war Frau Reebstein, die Privatsekretärin von Marie Steiner durch Jahrzehnte. Diese drei gütigsten Geister des Hauses erschienen wie die häuslichen Seelenkräfte in Marie Steiners «devachanischem» Haushalt: Dubachli – wie sie von Frau Doctor genannt wurde – war Philia, nicht wahrer vorzustellen; Fräulein Lehmann war eindeutig Luna; und Frau Reebstein, fein, zierlich, klug, zurückhaltend, aber immer präsent, unendliches Wissen in sich verschließend, war Astrid. Durch Frau Reebsteins Hände sind alle Briefe gegangen, heraus und herein. Was sie in den vielen schweren Zeiten der Kämpfe, Angriffe und Anschuldigungen und Verteidigungen miterlebt und -gelitten hat, was ihre Augen an Unvorstellbarem gesehen hatten in diesem Dienst, das war fühlbar als eine Stimmung, die sie immer umgab; ähnlich jenen Wächtergestalten im Märchen, die vor Prinz oder Prinzessin bestimmte geheime Zimmer im Schloss niemals öffnen dürfen, die aber wissen, wie das «Drinnen» aussieht und was es birgt und die dafür haften: Größtes und Schwerstes als ein nicht zu tragendes Erbe, das doch getragen werden muss. Über dieses «Drinnen» sprach sie nie. Dabei war sie voller Güte, liebenswürdig, gesprächig und, wie alle im Hause, begeistert für Sprach- und Bühnenkunst. – Die Arbeit im Hause machte zu meiner Zeit schon seit Jahren Fräulein Klara (Bächtle mit Nachnamen, aber das sagte niemand), die, in jungen Jahren von der Schwäbischen Alb kommend, in den Haushalt eingetreten war. Und heute noch, hochbetagt, öffnet sie einem zuweilen die Türe. Auch sie strahlte, wann immer man läutete, Gefälligkeit, Hilfsbereitschaft, Liebenswürdigkeit aus. – Mit im Hause lebte Helene Finckh, der wir die weitaus meisten stenographischen Mitschriften und deren Übertragung in Maschinenschrift der Vorträge Rudolf Steiners verdanken. Sie hatte in jungen Jahren durch den 1. Weltkrieg ihren Mann verloren und sich danach ganz dieser Aufgabe gewidmet. Sie war Schwäbin. Ihr Gang war rasch und energisch. Sie begegnete einem bei aller Zurückhaltung warm und feurig. Ihre braunen Augen, und wie sie einen damit anblickte, sind mir unvergesslich. In diesen Augen lag Wärme und Glanz, Feuer, ja, so etwas wie Funkenkraft. Es war ein Leuchten, das immer Freude ausstrahlte, aber wie aus tiefen Gründen des Schmerzes. Alles an ihr war konzentriert. Man fühlte sich froh und warm von ihr wahrgenommen.

Beim Tode Marie Steiners auf Beatenberg waren Helene Dubach und Fräulein Bertha M. Heller bei ihr, die Tochter des Hauses, die damals wohl in ihrer Lebensmitte stand. Ich lernte sie erst im Alter, nicht lange vor ihrem Tod kennen. Sie war ein echtes Bergkind: hell, durchsichtig, leicht und rasch in ihrem Gang. Auf dem Balkon vor dem Arbeits- und Sterbezimmer Marie Steiners erzählte sie meiner Frau und mir, noch ganz erfüllt von dem großen Augenblick, den sie miterlebt hatte. Die letzte Nacht sei eine ganz besondere gewesen, in der sie bei der Sterbenden gewacht habe: hell von Sternen über den Gletschern auf der anderen Seite des Tals, mit ihrem ewigen Schnee. Etwas Wunderbares, nicht mit Worten zu Beschreibendes sei in der Atmosphäre fühlbar gewesen. Immer wieder habe sie aus dem Zimmer auf den Balkon hinaustreten müssen. Am Nachmittag – Marie Steiner starb um 15.20 Uhr – habe sie dann wahrgenommen, wie der Atem der Sterbenden sich verlangsamt habe, um ganz auszusetzen und dann nach erneutem tiefem Atemzug wieder zu ruhen. Das habe sich drei Mal wiederholt. Und nach dem dritten langen Atemzug sei die vollkommene Stille und Ruhe eingetreten. – Aus ihren hellen Augen sprach keine Trauer, sondern die ernste Freude und das Glück, dass sie in diesem Augenblick die große Sterbende in ihren Armen hatte halten dürfen.

Es ist mir eine liebe und teure Dankespflicht, dieser Getreuen Marie

Steiners zu gedenken, die so vielen und vielem gedient haben und die mich so reich beschenkten mit ihren kostbaren Erinnerungen.

184 Marie Steiner II, *Rudolf Steiner und die redenden Künste*, S. 71.

185 *Mitteilungen aus der anthroposophischen Bewegung*, Nr. 71 – Nov. 1981, «Bleibende Erinnerung», Ilona Schubert.

186 Fred Poeppig, *Marie Steiner. Ein Leben im Dienste der Wiedergeburt des Wortes. Eine persönliche Erinnerung*, Lohengrin Verlag 1990.

187 *Mitteilungen aus dem anthroposophischen Leben in der Schweiz*, Sonderheft 4 – Weihnachten 1995. «Ihr Antlitz, zart und unirdisch», Julius Hebing, 14.9.1948.

Nachtrag zu Seite 148:

Die Frage, ob es sich bei der frühchristlichen Inkarnation Marias, wie sie im 7. Bild von Rudolf Steiners *Pforte der Einweihung* geschildert wird, auch um eine historische Wiederverkörperung Marie Steiners handelt, wurde von Jakob Streit (1910–2009) aufgrund seiner jahrzehntelangen Verbundenheit mit Marie Steiner und seinen eindrücklichen Studien der iro-schottischen christlichen Mission heraus bejaht. Dies bezeugte Otfried Doerfler in den *Mitteilungen aus dem anthroposophischen Leben in der Schweiz*, Nr. XI, November 2012, wie auch Jakob Streits Tochter, Frau Dr. med. Eva Streit, wie es mir von Günter Aschoff, Mitarbeiter am Rudolf Steiner Archiv, Dornach, vermittelt wurde. Sie berichtete: «Ich fragte meinen Vater: War Marie Steiner Columban? Und er antwortet: Ja.»

Es kann diese «Meinung» nicht gleichgestellt werden mit den Karma-Erkenntnissen Rudolf Steiners, auf denen die in diesem Buch geschilderten Tatsachen beruhen. Sie ist aber wohl wert, bedacht zu werden, so, wie sie in einer Persönlichkeit wie Jakob Streit durch ein langes Leben gereift ist.

Die Dichtung charakterisiert ihre Gestalt so (I/7):

Ihr habt zu euren Göttern
In Ehrfurcht aufgeschaut.
Ich liebe diese Götter,
Wie ihr sie selber liebt.

Sie schenkten eurem Denken Kraft,
Sie pflanzten Mut in eure Herzen.
Doch stammen ihre Gaben
Aus einem höhern Geisteswesen.

Ich schau', wie wilden Sinn erregte,
Was jener Mann den Leuten sagt'.
Ich kann die Rufe hören:
O tötet ihn; er will uns rauben,
Was Götter uns gegeben.
Es spricht der Mann gelassen weiter.
Er redet von dem Menschengotte,
Der zu der Erde niederstieg,
Und der den Tod besiegte:
Von Christus redet er ...

Was in Hybernias geweihten Stätten
Vertraut mir ward von jenem Gotte,
Der in dem Menschen wohnte,
Und Sieger wurde über Todesmächte:
Ich durfte dies zu Völkern bringen,
In welchen noch lebendig war
Die Seele, die dem starken Odin
Die frohen Opfer brachte
Und an den lichten Balder
Mit Trauer denken musst.

Die Skizze von Columbans Wirken ist den Büchern von Jakob Streit entnommen: *Sonne und Kreuz*, Freies Geistesleben 1977 und dem Jugendbuch *Columban, ein Kämpfer für das irische Christentum*, Urachhaus 2002.

Columban (um 540 – 615) wurde in eine adlige Familie hineingeboren im Südosten Irlands (Leinster). Wie es für Söhne dieses Standes üblich war, wurde das Kind in eine Klosterschule gegeben, um einmal Beamter, Rater des Königs zu werden. Rasch eignete sich der hochbegabte Knabe Kenntnisse an in Grammatik, Rethorik, alten Schriften, sowie in den alten Sprachen Latein, Griechisch, Hebräisch. Es wird überliefert, er habe die Psalmen Davids übersetzt. Den Impuls für seine missionarische Arbeit auf dem Festland empfing er auf Jona (hebräisch = die Taube) von seinem großen Vorgänger Colum-cill (colum = die Taube), also im englischen Sprachraum. Dann wirkte er für Jahre in dem großen Kloster Bangor an der nordöstlichen Küste Irlands. Einen Gipfel der hohen religiösen Kultur bildete dort der «ewige Hymnus», dessen Chorgesang Tag und Nacht aus der Kirche erklang, im Wechsel von siebenmal dreihundert Männer- und Knabenstimmen. Als Columban nahezu fünfzig Jahre alt war, begab er sich nach langer Seereise auf das Festland: unter zwölf Brüdern er, der dreizehnte. Durch Frankreich wandernd und in der Landessprache die Botschaft Christi verkündend, gewährte ihm der König von Burgund, nach und nach drei große Klöster aufzubauen im Westen der südlich auslaufenden Vogesen bei Luxeuil. Immer wieder angefeindet von den Bischöfen und Fürsten des römischen Christentums begab er sich in die Schweiz, bis hin zum Thuner See, wo Bruder Beatus blieb, um dort den heidnischen Stämmen das Christentum zu verkünden. Die Beatushöhle und über ihr Beatenberg zeugen noch heute von seinem Wirken. Dann begab sich Columban auf den Weg zum Bodensee, Bruder Gallus zurücklassend, der das Kloster St. Gallen und die aus ihm hervorgehende große Kultur begründete. Vorbei an der Insel Reichenau mit ihrem schon bestehenden irischen Kloster wanderte er nach Bregenz, um dort für einige Zeit zu wirken. Der bald Siebzigjährige zog dann mit wenigen Brüdern über die Alpen nach Mailand, wo er von dem dortigen Fürsten eine alte, verlassene Kirche St. Petrus und umgebendes Land zum Geschenk erhielt, um dort sein letztes Kloster aufzubauen: in Bobbio auf den Höhen des Apennin, der dort die Ebene gegen das ligurische Meer hin abschließt. Hier starb Columban nach etwa drei Jahren im Kreis der geliebten alten und jungen Brüder: ein Kämpfer für ein freies irisches Christentum, jeweils in der Landessprache verkündet: englisch, französisch, deutsch, italienisch; gewachsen aus den hybernischen Mysterien, wo die Geburt Jesu und das Mysterium Christi auf Golgatha schauend miterlebt worden war.

Es ist überraschend zu bemerken, dass Marie Steiner diese vier Sprachen beherrschte, bereichert um eine fünfte, die russische Sprache, in die sie hineingeboren wurde: die Sprache der zukünftigen slawischen Kultur.

Wesentlich erscheint auch die Tatsache, dass Marie Steiner in den dreißiger Jahren Irland besucht hat, wie das Foto auf S. 71 bezeugt.

Emil Molt, der Stifter der Freien Waldorfschule, berichtet in seinen Erinnerungen (unbereinigte Fassung) im Kapitel «Das Jahr 1920», dass er mit seinem Auto am 13. August 1920 Marie Steiner, Mieta Waller und Rudolf Steiner an den Thuner See gebracht habe, wo man übernachtete. Jakob Streit wusste, dass ein Besuch von dem Ort Faulensee neben Spiez stattfand, wo eine uralte St. Columban-Kirche gestanden habe, die im 19. Jahrhundert dann durch den heutigen Bau ersetzt worden sei. Eine Stätte also columbanischen Wirkens, auf die der Blick schräg über den See fällt, oben von Beatenberg aus, westlich von Eiger, Mönch und Jungfrau. Hier war Marie Steiner in ihren letzten Jahren unablässig tätig. Hier starb sie.

Drei eurythmische Weihnachsspiele,
Die Schöpfung, Weihnacht, Die Heiligen drei König, 2013.

Drei Grundelemente der Sprachgestaltung
und Schauspielkunst nach Rudolf Steiner
in ihrem methodischen Aufbau, 2005.

Auf Wegen des Wortes – Rückblick, Ausblick,
Dichtung, 2011.

Im Baag Verlag, Arlesheim

Der Goetheanum-Bau in seiner Landschaft.
Rudolf Steiners plastische Architektur Dornach/Schweiz.
Idee und Fotografie: Christiaan Stuten,
Text: Wilfried Hammacher, 2006.

Im Verlag der Kooperative Dürnau

Märchenspiele zu den vier Jahreszeiten
nach den Gebrüdern Grimm

Aschenputtel, ein österliches Märchenspiel
mit Musik von Polo Piatti, 1998.

Dornröschen, ein sommerliches Märchen-Singspiel
mit Musik von Polo Piatti, 1998.

Hänsel und Gretel, ein Märchenspiel für den Herbst
mit Musik von Stephan Ronner, 1998.

Schneewittchen, ein weihnachtliches Märchenspiel
mit Musik von Stephan Ronner, 1998.